拓侠者

梁羽生

孙宜学 著

团结出版社

图书在版编目（CIP）数据

拓侠者：梁羽生 / 孙宜学著. -- 北京 ：团结出版社，2020.3

ISBN 978-7-5126-7469-1

Ⅰ．①拓… Ⅱ．①孙… Ⅲ．①梁羽生－传记 Ⅳ.①K825.6

中国版本图书馆 CIP 数据核字(2019)第 252453 号

出　　版：团结出版社

（北京市东城区东皇城根南街 84 号　　邮编：100006）

电　　话：(010) 65228880　65244790　（出版社）

（010）65238766　85113874　65133603（发行部）

（010）65133603（邮购）

网　　址：http://www.tjpress.com

E-mail：zb65244790@vip.163.com

fx65133603@163.com（发行部邮购）

经　　销：全国新华书店

印　　装：三河市东方印刷有限公司

开　　本：170mm×240mm　　16 开

印　　张：17.75

字　　数：272 千字

版　　次：2020 年 3 月　　第 1 版

印　　次：2020 年 3 月　　第 1 次印刷

书　　号：978-7-5126-7469-1

定　　价：58.00 元

目 录

第一章　快乐的出生

在广西一个偏僻的山村，梁羽生诞生了。

这里山清水秀，人杰地灵，山峦起伏，林木郁葱。整个山村笼罩着一种神秘而诱人的风姿，山笼着水，水抱着山，缠绵悱恻，情深意长。

梁羽生的出生，使这里的山更美，水更清。

梁羽生生平唯一挨打的经历，一直铭记在他脑子里，无论走到哪里，母亲生气的面容和外公严肃的神情都会时时出现在他面前，使他学会宽厚待人，学会怜悯穷人，学会始终走人间正道。

他开始学《三字经》了。

学校食堂油水不够，梁羽生就想方设法买零食充饥；但洗衣这种后天的技能他确实从小没学过，他花钱去校外请人洗衣服，但当洗干净的衣服穿在身上时，他竟会穿反，甚至连扣子都会扣错。看到他窘迫难堪的样子，一些同学忍不住取笑他，说他是优等中的优等，纨绔中的纨绔。

同学们纷纷传说：因为梁羽生作诗对对联出了名，有一位如花似玉的少女春心萌动，难以自拔，就用一双国色天香的玉手深情地捧着一条香巾，请梁羽生在上面题诗，而梁羽生对这位少女也早有相识恨晚之意，就把自己的一腔柔情化作香巾上的一首情诗。

第二章　步入新天地

030/ "我要上桂林"

怀揣着某种朦胧的希望，梁羽生踏上了去桂林的"火炭车"，经过一百多里的山路，终于从蒙山来到了更繁华的桂林，街两旁的花红柳绿，让初来乍到的梁羽生感到新奇，但他无心赏景，他要准备考试。

半年以后，梁羽生终于如愿以偿成为桂林高中的学生。

036/ 接触新文学

在桂林读书使梁羽生有机会接触到五四新文学，接触到《大公报》，接触到中国现代戏剧史上一次规模宏大的戏剧运动，他开始领悟人生和社会了。

在躲避日机的防空洞里，他的棋艺也大大提高了。

041/ 山乡避难

本来准备留在桂林考大学的梁羽生不得不在日机的轰鸣声中回到老家避难，他不知道，一个更大的机会正等着自己。

042/ 幸遇名师

简又文的到来使梁羽生于山乡避难中有了大收获，他读史作词，谈笑有鸿儒；无奈日寇逼近，全家逃难，军训不及格的梁羽生拿枪担当起保卫的重任。

第三章　岭南求学

048/ 考入岭南大学

抗战胜利，梁羽生随老师到了广州，考入了岭南大学，但他选的专业，却是化学，当时他还不知道，自己选择这个专业是多么错误！

051/ 亦师亦友

梁羽生在岭南大学结识了冼玉清、金应熙，友谊保持终生。

但梁羽生的麻烦是：学化学而不会做实验！第一次上实验课探究将硫酸溅到裤子上！他也努力过，悲愤过，但总是收效甚微，最后他终于意识到自己这辈子是有心插花（化）花不开，别无选择，他决定改专业。

055/ 结缘武侠小说

通过金应熙，梁羽生接触到还珠楼主和白羽的武侠小说，而这两人恰是中国现代武侠小说史上浪漫主义派和现实主义派的最重要的代表。

《蜀山剑侠传》中的对联，白羽小说中的人生沧桑，使梁羽生流连忘返。

059/ 炮声中邂逅陈寅恪

听完梁羽生的"胡孙"之论，陈寅恪微笑着说："你肯读书，也有见解。论字面是'祖冲之'较工整，我取此联（指'胡孙'联），是和胡适之开开玩笑。"

从陈寅恪先生家告辞出来，冼玉清笑着对梁羽生说："寅老夸奖了你，你别得意。他言下之意，好像说你欠缺幽默呢。"

063/ 自古才子恋佳人

不知怎的，几次接触下来，梁羽生对这位小女生竟产生了一种模模糊糊的爱恋之情，大有"一日不见如三秋兮"的青春激荡之感。他每当晚上拿笔写稿时，不知什么时候已写满纸，但凝神一看，又不禁哑然失笑，原来纸上写的全是那个女孩子的芳名。

第四章 踏足香港

070/ 美梦成真

梁羽生大学毕业之后只身来到香港，在很短的时间内就考进了《大公报》，获得了一份梦寐以求的职业，他激动万分，大喜过望。

076/ 一武惊人

香港两大武术门派的比武打擂使罗孚灵机一动，梁羽生从此踏上了武侠小说之路，《龙虎斗京华》一时洛阳纸贵。

新派武侠小说由此开张志禧了！

088/ 名士雅集

自金庸也"插手"武侠小说以后，陈凡也偶试身手，《大公报》内现在堪称"武"烟"剑"气。但他们似还不过瘾，于是三人合计：在《大公报》上合开了一随笔专栏：三剑楼随笔。

091/ 棋场如武场

梁羽生棋下得好，棋话写得一样好，只不过从他的棋话，人们很容易感受到一种刀光剑影的气息，写下棋时，梁羽生显然进入了武侠小说中的打斗情境。

094/ 娓娓而谈西方文学

梁羽生的小说文人气很浓，从中不难看出西方文学的影响，而从他的随笔，人们发现他不但爱读西方文学，而且已达到相当高的境界了。

096/ 三剑楼见证平生

"三剑楼随笔"为新派武侠小说发展初期的面貌留下了一个不灭的历史见证，也使三剑客之间结下了深厚的友谊。

梁羽生与陈凡，就有过肝胆相照的一段交往。

第五章　谈笑鸿儒

102/ 梁羽生与简又文

在香港，白手起家的梁羽生得到了简又文很多帮助；而梁羽生则将简又文珍藏多年的宝贝辗转转交给了新生的人民政府。

105/ 梁羽生与饶宗颐

对梁羽生写武侠小说，饶宗颐不止一次表示过惋惜，因为他认为梁羽生在学术上也会有成就的，但他并不反对梁羽生走这条道路，因为他认为武侠小说也是有价值的，所以他也不止一次鼓励梁羽生沿着自己开拓的这条道路继续走下去。

106/ 梁羽生与金应熙

旦复旦兮，逝者如斯，一晃 30 年过去，两人虽近在咫尺，却很少见面，到了"文化大革命"期间，两人更没机会相见，却不知不觉间岁月在双方的人生履历上打下不可磨灭的伤痕，特别是金应熙，经历了中国知识分子在当时都无法避免的悲剧。

第六章　佟硕之风波

110/ 告别单身

与林萃如认识九个月后，梁羽生正式通知朋友们，他将永远结束单身贵族生活，享受温柔太太的照顾。

朋友们打趣道："这下你可不能随便吃乳猪了。"

115/ 金、梁小说的优缺点

梁羽生的名士气味甚浓（中国式的），而金庸则是现代的"洋才子"；梁羽生受中国传统文化（包括诗词、小说、历史等）的影响较深，而金庸接受西方文艺，包括电影的影响较深。两人都"兼通中外"，但程度也有深浅不同。

121/ 金、梁小说中的武功

从正统的文艺标准来看，武功描写实在毫无艺术价值，但读者喜欢刺激，作者也不得不明知故犯。

金庸和梁羽生都是文质彬彬的书生，于武功一窍不通，于是他们另辟蹊径，使新派武侠小说的武功描写别有洞天。

124/ 金、梁小说中的侠

梁羽生认为："侠"比"武"更重要，"侠"是灵魂，"武"是躯壳，"侠"是目的，"武"是达到"侠"的手段。与其有"武"无"侠"，毋宁有"侠"无"武"。

而金庸的人物则正邪不分，金、梁孰优孰劣？

128/ 金、梁小说中的情

梁羽生武侠小说的爱情描写不但超过古人，而且是金庸不能比的，但梁羽生小说新文艺腔太强，往往使人有虚假的感觉。

就整部小说的情节安排而言，金胜于梁；就爱情描写的变化多样而论，则金不如梁。在这方面的艺术成就，金庸似乎没有达到梁羽生小说的高度。

130/ 金、梁小说的思想

梁羽生的小说受中国传统文化的影响较深，也接受了西方十九世纪文艺思潮的影响，即以要求个性自由，反抗社会不合理的束缚为基础的思想。

金庸则接受了今日西方文化的影响，尤其是好莱坞电影的影响，强调人性邪恶的阴暗面。

133/ 风波骤起

《金庸梁羽生合论》作者署名为佟硕之，人们纷纷猜测文章作者的真实身份；《大公报》高层警告梁羽生：此时说金庸的好话简直是原则尽失！

第七章　饱览山水

142/ **长屋风情**

梁羽生说自己平生共四大爱好，一是读书，二是写作，三是下棋，四是旅游。

有一次到猎头族人房中参观，抬头向上一望，差一点没叫出声：原来就在房梁上，挂着七八个用药水处理过的人头。梁羽生虽然在武侠小说中创造了那么多天不怕地不怕的英雄豪杰，但现在也有魂飞魄散之感。

147/ **卢浮宫与法国香水**

导游宣布：参观卢浮宫的时间为半小时！梁羽生以火箭升空的速度奔到《蒙娜丽莎》身边，甚至连她怎么微笑都没看清楚，就又以火箭坠地的速度下楼。

当导游宣布买法国香水的时间为两个半小时时，全车响起一阵女人的欢呼声。

梁羽生更加失落了。

149/ **"武侠小说是成年人的童话"**

1979 年 8 月下旬，梁羽生与数学大师华罗庚在英国北部的伯明翰相遇，"武侠小说是成年人的童话"这句对武侠小说的经典评语也就在这次相遇中诞生。

152/ **月是故乡明**

阔别家乡数十年的游子终于回到了家乡。回到家乡的感觉一切都是新的。

梁羽生对家乡变化的印象是："从纵的方面讲，进步确实很大，但若从横的方面讲，差距也很大。"

第八章　封笔挂刀

156/ 退出武林

谢绝了许多朋友的挽留，放弃了触目可及的利益，梁羽生毅然宣布退出"武林"。

梁羽生笑着说："江山代有才人出，自我去后自有人。我已经写了那么多年，自己都感觉腻了，再写恐怕也很难出新意。"

158/ 以武侠小说为史

在新派武侠小说家中，梁羽生首先开创了将历史与传奇结合起来的写作方法，金庸等只是后继者；梁羽生也是始终坚持这一创作方法的唯一的新派武侠小说家，金庸有很多没有历史背景的小说，而古龙最后干脆抛弃了小说的历史背景。

160/ 诗情画意

梁羽生小说回目多采用前人的诗词或自创的诗词，而且善于锤炼意境，这使得他的小说充满诗情画意，余味无穷，有时使人忘了自己在读武侠小说，而是在读经典的爱情小说。

169/ 宁可无武，不可无侠

"我认为，武是一种手段，侠是一个目的，通过武力的手段去达到侠义的目的，所以，侠是最重要的，武是次要的，这是我的看法。一个人可以完全没有武功，但是不可以没有侠。"

梁羽生的小说，完全遵循了自己的原则，其优其劣，皆源于此。

174/ 情山恨海，摇曳多姿

梁羽生的武侠小说每一部都以爱情为主线，几乎每一个主人公都必须在情感世界做出选择并确定自己的情感本质。

美国黑人音乐"布鲁斯"歌曲以旋律忧伤著称，而梁羽生小说的情就是一首首悲伤的布鲁斯之歌。

为别人而改变自己，他信奉的格言是"走自己的路，让别人去说吧"！

时间一久，他竟也在江湖上闯出一个"毒手疯丐"的名号来。

213/ 快乐的牛虻

梁羽生毫不讳言《七剑下天山》模仿了《牛虻》，但他虽然利用了《牛虻》的某些情节，但在人物的创造和故事的发展上，却是和《牛虻》完全两样的。

219/ 才华绝代纳兰词

梁羽生非常喜欢纳兰容若，喜欢他的人，他的词，这种喜爱从他十七八岁就开始了。

纳兰容若属于统治汉族的统治者，却情真意切地承认满汉一家："满汉两族，他们原应是兄弟。清室贵族，自有罪孽，可是不见得在贵族中就没有清醒的人。"他清醒，因而他痛苦。

第十章　平淡归隐

230/ 老来从子

1987 年，梁羽生携夫人移居澳大利亚，他的理由是"老来从子"。

在澳大利亚，他计划写一部历史小说，但主要以调养身体为主。

235/ 皈依基督教

1994 年 9 月，梁羽生走进附近一家教堂，在肃穆的颂歌声中，牧师用手蘸水，轻轻点在梁羽生的额头。

梁羽生终于走完了自己的信仰之路，成了一名正式的基督徒。

238/ 有朋自远方来

1989 年夏天，一个肩背行囊的女作家千里迢迢来到澳大利亚，一到就直接找到梁羽生家。她叫尤今，新加坡《南洋商报》的记者和副刊编辑，梁羽生的忘年交。

梁羽生送给尤今一件礼物，那是一叠整齐的剪报，有二十多张，是梁羽生评尤今作品的。

梁羽生解释说："本来想寄给你，正好收到你的信，说要来澳大利亚旅游，我就留下了，想等你来了亲手交给你。"

243/ 茶·棋·联·文

晚年的梁羽生袒露一派真名士风度：在茶·棋·联·文中流连忘返，自得其乐。

246/ 把手话沧桑

黄苗子夫妇一再谈道：和梁羽生的友谊是他们夫妇来到澳大利亚后的最大收获之一，梁羽生每有佳作，总要传真过来，让他们阅后一乐。在经历了人世沧桑后，他们从梁羽生的友谊中恢复了不少欢乐。

248/ 北去南来自在飞

20世纪80年代初，有人为梁羽生算过一笔账，按保守的估计，大陆盗版的梁羽生小说使他至少损失了四千五百万元人民币。

可当朋友历尽艰辛为他抓到盗版者时，梁羽生竟说："他们也真不容易，既然认错了，我看稿费的事就可以宽松一点，甚至可以让他们自己决定付费标准，只要能表示对作者的尊重就行了。"

256/ 百年一羽生

百年一羽生，也许，不仅仅是一百年，只要人们还需要文学，还需要正义，梁羽生的小说就永远不会消失！

第一章

快乐的出生

诗书之家

在广西一个偏僻的山村，梁羽生诞生了。

这里山清水秀，人杰地灵，山峦起伏，林木郁葱。整个山村笼罩着一种神秘而诱人的风姿，山笼着水，水抱着山，缠绵悱恻，情深意长。

梁羽生的出生，使这里的山更美，水更清。

"山不在高，有仙则名，水不在深，有龙则灵""蓝田日暖""玉"才会"生烟"，一个人的成功，常常给他的出生地带来无尽的荣耀，所谓衣锦还乡，光宗耀祖，但一个人的成长，与他生于斯长于斯的自然和社会环境的细细滋养也是无法分开的。

在广西一个偏僻的山村，就飞出了一个仙、一条龙，因他的出现，而使那里的山更秀、水更美。

仙当择良山而栖，龙则择灵水而居。的确，梁羽生的出生地蒙山县虽然道路崎岖、交通不便，但却因此而保持了一种源于自然的美景，这里山清水秀，人杰地灵，山峦起伏，林木郁葱。县城西是一座清秀挺拔的蒙山，山下一条美女秀发似的蒙水蜿蜒逶迤。春风吹绿山水时，这里虽然一派忙碌气氛，但仍不失雍雅气度，连山、水都像刚睡醒了似的，清风徐来，水波不兴，整个山村笼罩着一种神秘而诱人的风姿，而在夏秋两季，每当夜幕低垂或霞光初上，山笼着水，水抱着山，缠绵悱恻，情深意长，让人生出无穷的遐想，恨不得与山水同在，与清风同游。

这里过去曾是百越之地，秦始皇征服此地以后，为示重视，特在桂林设郡，蒙山县也就划归桂林郡，此后一直成为大中华帝国的一部分。县城不大，人口也不多，谈不上什么繁荣昌盛，而且三面环山，只有北面有大路从山中穿过，通达桂林，其余诸交通途径，都是虽不难于上青天、却也是让人望而却步的崎岖山路。

梁羽生的家不在县城，而是在距县城约三十里的一个小村庄屯治村。位置在广西的东北部，属文墟乡管辖。

若按我们过去划分成分的标准，梁羽生家属于不折不扣的地主豪绅，然而，与其他地主豪绅不同的是，他家不只有地、有钱，而且是当地并不多见的很有名望的书香门第。

梁羽生的家族并非祖祖辈辈都是蒙山人，大约是在祖父那一代，他们一家才迁入蒙山，祖父姓陈，人称仕康公，是个颇有以诗书持家为重的开明人士，他自己早年也接受过私塾教育。结过两次婚，第一个妻子为他生了两个儿子：陈品修、陈品全；后来他续娶杨氏，又生一子，取名陈品瑞，时为 1894 年农历 8 月初 4，仕康公已 44 岁。仕康公的这三个儿子前后年龄相差很大，大儿子比梁羽生的父亲大了 20 岁，二儿子也比小弟弟大了 16 岁。

陈品瑞因是仕康公晚来又得之子，所以从小就很受宠爱。他先是被送进私塾启蒙识字，但因此时已经废除了科举，而代之以旧式学校，蒙山县又没有这种学校，一般家庭往往停留在让孩子认几个字就满足了，但仕康公的见识显然超越于这些人，他看小儿子天资聪颖，就不顾别人的嘲笑，毅然决定送儿子到邻近的平乐府寄读。

几年过后，陈品瑞已是满腹经纶，才华横溢，时又当新旧交替、英豪迭出的乱世，凭陈品瑞的志向和学识，正是值得造就的英才，可惜世事变幻，往往使英雄泪沾巾。就在他激情勃发准备进一步深造以大展宏图时，仕康公却让他回来主家，而仕康公这样做，也是不得已而为之。

仕康公高寿，活了 80 多岁，但他的前两个儿子却短寿，都只活了 40 多岁。陈家在当地是个大家，一大摊子事务自然需要一个精明强干的人前后操持，而仕康公又已渐渐年高，精力、体力都明显感觉不支，所以急需一个合适的接班人，在这种情况下，陈品瑞自然是责无旁贷，不得不放弃一系列梦想，专心管理起农庄、山林。

此时留学之风正盛，品瑞内心是多么渴望像自己原先一些同学那样放洋深造，遨游列国，饱睹异域奇彩异色，成为匡危济时的时代新青年，无奈命运不眷，俗物缠身，使他虽有展翅飞翔的愿望，却无法张开自己的翅膀，只有望洋兴叹，寄情于山林。好在他从小接受孔孟之道的教育，懂得万事孝为先，且他本性敦厚，脾气随和，知书达礼，凡事以大局为重，每当他看到老父亲渐渐衰老的身影，看到眼前百事待理的家庭，他也就自觉打消了这个念头，而且日日徜徉于田野风光，不时也就生出陶渊明那种"采菊东篱下，悠然见南山"的恬静心态，偶尔兴致来了，也会吟吟诗、作作画，不失儒家雍雅风范，时起文人骚客之兴，倒也自得其乐。不过，即使在这样心静如水的生活中，他内心也会时时涌起一股豪情，他毕竟走出过小山村，见过世面，接受过很多新思想。

结果，留洋的唯一名额就留给了二儿子品全所生的老二陈文奇了。当时陈家的经济能力，只够负担一个人留学，品瑞要持家，自然不行，大儿子品修没有生育，二儿子生有二子，老大文光年龄较大，且已拖家带口，最合适的当然就是老二文奇了，他年轻，而且勤奋上进，聪明伶俐。于是，陈家在当地又引起了轰动：文奇成了蒙山第一个出国留学的人。陈家的开明、远见使远邻近舍再次叹服。

陈家虽然开明，但在家族人的婚姻方面却还沿习当地旧俗，即父母之命，媒妁之言。早在平乐府读书期间，陈品瑞就遵父命与邻村一富户人家的女儿结了婚，并育有一男两女，不幸这位妻子还没享儿女福就于1919年仙逝。

不过，陈品瑞的这个儿子并不是梁羽生。他还要等一段时间再睁眼看这个他感到奇妙困惑的世界。

鳏居的陈品瑞一时倒也没有再娶的念头，但他的才学、家世、雍雅都使他虽为鳏夫但仍成为许多姑娘"辗转反侧，寤寐思服"的上佳人选，但尽管提婚的人很多，他始终不为所动，引得不知多少姑娘闺中悄然垂泪，黯然神伤。可当一个叫刘瑞球的人托人为女儿求婚时，他却欣然应诺，喜形于色。

刘瑞球何许人也？对陈品瑞为何具有这么大的吸引力？

从屯治村再往北约40里，中经坎坷崎岖山道，然后在豁然开朗处，就可看到一个小村庄，叫鹏汉村，村中有位知名人士，就是刘瑞球。他中过举人，自然饱读诗书；儒雅风骚，又喜赋文填词，刊行有《湄隐词》，是远近闻名的学问家。更特别的是，他不但能舞文弄墨，而且能舞刀弄枪，骑马打仗，做过清军标统的官职，真正是文韬武略，一世英名，刘家因此也成为声名显赫的大家显户。

刘瑞球和中法战争中的清军名将苏元春是小同乡，并得后者赏识，被送到日本学习军事，回国后就在苏元春手下做事。1907年，孙中山发动广西镇南关起义，结果被清兵镇压，元凶是继苏元春后掌管广西军备的陆荣廷。此时刘瑞球的军队也为陆荣廷所辖，但刘瑞球已经感觉到清朝已是大厦将倾，失去民心，所以对孙中山很敬佩、同情，于是在这次行动中他就假装生病，没有出兵。此举当然惹怒了陆荣廷，就千方百计挑剔、刁难他，而他也早就厌恶官场倾轧，不久就辞官回归故里，做起"闲来垂钓碧溪上"的自在农夫。

这个见过世面的人物既遵循传统礼教，又易于接受流行时尚；既端庄严肃，又不乏儒雅名士的风流倜傥。他膝下有一儿一女，女为大，尤得他的宠爱。这个女儿端的是贤淑贞洁，仪态风雅，虽是生长在僻野乡村，但却自有大家闺秀的风仪。由于此时当地风俗仍不允许女孩子进学堂，所以她父亲尽管开明，也没开明到送女儿入学校的程度，但并没有因此而疏于教育这个宝贝女儿，赋闲归家后，他就专心教导女儿，日积月累，女儿又禀性聪明，结果培养出一个落落大方、秀外慧中、知书达礼的女儿，她不但读了很多书，背了很多诗，而且会画画，也能填写简单的词。可在乡村野岭，这样既漂亮又聪慧的姑娘自然就曲高和寡，难觅佳配。当地风俗，姑娘十五六岁就要出嫁，否则就如现在的老姑娘，再难嫁人，而淑贞一转眼已是十八九岁，仍待字闺中。刘瑞球虽不想草草嫁女，但眼看着女儿时时露出落寞寂寥愁容，内心难免着急。

山区虽然信息阻隔，但陈品瑞丧妻的消息终于还是传到刘瑞球的耳中。说实话，在这方圆数十里的山区，从人品、学识、家庭等方面来看，像陈品瑞这样的人物也真是百里挑一，加上他平时略懂医道，常常免费为父老乡亲治病，口碑极好，刘瑞球早就心存遗憾，因为陈品瑞已有妻室，所以常替女儿生出"恨不相逢未嫁时"的感叹；现在陈品瑞的妻子死了，弥补遗憾的机会是有了，但新的遗憾又出现了，因为这时陈品瑞已经28岁了，是鳏夫，膝下有三个孩子，而自己的女儿尚是个未出阁的姑娘，若嫁给他，那就等于做了填房，自己是大户人家，传出去名声不好听，而且也太委屈了自己的女儿。可刘瑞球毕竟是开明人士，他最看重的是女儿的幸福和毛脚女婿的人品，犹豫再三，他决定托人前去说合，事先他和女儿商量了这件事，没想到女儿只一句话：任凭父亲做主。刘瑞球心中一块石头落了地。

诞生一代武侠名家的最基础的基础就这样自然而然地奠定了。

陈品瑞真是喜从天降，他没想到自己这样的年纪、这样的家庭还能娶到这样知书达礼、温柔贤惠的娇妻，他亲自安排婚礼，既热闹排场，又符合两家身份。婚礼这天，他一大早就带人抬着一顶小花轿，翻山越岭，来到岳父家，翁婿叙了寒暖，刘瑞球免不了一阵唏嘘。当迎娶的队伍回到屯治村时，已是月上柳梢头。

婚后夫妻你帮我助，相敬如宾，自不用说。欢乐嫌日短，不知不觉将过一年。梁羽生也在这种欢乐祥和的气氛中孕育成熟，呱呱坠地了。

1924年3月22日中午，梁羽生急不可耐地来到这个世界上。父亲一看是个男孩儿，自然喜不自胜。按照家谱，梁羽生辈分为"文"，于是就取名陈文统。在梁羽生之前，母亲也曾怀过一个孩子，但不幸早产未活，梁羽生降生之后，一家人害怕再出意外，就自然把他看作掌上明珠，溺爱备至。

人生初蒙

梁羽生生平唯一挨打的经历，一直铭记在他脑子里，无论走到哪里，母亲生气的面容和外公严肃的神情都会时时出现在他面前，使他学会宽厚待人，学会怜悯穷人，学会始终走人间正道。

他开始学《三字经》了。

生在陈家这样的大户，是梁羽生的幸运，而同时又生在蒙山这样优美迷人的自然环境里，更是梁羽生的幸运。大户人家孩子多，也就自然热闹。这时梁羽生的两个伯伯都已去世，陈品瑞和两个侄子同住在一处大宅子里，一共三家数十口人和睦相处，其乐融融，老仕康公尚健在，看着儿孙满堂，自然越活越年轻。陈品瑞独自管理着这一家子，倒也不算太吃力。

孩子自有孩子的乐趣。看堂前水池里的小鱼戏水，为一乐；看远处青山与白云相接，夕阳与新月相属，为一乐；看竹叶青青，听夏蝉唱鸣为一乐；看果树累累，品新桃陈梅，为一乐；一三相好伙伴，于晨曦乍露或炎热午后相约跑到山上树林中捉迷藏，偶尔还会捉到一只小松鼠或刺猬，虽带着一身尘土或一两块划破的面皮，但好像凯旋的将军，浑然忘了屁股上将要落下的大人的巴掌，也为一乐；单是环绕村子的一条溪流，就不知给孩子们带来多少神秘的快乐，酷暑时节，只需将赤着的脚丫伸进清凉的溪水，就会带来一种透心的舒坦，若同时还有几个小朋友一起打打水仗，或手里拿着一柄自制的渔网，蹑手蹑脚网住那些只知道嬉戏的晕头晕脑的鱼虾，回到家让母亲煎成鱼肉馅饼或鲜美的鱼汤，吃在口里，总觉得比什么都香美可口。梁羽生后来无论走到哪里，都始终怀念童年印象里那些幼稚却充满童趣的享受和游戏，鸡鸭鱼虫、草树薯瓜，莫不如橄榄入口，越嚼越余味无穷。

在梁羽生的印象里，最可怀念、最可亲也最快乐的是母亲的爱。母亲出身大家，行为举止自有一种娴静端庄的仪态。她衣着朴素，但落落大方，头发总是梳得一尘不染，偶尔为了应酬，她也会穿上旗袍，化个淡妆，有时为陪客人，也按习惯抽抽水烟袋，但都是为了应酬，并不上瘾。每当看到母亲这样装扮，小梁羽生都觉得有点奇怪，但又觉得母亲真美。有妈的孩子是个宝，小梁羽生最幸福的时候是晚上，因为这时候母亲就完全属于自己，她会坐在床头先跟儿子讲一个故事，等儿子睡着了，她才轻轻放下蚊帐。夏天蚊子多，可梁羽生从来没点过蚊香，因为母亲认为蚊香对小孩儿身体不好，所以她每次都是用一把小扇子轻轻为梁羽生赶着蚊子，直等到他安然睡着才悄然离去。

父母都很疼爱梁羽生，甚至可以说是溺爱，但因为陈品瑞必须为一家人的衣食外交忙碌，同时因为他在本地颇有名望，遇到什么关系当地老百姓生计的问题，地方政府都会邀请他这样的社会贤达参加协商，另外，因为蒙山物产富庶，粮食吃不完，所以一些开明乡绅就自发在临近各县组织义仓，储藏粮食，救济灾民。陈品瑞也是这一活动的积极参加者和组织者，也必须分出一部分时间管理这类事务。结果就没有多少时间教育、陪伴梁羽生了，这样，教育梁羽生的任务就自然落到母亲身上。但有时候他也是必须在梁羽生身边的，那就是梁羽生生病。梁羽生小时候身体很弱，经常犯疟疾，一犯就大汗淋漓，浑身发抖，附近有名的医生都来看过，各种药也都吃过，可就是无法根本祛除病痛。好在陈品瑞一直对中医感兴趣，并且熟读《本草纲目》，平时也有不少实践，亲自研究各种病症，亲自配药，免费为人治病，久而久之，竟在附近也有了名头。他经过望闻问切，研究思考，最后专门为儿子配了一种药，结果梁羽生吃下去不久病就好了，而且以后轻易不再复发。

母亲当然没机会接受正式教育，但从父亲那里言传身教，耳濡目染，所学知识用于教育小梁羽生还是绰绰有余的。梁羽生最喜欢母亲拿出纸和笔挥毫作画时的风姿，那是母亲劳累一天后最为放松也是最美丽的时刻，梁羽生常常看得目醉神迷，对母亲画的工笔花卉也是一脸崇拜。最初的审美修养，就在这一举手一投足间滋养孕育而成。

夏日的夜晚特别漫长，父亲往往还在外奔波，这时母亲就会带着小梁羽生来到庭院里，找一个能看见月亮和星星的地方坐下，梁羽生瞪大眼睛，痴痴地一会儿看看月亮，一会儿看看妈妈，妈妈会讲许许多多的历史故事，特别是和广西有关的"狄青平南"。狄青在广西打南蛮时，因为自己面容俊俏，怕在敌人眼里缺少威仪，所以每次出兵打仗时，就都带上一个可怕的面具，打得敌人落花流水，最后成功平定了南蛮。这个故事梁羽生不知缠着母亲讲了多少遍，真是百听不厌，他最喜欢听的就是狄青戴上面具骑上战马冲入敌阵那一段，也不知母亲怎么有那么好的口才，每次讲得都让梁羽生着迷。故事讲完了，梁羽生往往还不肯睡，缠着母亲"还讲还讲"，母亲就把自己所知道的一些诗词背给他听，像李白的《静夜思》，梁羽生也就跟着母亲一句一句地念。这些童年美好的记忆，使梁羽生老年后一谈起来仍心向往之。

在陈氏大家族里，梁羽生同辈人中，他是最小的，而且兄弟姐妹之间的年龄差距很大，真可谓高低起伏，错落有致。

梁羽生同父异母哥哥叫陈文山，一直读到桂林师专，后回到蒙山做了一名教师，两个同父异母姐姐，一个嫁给了邻村一富家子弟，一个嫁给了一名军人，后来到了台湾。堂兄弟中比较有出息的是二堂兄陈文奇，他从法国回国后就跻身政界，主要任广西镇南关交涉专员，负责与法国办交涉。

在这样的环境里长大，既是书香门第，也算官宦之家，梁羽生于游戏中不知不觉学会了许多东西，但这些教育还都是业余的。

此时，梁羽生已经5岁，按照乡里习俗，他该接受正式教育了。

作为书香门第之家的娇贵儿子，教育问题早就是其父母挂在心上的大问题，特别是陈品瑞，自己的学术抱负因家事至今没有实现的机会，而且看情况似乎已永远没有像别的同学和朋友那样书生意气、挥斥方遒的豪迈，所以在内心里更是希望梁羽生能够按照自己的心愿自由地发展，但前提当然必须是读书。在自己家里，梁羽生虽然明显比别的孩子好读书，但毕竟以玩为主，整天与一般少年伙伴掷石子，捉鱼戏蝶，虽天真可爱，但难免玩物丧志。"昔孟母，择邻处"，如此下去，必将耽误启蒙教育的大好时光。陈品瑞先是想自己亲自教育梁羽生，但一大家子的杂事，还有社会上推脱不掉的应酬，实在是心有余而力不足，弄不好还会弄巧成拙，贻误儿子的前程；妻子虽然也有才学，但毕竟是妇道人家，讲讲故事还可以，但若正儿八经地教育，则实在差得多。为此，陈品瑞真是发了长时间的愁，但有一天他突然一拍脑门，直说自己糊涂：梁羽生的启蒙老师远他天边，近在眼前，自己怎么就没想到呢？

每年临近春节，梁羽生就会和父母一起到外祖父家住段时日，这段时间对小梁羽生来说同样是快乐无虑的，他很快又会有一大帮小朋友，玩得不亦乐乎，乐不思蜀。每当父母告诉他该回家过年了时，他都恋恋不舍，当他坐在特为他准备的赶山路用的箩筐里面，由脚夫挑着晃晃悠悠走在崎岖的山间小道上时，他都会不时地回头看渐渐远去的外祖父家的房子，眼里几乎流出泪来。梁羽生脾气随和，又聪颖，总会有花样翻新的玩法，令小朋友们着迷，每当他与小朋友告别时，大家也都很有一番纯真的伤感，让大人看了也觉不忍，最后只有对他说：明年一定早点来，而且多住些时日。他才破涕为笑。

梁羽生五岁这一年，在快过旧历春节时，陈品瑞又和往常一样，一大早就带着妻子和儿子往岳父家走去，挑夫的扁担在山路上悠悠荡荡，扁担的一边放着要孝敬岳父的礼品，不外乎腊肉熏鸡以及一些自制的点心，但今年比往年多了一坛米酒，因为梁羽生比去年重了好多，需要多压一点东西，才能保持扁担的平衡。依然睡眼惺忪的梁羽生被母亲从床上叫起来，满肚子不高兴，但一想到很快就又可以见到外公，特别是那一帮一定在痴痴等着自己的小朋友，刚浮起来的一点不快也很快就消失殆尽了。

山间的晓风依然刺人，早起的小鸟已叽叽喳喳地在枯枝上唱起了歌，偶尔还会抬起小小的脑袋，看看这一家与自己同样不怕冷的人家。

与往年一样，梁羽生坐在铺了一层厚厚的棉被的箩筐里，身上穿着小棉袄，身边放着几样自己最喜欢的小玩具和几样小吃。陈品瑞手拿一根长长的烟杆，跟在挑夫的后面，边走边思考着怎么样和岳父谈梁羽生的教育问题。在这个女婿眼里，老岳父始终仪态威严，不好接近。因为有过金戈铁马的战士经历，他的一举手一投足都往往是不怒自威。就拿穿衣来说，他也注重仪表庄重，扣子总是扣得整整齐齐，丝毫不乱，平时待人接物自不待言，即使平时闲居在家，也一身清清爽爽，毫尘不沾，在如此僻远的乡间，能够做到这样一丝不苟，难免使人敬佩之余，又觉疏远，只愿远观，不敢近视。陈品瑞对自己这个老岳父也是这样的心态，所以这次要把梁羽生交给他教育，实在有两重担心，一是担心岳父这样直爽、威严，喜欢与沙场、战马为伍的人，会不会有耐心日日与一个不懂事的孩子为伴；二是担心即使岳父同意教育梁羽生，但梁羽生会不会像自己一样一看见外祖父就害怕，时间一长，对孩子一定会造成压抑。

从文墟乡到鹏汉村有近五十里山路，需要步行十几个小时，所以当他们一家人疲惫不堪地走到目的地时，已是家家灯火了。

未及休息，陈品瑞就忐忑不安地走向岳父谈了自己的想法，出乎他的意料，岳父竟毫不犹豫地答应了，言语间似乎还有点责备陈品瑞这个决定太晚了。陈品瑞不禁长长地舒了一口气，感激地看着眼前自己一向畏惧的岳父。随后两人就一起商量怎么样对梁羽生进行启蒙教育，最后一致同意先从浅入深，选定的课本有《三字经》《千字文》《百家姓》《昔时贤文》《论说精华》《古文观止》《论语》，等等。刘瑞球喜读史书，手不释卷《资治通鉴》《二十五史》，同时也非常钟情填词作赋，挥毫写字。所以两人商定在教梁羽生识字的同时，也适当教给他一些浅显的历史知识。

正在这时，外面忽然响起了梁羽生的哭声，两人急忙奔到外院，只见刘氏正拿着戒尺打梁羽生的小手，一看父亲和外公出来，梁羽生哭得更厉害了。边哭边叫："外公，妈妈打我，我没做错什么呀。"

看到小外孙哭得这样可怜，外公非常心疼，急忙制止女儿，而且眼含责备："我的小外孙刚到我家，怎么就打他？是不是对我不满？"

看到外公，梁羽生觉得这下可得救了，不禁用小孩子的狡黠和稳操胜券的眼神胜利地看着母亲。

但他这次想错了。

原来，经过一天的长途跋涉，梁羽生早就饿得饥肠辘辘，现在好不容易到外公家，肚子立刻咕咕大叫起来，于是一连声地要饭吃。但晚饭此时还没准备好，作为应急之策，佣人临时给他弄了一点腊肠，加上一点米饭，让他先垫垫肚子。可梁羽生一到外祖父家就看父亲进到外公房里，一直没有出来，被外公宠惯了的梁羽生已是满腹不满，现在又看端来的是这样粗糙的饭菜，不禁小性子发作，借题发挥，一挥手把饭碗扫落桌下。母亲历来对儿子要求极严，看到儿子如此使性，不禁气不打一处来，就拿起一把戒尺，轻轻地打了一下。梁羽生哪受过这种委屈，何况又是在外公家。

听女儿把过程一讲，一向宠爱梁羽生的外公好像没看到外孙的委屈，而是批评他说："文统呀，外公要批评你了。妈妈不是教过你一首诗吗？名叫《悯农》的那首？……"

外公还没说完，梁羽生已急急忙忙叫起来："我知道。我知道，我还会背呢，你们听：锄禾日当午，汗滴禾下土，谁知盘中餐，粒粒皆辛苦。"

大家都笑了。外公趁机对梁羽生说："孩子，你知道这首诗的意思吗？"

梁羽生不好意思地摇摇头。

"这首诗是说我们吃的粮食得来不容易呀！你想想看，农民大热天在地里除草，汗珠点点滴到地里，然后庄稼才会结果，我们才有饭吃。像你刚才一下子浪费了那么多粮食，需要农民流多少汗呀！"

梁羽生以前只跟着妈妈背这首诗，现在才真正明白诗的意思。他乖乖地认了错。

本来对把儿子交给外公教育还有疑虑的陈品瑞看到这些，顿时一颗心放在了肚子里。

实际上，陈品瑞一开始就是杞人忧天：在梁羽生眼里，外公是天下最慈祥、最爱自己的好人。

这次生平唯一一次挨打的经历，一直铭记在梁羽生的脑子里，无论走到哪里，母亲生气的面容和外公严肃的神情都会时时出现在他面前，使他学会宽厚待人，学会怜悯穷人，学会始终走人间正道。

从此，梁羽生慢慢收了性子，跟着外公一心一意背《三字经》，一直到他九岁时外公去世，他每年都要有很长一段时间与外公在一起，除了看书识字，他还从外公身上学到了许多让他终生受用的东西。

一是学填词。外公对吟诗作词似乎有无穷的兴趣，每当兴致上来，他就会像一个年轻小伙子一样跃跃欲试，或提笔一挥而就，或苦吟凝思，捻断数茎须。这种兴致当他喝过酒后尤其高涨。他天生豪爽，喝酒也豪爽。每日必饮，每饮必醉，每醉必填词赋诗，每当这时候，梁羽生就会又好奇又兴奋地看着外公，在他幼小的心田里，他觉得填词一定是非常有趣的事。看到梁羽生有兴趣，外公自然满心欢喜，就把一些填词的简单知识讲给梁羽生听，梁羽生听得似懂非懂，但词的种子，就这样雨露滋润般浇灌在他已开始萌芽的脑子里。

二是学下围棋。梁羽生一生对围棋乐此不疲，启蒙就是在外公那堆满线装书的书房里。第一天学围棋，外公从梁羽生会下的象棋入手，先谈了围棋与象棋的区别。实际上梁羽生与小朋友下象棋只是玩玩，怎么也不会想到下棋还有这么多的道理，现在听外公讲下棋的道理，就好奇地瞪大了眼睛。

"象棋讲霸道，围棋则讲王道。下象棋光把对方打得落花流水还不算，还一定要将对方斩草除根才后快，这是你死我活的斗争，讲究的是弱肉强食。围棋则忠厚宽容，讲究礼让之德。围棋主要是看谁占的地盘大，谁大谁赢。真正的围棋高手不是把对方杀得丢盔卸甲的人，而是占的地方大，所以围棋很少刀光剑影，而多运筹帷幄，决胜千里，是不流血的战争，它的作战原则是：我活，也让你活，但我要活得更好。"

一生戎马生涯的外公谈到围棋的争战之道时好像又回到了昔日烟尘纷飞的战场，他正骑在马上指挥作战，但生性儒雅的他对流血有天生的反感，也许正因此，他对象棋不感兴趣，对雅致的围棋情有独钟，谈起来自然就忘了眼前的学生才是个刚五岁的小外孙。但他的情绪感染了梁羽生，他也听得兴致盎然，虽然他并没听懂外公言语中的深奥道理。

可惜的是，梁羽生正式跟外公学围棋不到一年，外公就去世了，不过梁羽生对围棋的兴趣已自觉了，之后他常常一个人抱着一部棋谱钻研、思索，一时不知今夕何夕。

遗憾的是梁羽生此时多是书生论剑，常常只能纸上谈兵，但哪里又有闲情逸致一坐几个小时去下棋？田里的地要种，老婆孩子要养，这种情况下若还能安心下棋，即使他是个棋痴，也会被别人骂作不务正业、二流子。在农村尤其如此。所以，梁羽生越钻研棋谱，越棋瘾难耐，越觉自己真真正正成了孤家棋人。实在技痒难熬，他就跋山越岭，走几十里山路去县城一家中学里找会下围棋的老师下，刚开始老师不把他放在心上，可几步棋一走，他们才发现自己根本不是眼前这个小家伙的对手。战事结果，梁羽生往往胜多败少。时间一长，这些老师不好意思，就借故不与他对弈，弄得梁羽生常常乘兴而去，败兴而返。慢慢地，梁羽生在县城有了小名气。

在家又钻研一段时间，梁羽生又技痒，可原先的对手现在都不愿接招，偌大的蒙县现在也不知道哪里有自己的对手，一时真有"把棋四顾心茫然"的失落，弄得茶不思，饭不想，患了相思病一般。家里人看他这个样子，既感到好笑，又觉得可怜。梁羽生同父异母哥哥陈文山略懂围棋，却从未像梁羽生这样正式学过，且把钻研棋谱当作家常便饭，但一是看到弟弟如此失落，心中着急，另外是他不相信梁羽生棋会下得那么好，于是有一天就主动要和他下棋，梁羽生一听差一点没跳起来，赶紧摆棋布阵，虎视眈眈，可一下起来他马上兴趣索然：这位哥哥的棋艺实在不敢恭维。结局可想而知，弄得哥哥很没面子，之后梁羽生千方百计缠着哥哥下棋，一开始哥哥还勉强凑趣，可屡战屡败，最后就再也不肯赏脸。梁羽生再一次成了孤家棋人。

三是学对对子。梁羽生的父母都有较厚的旧学功底，整个家庭也都充满着书香诗气，耳濡目染，梁羽生天资聪明，又有这样好的家学渊源，自小就形成对诗的敏感。外公是远近闻名的文武兼备的名人，还出版过词集，现在他专门为梁羽生授业解惑，梁羽生后来真切地感觉到这真是自己一生的幸运。外公教梁羽生作词之道的入门书是《白香词谱》，并首先从词的平仄格律着手。启蒙训练则是对对联，对对联最讲究平仄虚实，这边是平声的字，那边就必须是仄声的字，这边是虚字，那边一定也是虚字，规矩十分严格。因为中国字是单音字，不是平声就在仄声，平声响仄声哑，若用得好则音韵流畅，铿锵有声，朗朗上口，不会用或用不好则会佶屈聱牙，晦涩难懂。古诗之所以念过几遍就记住了，而现代的白话文则难以背诵，其中一个重要原因就是古诗讲究平仄声韵。这些道理外公总是在适当的时候讲给梁羽生听，而梁羽生虽然似懂非懂，但总听得津津有味。

外公从对对联的基本功教起，那就是先学单字对、双字对，如天对地，夏对冬，寓教于乐，祖孙俩倒也其乐融融，在这个过程中，梁羽生不知不觉间学会了很多实用的格律知识，丝毫没感觉到枯燥，而是一有空就缠着外公操练。他在对对联方面似乎颇有天赋，一学就会，而且会触类旁通，举一反三，对出的对子常常令从不轻易夸奖他的外公也禁不住赞不绝口。一次外公有意考考他，就故意不拿书上的例子，而是随便拿当地的实物作对子，他随口说道："四眼井"，梁羽生几乎是不假思索脱口而出："八角亭"，外公大感意外，但难掩喜悦之情。

梁羽生对对子又出了名。在他九岁那年，他的堂兄陈文奇从法国获得硕士学位，衣锦还乡，并被任命为广西负责对法国交涉的外交官，上任前特地返回故里，陈品瑞为此光宗耀祖之事，特地置办酒席，宴请当地有头有脸人物。席间一位老先生做过前清大官，当然是饱读诗书，他早有耳闻梁羽生对对子的故事，所以趁着酒兴也想考考他。他笑眯眯地把梁羽生拉到身边说："小朋友，听说你对对子很厉害，今天我出个对子让你对对。"他出的对子是："老婆吹火筒"，梁羽生略一沉思，随即对道："童子放风筝。"老先生捻须赞曰："后生可畏，孺子可教也！"

1930 年，梁羽生六岁，要进小学读书了。

在为儿子选择学校时，父母两个又考虑了很久，当时可供选择的学校有两所，一是本村的小学，好处是离家近，只需翻过一道山岗就到了，本村的适龄儿童大多选择了这所学校，但梁羽生的父母认为这所学校规模太小，而且没有很好的老师，并不是上选；另一个可选择的学校是文墟乡小学，从屯治村到这所学校大约五里路，要走四五十分钟才能到，而且午饭还要在学校吃，辛苦是辛苦，对孩子来说也确实是远了点，但这所学校教学比较正规，况且玉不琢，不成器，所以宁肯舍近求远，决定打破"父母在，不远游"的古训，送儿子去那里读书。

梁羽生背起书包上学堂了。

每天天蒙蒙亮，梁羽生就起床了，挎上母亲特意为自己缝制的书包，带上母亲精心准备的午饭，小小读书郎就踏上了求学路，一路优哉游哉，左顾右盼，听小鸟歌唱，看细草萌芽，有时运气好，还会碰到一只小松鼠或小刺猬，他就驻足欣赏一会儿，或追逐一阵儿，倒也觉不出路途的遥远，不知不觉学校已在眼前。

这时的学校已采取了新式的教育体制，课程也与旧学校不同，主要有国文、算术、图画、音乐、史地等。梁羽生在班上总是国文第一。由于此时完全采取白话文教学，而梁羽生从父母和外公那里接受的主要是古文启蒙，所以对古文的理解有时竟会比新式教育培养出来的老师还要好，至于白话文，梁羽生有古文作底子，人又聪明，稍一用心也就掌握了。

在读书作文之余，孩子总有无穷的精力做游戏或自己发明游戏，梁羽生历来是积极的游戏派，玩起来就上瘾。至今他还清楚地记得自己当时玩得最开心的几种游戏。一是滚铜板，这种游戏梁羽生竟一直玩到十岁左右。游戏规则是这样的：参加游戏的小伙伴先每人手拿一个铜板，站在一根线后面，然后依次或同时将手中的铜板使劲往前抛，抛得最远的人就是胜利者，他可以站在自己铜板落地的地方，用自己的铜板往别人的铜板上砸，若砸中，那个铜板就归他所有。这是一种很有刺激性的游戏，既能证明自己的力量，也有铜板做物质的刺激，难怪那么多小朋友放学后不回家疯玩这个，回家对父母说是老师留在学校做作业了。既然大家都是性情中人，都有罪在身，也就没有人去告黑状，十分安全。

另外还有一种游戏，或更恰当地说是一种业余爱好，也使梁羽生三日不做，如隔三秋兮。这种游戏在现在的孩子看来或者会称其为老土，但在当时却实实在在是一种时髦，一般人家的孩子还玩不起呢。由于当时烟草行业竞争非常激烈，不但国内各大烟草公司之间竞争激烈，而且国外的烟草行业也加入进来。为了抢夺市场，各烟草公司绞尽脑汁，绝招纷出，一时间刀枪剑戟，你来我往，他们没想到梁羽生竟从中大捞好处，成就了一段与烟草的不绝如缕的缘分。当时上海出产的"飞马"牌香烟和外国进口的"强盗"牌香烟不约而同想出的奇门妙招是在每盒烟里附送一张漂亮的画片，这些画片往往是根据一部大家熟悉的书中人物绘制的，如《三国演义》《水浒传》《西游记》等。一盒一张，只要你持之以恒地抽这种牌子的烟，总会收集到一套完整的故事，而且若收集齐全，还有机会从烟草公司得到一份奖品，即使不要奖品，只看看自己手里那一幅幅精美的图画，就不失为一种醉人的享受。这一招对抽烟的人确实有点吸引力，但最吸引的是吸烟人的孩子，这些孩子往往会缠着自己的父亲多买同一种牌子的烟，而且抽得越快越好，越多越好，这就像时下儿童食品市场上流行的推销方式一样，往往会使孩子对收集卡片的兴趣远远超过对书本的兴趣，而且很多做法还不如当时。

要收集一套完整的卡片并不容易，因为烟草公司往往只在同一种香烟的同一种牌子的烟盒里放同一套故事的卡片。另外当时蒙山的男人常常喜欢抽竹竿烟筒，这种烟筒很长，尖端有个放烟叶的烟锅，抽烟时从烟袋里取一点烟叶放进去，抽完后在鞋底上一磕，再接着抽下一锅。一般只有那些有钱人或有身份的人为示与众不同，才抽纸烟，而且也不是常常抽。

梁羽生的父亲和外公都是当地有身份、地位的人，平时也就抽一点纸烟，不过父亲最常抽的是上海烟，外公常抽进口烟，虽然两种烟里都有卡片，但总不一致，结果梁羽生从来没收集到一套完整画片，抱憾终生。

童年的梁羽生还有一件开心事，那就是父亲或外公带他去县城。在山村长大的梁羽生对县城里的一切都充满着好奇，他觉得县城那么大、那么新奇，有那么多好玩、好看的东西，所以每次去县城前，他都兴奋得一夜睡不好觉，而且第二天一大早就起床，焦虑不安地等大人准备好。不过去县城的次数多了，也为梁羽生养成了一个不太好的"毛病"，那就是爱吃，而且一生"恶习不改"，直等到后来身体有恙，医生严厉警告，方才有所收敛。

梁羽生每到县城必要父亲或外公带自己到一家茶楼吃点心，茶楼正靠一条小江，临窗而望，但见白帆点点，绿波盈盈，不失为一种享受。梁羽生一到茶楼就拣靠窗的座位坐下，随后一连声叫伙计拿上来自己最爱吃的几样点心，放开小肚皮过把瘾，等小肚子填满，他好像还不觉过瘾，总会算算自己这次有几种点心没吃，好等下次再来补上，时间一长，连伙计都熟悉了他的规律，有时甚至不等他吩咐就会端上他这次正想吃的点心，配合如此默契，使人叹为观止。梁羽生最喜欢吃的点心有烧卖、叉烧包、鸡包等，而尤其喜欢当地一种特色点心"瓜花酿"，而且百吃不厌。

穿反衣服的优等生

学校食堂油水不够，梁羽生就想方设法买零食充饥；但洗衣这种后天的技能他确实从小没学过，他花钱去校外请人洗衣服，但当洗干净的衣服穿在身上时，他竟会穿反，甚至连扣子都会扣错。看到他窘迫难堪的样子，一些同学忍不住取笑他，说他是优等中的优等，纨绔中的纨绔。

转眼已到了1936年，梁羽生终于可以不辞长做县城人了。从这年春天起，他将在蒙山县中学度过四年中学生活。

梁羽生这是第一次离开家独立住校。读书对他来说并不难，难的是一切生活完全要自理。

初中一年级结束，梁羽生在学习上也受到了一次打击。因为在小学阶段主要学的是文史，而且他的家教也多以文史为重，所以考试下来，他的国文和历史得了全班最高分，但英语和数学却不及格，无奈，他只好按照学校规定留级重读一年级，总算把这两门课补上了。

蒙山中学算得上当地名副其实的贵族学校，学生多为大户人家的子弟，所以颇多纨绔少年，不思学习，日日横行校园，欺负弱小，梁羽生对这些学生总是敬而远之，嗤之以鼻，但他和这些少年在娇生惯养方面的差别绝对是五十步笑百步。刚开始住校他真有叫天不应、叫地无声的溺水待救之感。

先就吃饭来说。校方知道这些学生的出身，已经特地对伙食进行了安排，油水也比较足，但尽管如此，在这些过惯了锦衣玉食的富足生活的学生看来，仍是粗糙不堪，难以下咽。虽然学校为了造就人才，特规定学生必须在本校就餐，而且必须饭吃尽，汤喝光，但每当就餐时间一过，饭厅里仍会剩下许多饭菜，令打扫餐厅的师傅连说造孽。看到此令不行，校方又规定学生平时不许买零食，违者以触犯校规论处。

梁羽生刚开始还勉强能遵守校规校纪，但时间一长，就受不住了，学校食堂的饭虽然还能强迫自己吃下去，但在他看来油水太少了。下肚不久，肚子就咕咕叫起来，馋虫一个劲往喉咙这儿爬，比挨打还难受。偏偏这时校门外传来叫卖小吃的美妙声音，这些小贩知道学校禁止学生买零食，但他们更知道"食色性也"这个放之四海而皆准的朴实道理，于是常常在学生休息的时候放大声音叫卖，而且极力以富有诱惑性的语言描绘自己小吃的鲜美可口，虽然学生也知道实际的小吃并非如此，但听到叫卖声，脑海还是不由自主地浮现出一幅色、香、味俱全的佳肴景象，在这样的诱惑下，能不违反校规的实在是凤毛麟角、物稀为贵了。

梁羽生他们住的宿舍后面是一堵墙，墙下面总蹲着许多这样的小贩，时间一长，小贩和学生同策同力，竟想出一个对付学校的绝妙主意。若某个学生想买什么零食，就先告诉墙外的小贩，商量好价钱，然后小贩就会把学生要买的东西绑在一根长竹竿上递过来，学生也把钱绑在竹竿上，然后喊声"好了"，这一宗买卖就告完成。大家配合默契，学生大多也懂只有精诚合作，才能长期共同发展的道理，也几乎没有赖账的。

终于有一天，梁羽生也以这种方式买到了自己喜欢的零食，从此一发而不可收拾，成为此道高手，牛肉干、绿豆糕、粽子、水果糖源源不断从墙外伸进来，父母给的钱也源源不断落到小贩的腰包里，一方是生意兴隆，兴高采烈，一方是得解嘴馋之急，心花怒放。

当然，学校也有管不住的时候，如放假、星期天，这时梁羽生就如同出笼的鸟，直奔学校对面的一家小食店，痛痛快快地大吃一顿，有时吃完一摸口袋：糟糕，没有钱了！这也不要紧，因为他已是这里的常客，而且平时很讲信誉，老板就给他记在账上，等家中寄钱过来，再还不迟。

解决了吃的问题，他还只松了半口气。因为吃是本能，他自会料理自己，但穿衣、洗衣这些后天的技能他确实从小没学过，也自然不能自理，宿舍里自己的东西也总是弄得凌乱不堪，不忍目睹。好在校外有人专做他这种学生的生意，他就花钱去洗。但当洗干净的衣服穿在身上时，他竟会穿反，甚至连扣子都会扣错。看到他窘迫难堪的样子，一些同学忍不住取笑他，说他是优等中的优等，纨绔中的纨绔。

最让他头疼的是当时的学校竟还实行军训，像现在的大学新生军训一样，训练先从叠被子开始，学生必须按要求把被子叠得像豆腐块一样有角有棱，该方则方，该圆则圆，这对一般孩子来说都不应是很难的事，但对梁羽生来说，却比登天还难，尽管他竭尽全力，最后仍是叠出一个几何学上从没见过的多棱体。雪上加霜的是，当他还在为被子忙得焦头烂额时，那边出操的号声又刺耳地响起来，他和同学们被要求在数分钟内打好绑腿，洗刷妥当，穿齐军装，然后跑到操场集合训练，这又是让梁羽生大感头疼的苦差，因为他天生方向感差，教官命令向左转，他总要往右转，等到看到别人和自己不一样刚调整过来，教官又发出相反的口令，真令他无所适从。教官看他实在不像话，就罚他站，看别人练习，等惩罚结束，教官以为他会通过，就让他重新站到队列中来，可他马上又恢复了原样，弄得教官实在无可奈何，最后只好给他不及格。但军训也有让梁羽生感到骄傲的时候，有一次学生举行越野训练，要走七八十里山路，虽然到达目的地时梁羽生觉得骨头都要散架了，但毕竟坚持到了最后。

军训对梁羽生的最大益处，一是锻炼了他的意志力，二是学会了用枪。

军训带来的小小不快，往往会因他在其他方面获得的名声而抵消，最让他值得骄傲的是对对子，这是他的强项，纵横全校，无人能敌，只不过他这时对对子纯粹出于小孩子游戏的天性，并不像后来写小说时那样有针对性，因此完全是兴之所至，即兴发挥式的，但也因此对出了很多妙趣横生的"邪对"和"歪对"，常常能博人轻松一笑。梁羽生的名声也就在这个过程中树立起来了。

在中学，梁羽生开始广泛接触中外文学作品，常常沉迷其中而不可自拔。欣逢文学盛世，即使如此偏僻山区也能感受到新思想的光芒，鲁迅、巴金、郁达夫、郭沫若等新文学的巨匠印在他的脑子里，而外国的托尔斯泰、梅尔维尔、巴尔扎克、陀思妥耶夫斯基、霍桑也在这时成为他阅读的对象，他发现了一个多么奇妙的世界啊！他那生来敏感、爱幻想的天性，经这些中外文学名著的熏染，更加偏于沉思冥想一途。最初的文学的种子，开始承受这番雨露的滋润，萌芽生根了。对报纸的关注和兴趣也是在这期间培养起来的。时值救亡图存的紧要关头，一切有良心的中国人莫不在密切关注着时事的变化，忧患着国家的前途，学校为此也专门订了一些进步报纸，供学生阅读。其中梁羽生最爱读的是《救亡日报》，因为上面常常报道共产党抗日根据地的情况，这对听惯了国民党宣传的学生来说，无疑具有一层神秘色彩。

梁羽生对围棋的兴趣也始终没有减弱，有时偶尔碰到以摆围棋谱谋生的人，他都会兴致勃勃前去挑战，这些摆棋谱的有很多只是粗通围棋，记得几个残棋布局，拿来吓吓老百姓，混口饭吃的，梁羽生不管这些，他只要下棋就可，而且已有江湖经验，往往一眼就看出棋局的七寸。刚开始，摆棋的欺他人小，漫不经心，想把他打发了事，但几步棋一下，发现还真不能小觑眼前的小孩。结果若是梁羽生输，他一定照规矩付钱，若他赢了，他则不要钱。时间久了，摆棋谱的也都愿意与这个讲信誉的小挑战者决一雌雄了。

1938年下半年，梁羽生因病在家休学半年。在这半年时间里，曾因数学、英语不及格的梁羽生准备趁机恶补一下。好在家里有现成的老师，即他同父异母的哥哥陈文山，虽然他的水平也算不上很高，但教梁羽生还是绰绰有余。他还教给梁羽生一些解数学题的小窍门，这一下子激起了梁羽生学数学的兴趣，结果复课后考试，他竟考了第二名，令一些数学好的同学大跌眼镜，连呼不可能。对数学的兴趣，一直陪伴了梁羽生一生，后来在英国巧遇华罗庚，华罗庚谈的最多的是他的武侠小说，而他谈的最多的是数学，以及自己大学没读数学而读了化学的遗憾。

除了补习数学，梁羽生还利用这段难得的在家时间把家里能找到的词集又认真背了一遍，直背得滚瓜烂熟，倒背如流。

一天，梁羽生无意中发现了两本象棋古谱，一是明代朱晋桢编纂的《橘中秘》，这是中国象棋艺术的集大成者，里面所讲的布局，奇奥玄密，看似平易，实则变化无穷，杀机暗藏，看得梁羽生心气起伏，情不能自抑；另一棋谱为康熙年间象棋大师王再越所著。

这位王棋师性子耿直，乐于淡泊，不求显达，实为一代高士，浊世却不识他。抑郁悲愤中，他把一腔心事都灌注到象棋上，皓首穷经，潜心思索，终于写成一部千古流传的绝世棋谱，使梁羽生受用一生。梁羽生最爱的当然还是围棋，但因在当地实在是曲高和寡，伯牙难觅子期，只好退而求其次，改下比较大众化的象棋，在比赛之前还这样特地钻研了棋谱。当地会下象棋的的确比会下围棋的多得多，但水平参差，且多属于"民间"自发的力量，哪有像梁羽生那样从理论到实践，再从实践到理论的飞跃的，所以刚开始能胜他的，很快就发现难敌梁羽生。

一个美丽的青春传说

同学们纷纷传说：因为梁羽生作诗对对联出了名，有一位如花似玉的少女春心萌动，难以自拔，就用一双国色天香的玉手深情地捧着一条香巾，请梁羽生在上面题诗，而梁羽生对这位少女也早有相识恨晚之意，就把自己的一腔柔情化作香巾上的一首情诗。

当梁羽生初中毕业时，已是 1940 年夏天。因为蒙山县中学只有初中，没有高中，所以要想继续读书，必须重新选择学校。在近四年的初中生活中，梁羽生已与周围的一切培养出一种灵魂相依的感情，学校周围的美色佳境，也都留下了他不倦的足迹，一下离开，他还真有点不舍得。但好男儿志在四方，当断就要断。

梁羽生再一次为自己数学、英语不及格而后悔不迭。按照学校的规定，如果某位同学学习成绩始终在前几名，就可以直接保送进重点高中。梁羽生的总成绩符合这个标准，但就是因为曾有过不及格的记录，所以痛惜这次大好机会，只好自己想办法解决。

梁羽生最想去的中学是桂林中学，一方面因为这所学校在省会，当然一定会比县城繁华；另一个原因更简单：就像现在的学生一心想考北大、清华一样，当时在梁羽生和许多同学的心目中，桂林中学就像现在的北大、清华一样魅力四射。然而，父母和他想的并不完全一样，他们当然也非常愿意让宝贝儿子去桂林读书，但在他们眼里，孩子毕竟是孩子，而且梁羽生在县城中学的生活自理能力也使他们有理由担心。最后，他们决定舍远就近，让儿子子承父业，到平乐县中学读高中。陈品瑞在这所中学读过书，知道这所学校虽没有桂林中学那么理想，但基本上还算合意，更何况县城里有亲戚照应，也让他们放心。

事情就这样定下来了。

暑假过后，梁羽生就辞别父母，踏上了另一条求学之路。

从蒙山到平乐要坐一种特殊的汽车，当地人称为"木炭车"，这种车用木柴作燃料，车厢是简陋的座位。每当车子在山路上爬行时，就像患了气管炎的老病夫，呼哧呼哧地喘个不停，心急的人往往会坐一路，骂一路。当梁羽生第一次走进这种车时，他倒并没觉得多么不堪，新奇压倒了旅途的烦闷。

看着家乡一点点地离开自己，梁羽生不禁产生了一丝不易察觉的留恋。

晃晃悠悠，悠悠晃晃，走走停停，停停走走，梁羽生终于站在了平乐中学的大门口。

平乐中学建在依山傍水的清净之地，校舍多为平房，且多砖式结构。学校宿舍与在蒙山中学的没什么差别，都是一间大房子里整齐地摆着一排排双人床，住着几十名同年级的学生。在当时，能读上高中的一般是远近的富家子弟，从小家教熏陶，倒也多数知书达礼，且日常生活用品一应俱全，不会为什么"你用我的肥皂了，我用你的牙膏了"之类的琐事产生矛盾，因此大家基本上也能相安无事。

不过从蒙山走到平乐，梁羽生的一个"恶习"倒是愈演愈烈，那就是吃零食。此时梁羽生正处于青春期，身体发育很快，食欲自然也越来越大，学校的饭食照例还是那种大锅煮熬的清菜寡汤，无论如何不能满足身体的迫切需要，因为大家都一样，所以谁的动作慢一点，就会发现饭筐不知何时已经空空如也。据说梁羽生在这所学校内曾创下一个纪录，并且一直保持到毕业：他一次竟吃了五碗米饭。即使如此，他还得每天买些零食贴补肚子。

在这里，梁羽生开始了持续一生的赋词作对的实践。在当时新旧交替、白话文取代古文已成必然趋势的大背景下，像梁羽生这样还对格律、对联感兴趣的学生，实在是凤毛麟角，难能可贵。只不过这时梁羽生写诗作对，只是为了排遣枯燥的学习生活带来的烦闷，或随意与同学们游戏文字而已，但时间一长，整个中学都知道自己学校里有一个少年诗人了。且说一个夏天，因为学校建在山谷，空气不流通，所以就特别闷热，别说学习，就连静坐也会汗流浃背，为了驱暑，师生几乎人手一把扇子。一天，梁羽生打开自己的扇子时，突然产生了一种要写点什么的冲动，于是他把扇子平铺在桌子上，提笔饱蘸浓墨，先挥毫写下："平中学生陈文统扇"，然后略一沉思，疾书一首七律：

平明残月透帘栊，中酒前宵梦不浓。

学剑闻鸡思起舞，生心策马欲屠龙。

陈迹心头翻若浪，文章眼底涌如虹。

统将旧事并刀剪，扇散愁云醉太空。

梁羽生香扇赋诗的消息不胫而走，一时间前来谈诗求诗的络绎不绝，梁羽生所住的宿舍倒好像成了墨香斋。梁羽生觉得好玩，往往有求必应，有情必发，使同学都能满意而归。

梁羽生此时正是情窦初开的年龄，虽然他生性老实，循规蹈矩，但少年情性，当然并非落花无意。

且说梁羽生同班有一女生，与梁羽生同年，而且论起家世来两人还算得上远房表亲，恰巧和梁羽生是同班。这个小表妹秀外慧中，文雅娴静，喜爱文学，最喜欢《红楼梦》中黛玉葬花一段，言谈举止、一颦一笑，颇有黛玉的风范，当然这并非她刻意模仿，而只是相似而已。这样一个冰雪聪明的大家闺秀现在在平乐中学读书，其修养远远超出周围的女孩子，即使一般男生，恐怕也不是她的对手，一时也有"世人皆浊我独清"的寂寞之感。对梁羽生她早有钦羡之意，也早就想接近，但苦于当时校规极严，且僻远山区，遗风最盛，特别像他们这种家庭的子女，从小接受男女授受不亲的古训，所以虽然心抱好感，在实际行动上却不敢越雷池半步，发乎情、止乎礼而已。

从梁羽生这一面来说，他对这个表妹也是颇为欣赏，是那种棋逢对手、将遇良才的知音之感。虽然两人平时很少交谈，但对表妹的聪明、风度自然不会不有所闻，但两人又都性情内向、矜持，结果失去了不知多少可以剖白心曲的机会。

梁羽生宝扇题诗，一番风流倜傥少年名士气度，不知多少女学生芳心暗许，深闺垂泪，表妹拘谨，当然不会像有些女孩子那样直白倾慕之意，但也一样芳心可可，对梁羽生的好感与日俱增，她也想让梁羽生为自己题一首诗，但一直羞于开口，直到这一学期放假，大家都急急忙忙往家赶，她才趁此人言稀薄的良机，在一僻静地找到梁羽生，拿出一个笔记本，秀目含情，双颊微红地请梁羽生在自己的笔记本上题首诗。

梁羽生平时对别人的求诗总是不假思索，一挥而就，但这次却犹豫了好久，仍不肯下笔，他不愿像为别人题诗那样草率，于是对表妹说："让我回去好好想一想。"

第三天，梁羽生把笔记本还给了表妹，表妹打开一看，见上面题的是：

月色无痕，绿户朱窗年年绕；

仙妹有恨，碧海青天夜夜心。

表妹粗通格律。一看之下，顿时明白梁羽生为自己题的这首诗实是颇费心机。表妹名叫韦月仙，"月仙"两字让他浮想联翩，就以两字起首，写下这首与情与景与人融洽无痕的诗，虽然下联中用了李商隐现成的诗句，但因嵌合恰当，不但没有晦涩之感，反而是借月生辉，增色不少。

梁羽生此时为平乐中学名人，自然会有很多人关注他的行踪，特别是痴情的女学生，他和表妹这番外表看来平淡无奇的短暂约会当然也逃不过这些有心人的眼睛，于是他们添油加醋，故意宣扬，尽管本意只是让梁羽生这个她们心目中的风流名士更添色彩，但经过众多耳朵的传播，故事难免走了样，最后的版本竟是：因为梁羽生作诗对联出了名，有一位如花似玉的少女春心萌动，难以自拔，就用一双国色天香的玉手深情地捧着一条香巾，请梁羽生在上面题诗，而梁羽生对这位少女也早有相识恨晚之意，就把自己的一腔柔情化作香巾上的一首情诗。

当这个故事传到梁羽生耳里时，他不禁哑然失笑。但少年情怀，谁能说得清呢？

事实是，十八年后，已成为新派武侠小说开山盟主的梁羽生创作了自己的第十二部武侠小说《冰川天女传》，其中的冰川天女美丽妩媚。一天，他在水晶冰宫里偶遇一位飘逸俊秀的白衣少年书生，少年少女一见怦然心动，在冰宫里漫步起来，在两人一起走过荷塘上的一座桥时，看到桥上的一个亭子的两边柱子上刻着一副对联，上写着：月色花香齐入梦，仙宫飞阁共招凉。这副对联自然是梁羽生自撰的，开头的月仙两字使人很难不和韦月仙联系起来，而他对这位冰川天女的描写也与他的这位表妹神情、气度有相通之处，且看梁羽生笔下的这位少女："只见那女子一身湖水色的衣裳，脸如新月，浅画双眉，眼珠微碧，樱桃小口，似喜还颦，秀发垂肩，梳成两条辫子，束以红绫，肤色有如羊脂白玉，映雪生辉，端的是绝世容颜，刚健婀娜，兼而有之，赛似画图仙女，比陈天宇心目中所想象的冰川天女还要美丽得多。"冰川天女自幼家教极严，琴棋诗赋，样样精通，对对联当然也不在话下，所以当听白衣少年说这副对联与境不符时，好胜之心油然而生，她禁不住挑战似的要白衣少年自拟一副来代替，白衣少年略一沉吟，边谦虚地说着"献拙，献拙"，边说出一副对联：

冰川映月嫦娥下，
天女飞花骚客来。

　　冰川天女一听，禁不住芳心一荡，杏腮泛红，多情少女不禁细细品味这副对联来：显然，这副对联比原先的那副高明多了。它首嵌"冰川天女"四个字，联首又嵌有她的名字"冰娥"，这明显是为她而作的，且对联中说"嫦娥下凡"，那自然是赞美自己美丽；"骚客来"自然是说他是慕名而来，隐隐含有爱慕之意。为了试探白衣少年内心真情和才华，冰川天女又故意让他为她的侍女月仙作一对联，这时梁羽生就借这位白衣少年之口，一字不差地将当初自己为韦月仙写的诗抄了下来，并特地解释说：下联"碧海青天夜夜心"借用了李商隐诗句"嫦娥应悔偷灵药，碧海青天夜夜心"。诗中又把天女比喻为嫦娥独守寒宫，青春虚度，而且契合侍女"月仙"之名，真是一联连起今昔情。此时此刻，梁羽生心中一定出现了当初与表妹羞涩相会的情景，而且越回味越生出无限的想象，越回味表妹的每一个表情和动作越带有无穷无尽的魅力。这毕竟是少年少女情窦初开的一次当时都懵懵懂懂的约会，这样的会面往往不会时间太长，有时可能一句话也不说，但留下的回忆却如绵绵流水，妙趣横生，并因遗憾而在后来的遐想中一次次将之想象得越来越趋于完美。
　　可惜的是，梁羽生和这位表妹只如秋风落花，仅有这一次还算浪漫的相聚，时世的急流就把他们一个冲到长江头，一个冲到长江尾。从这次暑假，梁羽生就离开了平乐中学，转到桂林去读书。直到后来梁羽生到香港《大公报》工作，两人才又有一次机会重续前缘。一天他正在街上散步，忽然从前面走过来一位漂亮姑娘，他觉面熟，禁不住多看了几眼，没想到那位姑娘也在看他。最后还是姑娘试探性地叫了一声："陈文统"，梁羽生这才脱口而出："怎么是你，韦月仙？"时隔多年，他们谁也没想到竟会在香港见面，一番唏嘘，梁羽生才知道韦月仙正在香港读书，因彼此都忙，两人只匆匆谈了几句，就各奔东西，从此之后就音信渺茫，再也没见过面。梁羽生后来听说韦月仙从香港读完书就回到了蒙山，后来嫁了一个华侨。

我们或者可以说梁羽生是特意为表妹安排了《冰川天女传》中的这个情节，或者说当小说情节发展到这一步时，正好情节需要，所以梁羽生给我们安排了这样一位少女，而且借那位白衣少年之口对少女心事进行了猜度：那白衣少年为月仙出了对联后，紧接着一语道破冰川天女此时起浮波澜的心事："人生得一知己可以无憾，你独处珠宫贝阙，却无朋友，如此人生，也是美中不足。"听到如此知心的话儿，冰川天女"面上一红，这少年的话正说到她心坎里去，她自父母死后，无一个可以谈心的人，每于秋月春花之夜，也会自感寂寞"。景语就是心语，只不过此景与彼景是否在此时的梁羽生内心融为一体，在浑然不分的状态下他是否把此景与彼景也交会融合为一体了，这恐怕连梁羽生本人都说不清楚，我们姑且留作悬念好了：朦胧即美。

在平乐中学，好学敏感的梁羽生也已初步感受到五四新文学运动的冲击，感受到新思潮的激荡。但他并不喜欢胡适的白话诗，像被当作新诗开山之作的《尝试集》，他刚开始抱着崇拜之心去读，但越读越读不下去，味如嚼蜡。他从小接受传统诗歌词赋的熏陶，认为真正优秀的诗还是要遵循一定的规律，朗朗上口才行，像胡适这种大白话一样的诗连含蓄、韵脚都不讲，简直是有点开玩笑。后来读到闻一多评论《尝试集》及白话诗的文章，他颇有同感。闻一多以诗歌行家的身份对此时流行的白话诗进行了批评，认为这种诗由词曲的音节进而为纯粹的自由诗的音节，而且以此批判旧体诗，实在是夜郎自大，无知可笑。从此，梁羽生就舍胡适而读闻一多，把能找到的闻一多的新旧体的诗全部读了一遍。此外，在一位新诗人也是他的国文老师的影响下，他也接触了新式话剧，也曾热情澎湃地参加了几次排演，但因他方言太重，最后只能忍痛割爱。但在这个过程中，梁羽生却得以阅读了大量新派戏剧家的剧作，如曹禺、夏衍、宋之的、陈白尘的剧本，打下了良好的新文学功底。

第二章

步入新天地

"我要上桂林"

怀揣着某种朦胧的希望，梁羽生踏上了去桂林的"火炭车"，经过一百多里的山路，终于从蒙山来到了更繁华的桂林，街两旁的花红柳绿，让初来乍到的梁羽生感到新奇，但他无心赏景，他要准备考试。

半年以后，梁羽生终于如愿以偿成为桂林高中的学生。

从平乐中学转到桂林中学，在梁羽生的一生中是一个重要的转折。虽然家乡也有明媚的山河，虽然故乡也有令他魂牵梦绕的梦想，但对梁羽生那越来越开阔的心胸来说，家乡实际上在变得越来越小，越来越狭窄，越来越限制自己的翅膀。他就像一只已经羽翼丰满的鹰隼，注定要在更辽阔的高空展翅飞翔。对当时尚年轻的梁羽生来说，能到桂林去，就相当于飞到了自己人生中的一个重要驿站。

在这之前，梁羽生的读书、生活，全部是由家里一手操办的，他只需听父母对自己说做什么，他就去做什么，但还没踏进平乐中学，他就已经后悔自己没有勇气去考取桂林中学，梦想的力量越来越紧地控制着他，在平乐中学的这一年，桂林的吸引力变得使他再也无力忍受。

"我要转学到桂林！"暑假回到家，梁羽生破天荒第一次直接向父亲提出了这个要求。

父亲先是吃了一惊，没想到儿子自己要安排自己的生活了，但随即一阵惊喜：孩子已经长大了，应该尊重他自己的选择。

"去也可以"，父亲想了一会儿说，"但先要把平乐中学的手续办妥。另外，你有一个舅舅最近刚去桂林，他与桂林中学的校长熟悉，你到桂林后要先找到他，一是让他帮你疏通学校的关系，二是平时也好照应你。"

因为平时梁羽生经常在回家或写信时表达了要转学的愿望，所以家里人并没觉得惊讶。作为开明家庭，又有钱，能让梁羽生到更好的地方读书也是光宗耀祖的好事，所以去桂林之事就这样定下了，原先还准备据理力争的梁羽生没想到自已揣了好多天才敢说出口的事情这么快就决定了，不禁喜出望外，甚至后悔自己没有早一点说出自己的愿望，否则，此时自己早已站在桂林中学的校园里了。

但要成为桂林中学的学生也并非易事，首先要通过学校安排的严格考试，有了金刚钻，就敢揽瓷器活，梁羽生本来最差的是英语和数学，后来经过恶补，已后来居上，而且数学还是佼佼者，所以是胸有成竹，但为防万一，陈品瑞还是特地修书一封，叫他亲自带给桂林的舅舅，托他在关键时候代为向校方打点。

怀揣着这封信，怀揣着某种朦胧的希望，梁羽生踏上了去桂林的"火炭车"，经过一百多里的山路，终于从蒙山来到了更繁华的桂林，街两旁的花红柳绿、人来人往虽然让初来乍到的梁羽生感到新奇，但他这时可没心情去游山玩水，他还没过关呢。

入桂林中学必须考国文、英语、数学、理化，政治思想方面则要考三民主义。在考场上，梁羽生感觉很顺利。

发榜了，梁羽生怀着一丝忐忑去看，一颗悬着的心这才真正放下：他终于成了自己梦寐以求的桂林中学的学生。但为此也做出了一点牺牲，因为按照桂林中学的规定，凡外地考进的学生，都必须降低一级入学，不管考试成绩是多么优秀。梁羽生就属于考试成绩优秀但又必须留级的少数学生之一。但因优秀，就享有一种优待，那就是他只需留级半年，就可以直升入上一年级。

半年以后，梁羽生终于如愿以偿成为桂林高中的学生。

但当时的中国，已经放不下一张平静的书桌了。

此时的广西，也已笼罩了抗日战争带来的阴影，但因处于腹地，暂时还算安定，并且成为一个繁荣的后方，一个开明、充满希望的大本营。当时桂林的真正统治者如李宗仁、白崇禧值此国难当头之际，政治很开明，文化政策也很灵活。他们实行优惠政策，从全国各地召纳各种文化界人士，并专门成立一个"广西建设研究会"。在抗战的背景下，这个原本僻远的城市倒出现了历史上少见的文化盛况。本就不大的桂林城，如今一下子住进来那么多来自全国各地的文化名人，顿时现出浓浓的人文气息，走在街上随意碰到的一个人可能就是你以前只闻其名的大学者、大教授、大导演。梁羽生恰逢其盛，不禁有"久在樊笼里，才得见蓝天"的豁然开朗之感。梁羽生这个初步接受了新文化的滋养，也有一定的古文修养的年轻人，如鱼得水，开始愉快地畅游了。

桂林历史上出过很多著名词人，像"清末四大词人"中就有桂林的两名，即王鹏运和况周颐。早在外公教自己学作词时，梁羽生就经常听到这两位前辈的名字，这次能来到他们的家乡，亲身感受与他们灵魂相合的愉悦，梁羽生对词的兴趣也随之发展到一个新阶段，由幼稚渐渐露出一丝成熟的气象。

第一次桂林作词始于刚入桂林中学不久后的一次看电影的经历，电影名叫《一夜皇后》。这对梁羽生来说是一次全新的体验，因为在这之前，他从来不知道电影是什么。这部电影很煽情，讲的是明朝正德皇帝在梅龙镇偶遇李凤姐，一夜露水情，生出无限恨。第二天，皇帝接到紧急军情，外敌进犯，他必须赶回京城指挥战争，临行他与李凤姐约定，明年春暖花开时节一定来迎娶她。很快到了他和李凤姐约定的日子，但因战事吃紧，他无法履约，这期间凤姐一直眼巴巴地等着皇帝来娶自己，但约定时间已过，仍不见皇帝的影子，她马上想到是皇帝寡恩薄情，于是郁愤而死。这本是一个有点俗套的爱情故事，但梁羽生是第一次从电影上感受这种惨情，本来就兴奋，所以看完回到自己宿舍，他怎么也睡不着。来到桂林后一直淤积着的一腔诗情糅合着刚刚看过的一出悲哀的故事，终于促动着他从床上坐起来，凝神静思，拿笔先拟一行小字："辛巳中秋夕，看陈云裳主演之电影《一夜皇后》，归来青衫尽湿，因赋此词。"全词如下：

> 龙出深渊，凤栖幽里，天缘会合江南。正艳阳三月，蜂蝶绕征鞍。羡红袖当垆招展，羞煞桃花，俯地无颜。惹刘郎，天台拼醉，燕浪莺狂。胡茄声起，顿烽烟绕遍边关。萦损愁肠，滴枯珠泪，难锁君皇。海誓山盟虽在，花重放，空倚危栏。痛极玉人不起，重来凄绝萧郎！

这次看电影的经历极度地刺激了梁羽生的电影情结，此后就一发不可收拾，经常在看书看累了或思乡心切时独自到电影院看场电影以遣心中块垒，演员的表演和情节的渲染常常让他唏嘘不已。看完电影，也是梁羽生诗兴最为澎湃的时候，同宿舍的同学每当看到梁羽生神情激动地从外面回来，并且一语不发地拿笔凝神，就知道他一定刚看过电影，要写诗赋词了，其中他最喜欢的是填词。看的电影多了，填的词自然也就多了，但这时的梁羽生还没想到这些词对后来研究他的人有多么重要，就随写随丢，他天生又是个不会料理自己事务的人，所以这些词能够流传下来的，弥足珍贵。只是从他仅存的不多的几首词中，我们可以知道他当时也看了不少的西片，其中包括一部《香城春梦》，为此他还写了这样一首词：《蝶恋花》——看电影《香城春梦》，感而倚此。全词如下：

> 春梦香城浑未醒，倩女离魂，没入梨花影。心事眼波全不定，一春风雨长多病。燕燕归来寻旧径，愁锁潇湘，寂寞庭芜静。往事悠悠空记省，平林新月湖光冷。

我们没看过这部电影，不能确知这场春梦是如何醒的，也不知道做梦的人性情如何、命运如何，但从梁羽生的这首词我们基本可以揣测出这是一出爱情悲剧，是关于一位女主人公不幸爱情的离合悲欢故事，而且该故事一定让伤感的梁羽生产生了很多联想，并对主人公的命运深表同情。

在桂林中学，从作诗填词的角度讲，梁羽生依然是另类，同学们多有饱读新诗的新派，却鲜有梁羽生这样身处破旧立新的急变时代但仍沉湎于古文的流韵余风的青年。后来他得知临校逸仙中学有位国文老师孔宪铨对词学很有研究，而且也是蒙山人，于是他就前去拜访求教，一谈之下，孔先生对梁羽生倒颇为欣赏，认为在他这个年纪对诗词就有如此的领悟，实在是后生可畏，孺子可教，但梁羽生经过几次长谈之后，渐渐觉得自己和这位新识的老师对词的见解实在是志同而道不合，因为孔宪铨认为词贵在用典，所以他的词学究气太浓而灵气不足，而梁羽生历来认为作诗填词贵在能表达自己心中的丘壑，浇自己心中的块垒，能不用典决不用典，即使必须用典，也必须活用、化用。孔老师著过一部词集《北涯词》，梁羽生也拜读了，看完这种感觉越发强烈。但孔老师人极好，也很喜欢这个小同乡。他当时还是单身，每次梁羽生来，他都会热情招待，兴致来了，他还会拉着梁羽生到学校附近的小酒馆里喝上两杯，待得饮至半酣，两人逐渐放开，谈诗论词，不知不觉就有了古代文人骚客的风流雅兴。

这一时期梁羽生对新文学也开始了系统的了解，这主要归功于桂林中学教他国文的老师李白凤。他是北京人，1941年才来到桂林中学任教，写过新诗和散文，在当时也有一定的文名，而且与柳亚子、田汉、熊佛西、端木蕻良都有交往，在桂林的文化活动中也比较活跃。刚开始李白凤并没注意梁羽生，在一次课堂上，李白凤布置了一道讨论题：古诗文与现代白话文孰优孰劣。一开始这场讨论就明显一边倒。学生中大多是受五四新文学影响的新式青年，对古文"妖孽"发自内心但可能不知所以然地排斥，故发言的学生多褒今贬古。李白凤见讨论基本有了结论，正准备结束，这时一向不太发言的梁羽生站了起来，而且语出惊人："我认为一味拒绝古文和一味赞誉白话文都是错误的。文学的发展有自己的规律，文学形式也在根据历史的发展而不断改变，这是正常的。但这种发展应该是有继承的发展，否则就会成为无源之水，无根之木。就拿填词来说，虽然格律形式已经拘束了人们的创造力，虽然它越来越走向淫靡宫艳，越来越失去生命力，但它表情达意的方式、意境含蓄的美感，却是现代很多白话诗所没有的。"

这次讨论给李白凤留下了深刻的印象。他还不知道自己班上竟有古文底子这样好的学生。后来见到他填的词，不禁自叹不如。不过他劝梁羽生要多关注新文学运动，处于这样一个激烈变化的时代，青年人若不了解自己身边发生的事，也注定是要落伍的。梁羽生本来就对新文学也感兴趣，现在受老师鼓励，就更加注意对新文学作品的阅读。当时的书店最多的就是这种作品，要找到并不难，难的是梁羽生没有多少钱买书，于是他就去揩书店的油：只看不买，他本来看书的速度就快，现在因为有点"做贼心虚"，注意力更加集中，速度更快，有时看身边的书店职员不耐烦，才不好意思放下书，但走出书店心里怎么也忘不了刚看过的书，这时正巧又走到一家书店，进去一看，自己刚看过的那本书也在，于是就如饥似渴地接着读起来。从此他掌握了一个既可以揩书店的油又不至惹人烦的方式，一本书分两个或更多书店看完。这段经历让他读了很多书，也进一步锻炼了他的记忆力，许多章节多年后他都还记得清清楚楚，甚至能背下来。

"桂林山水甲天下"，在桂林读书，使梁羽生得以饱尝青山秀水。桂林多山，但与别地连绵不绝的山脉不同，从桂林往阳朔的路两旁，都是如玉女般俊秀挺拔的山峰，如城市街道两旁的护林，但却更加清秀可人。这类山峰以城中的独秀峰最为有名，它突出于群山之上，空灵俊秀，既如万亩荷塘中一枝最美、最高的荷花，在周围荷花的环绕下，尤其显得风姿绰约，卓尔不群；又如一根擎天柱，一飞冲天，却又频频回顾，流盼生姿。梁羽生不知多少次留恋于独秀峰上，于俯仰顾盼间生发诸多感慨和骚情。

梁羽生在日记中多次记载了自己独游或与同学们同游的快乐。他最快乐的时候是班主任在周末带领全班同学一起到漓江或灵渠去郊游，有时还在外面住上一两个晚上，使他们可以尽情地领略大地的灵秀和祖国山河的美好，进而激发他们热爱祖国山河的爱国激情，让他们知道，日本侵略中国是多么大的耻辱，只有团结起来，一致抗敌，才能取得国家的独立和人民真正意义上的自由，大家才能有平静的课桌学习。看着眼前如画的山河，联想到日寇的铁蹄正在蹂躏着中国广大的国土，同学们往往义愤填膺。

"阳朔山水甲桂林"，梁羽生清楚地记得自己和同学们一起从桂林出发到阳朔，然后再乘船沿漓江顺流而下的情景，以及沿途所见美景对自己当时和以后的影响。从船上看漓江两岸在阳光照耀下熠熠生辉的山峰，看水天一色的朦胧美景，的确使人疑在仙境，同学们纷纷从船舱里跑出来，贪婪地将这一切尽收眼底。再往前行，一座形如紫金冠的山峰扑入大家眼帘，这是闻名中外的阳朔第一名山——冠岩。大家禁不住欢呼起来。冠岩出名，不在山，而在山下的溶洞。桂林有很多著名的溶洞，如龙隐洞、栖霞洞，而尤以冠岩的溶洞最为著名，因为它既有别的溶洞那种清幽深邃，同时又有别的溶洞所没有的寒冽冰彻，且兼有山水之奇。要进此洞，须等到洞口水浅之时，然后尚需乘一小船，低着头，缓缓划入。进到洞里，但见一泓暗泉潺潺流淌，再往里去，则见一缕阳光，自顶射入，使洞内的钟乳怪石，越发显得可怖又可爱。梁羽生对同学说："我记得以前有个叫蔡文曾的诗人，观赏过冠岩之后击节赞赏，后赋诗咏叹道：'洞府霏霏映水门，幽光怪石白云堆。从中一脉清流出，不识源头何处来？'此诗把冠岩奇绝之处，真是刻画得淋漓尽致。"同学门纷纷点头称是。

梁羽生另外一个流连忘返的地方是广西大学，广西大学的前身本是西林公园，是清朝一个大官被罢免之后修建的别墅，后来公园又落到慈禧太后的红人岑春煊手里，再后来，岑春煊将之捐献出来，此后就一直是广西大学的校址。梁羽生在这所大学里有几个同乡，所以常去玩。他最喜欢贯穿校园的一条蜿蜒逶迤的相思江，江畔有一座像展翅欲飞的大雁似的山峰，叫雁山。梁羽生总喜欢独自或与同学一起来到江畔山脚，或拿一本喜爱的书，或带上一点零食，边读书边悠闲地看江中缓缓划过的小船，看山在水中的倒影。有一年暑假，他甚至和友人一起在雁山租了一间房，每当月明风轻的夜晚，他就和友人一道到雁山脚下草坪上的茶馆里品茗清谈，不误无限风光。

桂林奇色美景深深地印在梁羽生的脑子里，成为他一生中最为灵动的记忆的一部分。后来他在写武侠小说《广陵剑》时，不由自主地将"水作青罗带，山如碧玉簪"的桂林作为人物活动的背景。小说开篇这样描写桂林："像一支铁笔，撑住了万里蓝天。巨匠挥毫：笔锋凿奇石，洒墨化飞泉。地是在有'山水甲天下'之称的桂林，是在桂林风景荟萃之区的普陀山七星岩上。"紧接着这段优美的景色描写，小说主人公云浩出场，他"站在七星岩的峰峦高处，驰目骋怀，水色山光，奔来眼底，不禁逸兴遄飞，浩然长啸"。

整部小说将人物的英雄豪气、风流俊俏与桂林的美景交汇融合，人以景胜，景因人动，使整个小说充满着一层诗情画意。梁羽生也把自己对桂林的深情厚谊通过小说宣泄出来。

接触新文学

在桂林读书使梁羽生有机会接触到五四新文学，接触到《大公报》，接触到中国现代戏剧史上一次规模宏大的戏剧运动，他开始领悟人生和社会了。

在躲避日机的防空洞里，他的棋艺也大大提高了。

在桂林读书，梁羽生还得到一个对他的一生影响巨大的便利，那就是有机会接触到大量的报纸。虽然早在蒙山初中时他就开始对夏衍创办于桂林的《救亡日报》很感兴趣，而且因此对桂林更感兴趣，但那时学校经费和眼光毕竟都有限，所订报纸自然不多，这曾使渴望新知的梁羽生犹如被困在一个狭窄的山洞，虽看见了一丝日日新的阳光，但毕竟受地域的限制。现在到了桂林，他就如同从这个狭窄的山洞里终于走出来而见到了广阔的蓝天一样，在知识的海洋里尽情地遨游。当时的桂林，因为集中了全国各地的文化界人士，所以也造成了桂林文化的繁荣。在桂林有好几家文化报纸，其中最有名的是《大公报》，这也是梁羽生最喜欢读的报纸之一。

梁羽生在桂林读书时，《大公报》在桂林设立了报馆，从文化角度讲，此时的《大公报》正处于发展的鼎盛时期。梁羽生最喜欢该报的《星期社评》，该版逢周日出版，报纸以高稿酬约请当时全国著名的专家学者如马寅初、千家驹谈经济，请郭沫若、夏衍等谈文化，每次都给梁羽生带来一种新的感动。

《大公报》在桂林曾两度公开招聘职员，在它录取的新职员中，有一个叫罗承勋的人考取为该报副刊的编辑。后来他改名为罗孚。

梁羽生爱读的报纸还有《力报》。该报副刊由聂绀弩负责，经常的投稿人包括邵荃麟、胡希、冯英子，风格锋健，对梁羽生这样的青年人很具有吸引力。在政治压力下，很多报纸对国民党的倒行逆施都是敢怒不敢言，但《力报》有时却能够不畏强暴，发表一些仗义执言的好文章。如1941年春，国民党封锁了桂林进步的生活书店，大多报纸编辑虽然义愤填膺，但并不敢在报纸上写文章明确表示不满。这时《力报》发表了聂绀弩的杂文《韩康的药店》，写西门庆和韩康争药店生意，虽然他费尽心机，什么坏点子都想到了，但邪不压正，最终还是一败涂地，连他本人也气死了。韩康是汉朝人，西门庆是《金瓶梅》中的人物，文章把这两个本是风马牛不相及的人物放在一起，虽然明眼人一看就会看出文章的讽刺意义，但如此联系，让书刊检查官们也只能大眼瞪小眼，无计可施。

因为佩服《力报》的犀利和勇气，也因为崇拜聂绀弩的磊落风格，梁羽生在读高二时曾给该报投过一首诗和一首词稿，后来词发表在该报的副刊上。

日月如梭，1943年冬季，梁羽生从桂林中学毕业了，由于大学要等到明年秋季才开始招生，入学考试要在七月举行，中间尚有半年，而梁羽生准备报考的又是当时的西南联大，竞争必定非常激烈，所以他就打消了回家复习的念头，而是在广西大学附近租了一间民房住了下来，准备精心复习，一举成功。

这时梁羽生已经十九岁，虽然不应是伤感的年龄，但"国破山河在"，遥想沦陷的国土，和"今宵几处垂泪痕"的"遗民"，青春热气难免要化成满腹国仇家恨，一腔伤感。这期间，他曾悲愤地写过一首伤故乡沦陷、感山河破碎的词，名为《水龙吟》，并自题曰，"湘桂失利，八桂骚然，感而赋此"：

> 洞庭湖畔斜阳，而今空照消魂土。潸然北望，三湘风月，乱云寒树。屈子犹狂，贾谊何在？新亭泪。怅残山剩水，乱蝉高抑，凄咽断，潇湘浦。又是甲申五度，听声声，痛猿啼苦，满地胡尘，谁为可法？横江击鼓，觅遍桃源，唯有蒙城，烽烟犹阻，问甚日东风，解冻吹寒，催他冬暮。

同学几年，大家分手在即，不免都有些伤感。况值此国难当头、有家难回的乱世，同学们都是热血青年，可却有无力之感，情绪难免消沉。梁羽生也不例外。在参加完毕业典礼回来以后，梁羽生思潮起伏，挥笔写下一首《蝶恋花》，并自注说"桂高毕业，倚此志别"。全词如下：

> 盈盈最是漓江苦，脉脉无言，送尽行舟去。归雁离群无意绪，中州弄影增凄楚。梦魂犹伴榕城住，一觉三年，又值冬将暮，明日旅途知几许，冲寒且击兼程鼓。

在毕业聚会上，梁羽生以此词与同窗话别。大家知道，逢此乱世，人世飘零，一旦分手，不知何时方能再聚首，所以读到梁羽生的这首伤别离的词，莫不黯然神伤，有的同学甚至流下泪来。

参加完聚会归来，梁羽生余兴未尽，内心怎么也无法平静下来，于是披衣下床，又赋词一首《金人捧露盘》，并注曰，"前调意犹未尽，再赋此调"：

> 引离杯，歌离怨，诉离情。是谁谱，掠水鸿惊，杜娘金缕，曲终人散数峰青？悠悠不向谢桥去，梦绕榕城。春空近，杯空满，琴空妙，月空明！怕兰苑，人去尘生。江南冬暮，怅年年雪冷风清，故人天际，问谁来同慰飘零？

这首《金人捧露盘》后来略作改动收入梁羽生的小说《七剑下天山》，属于书中人物冒辟疆所作《巢园诗草》中的一首，为他思念爱妻董小宛的痴情之作。冒辟疆历史上实有其人，而且真的流传下来诗集《巢园诗草》，只不过散佚不少。为符合小说背景，梁羽生特地将自己原作的《金人捧露盘》稍作修改，如将"榕城"改为燕京，"杜娘"改为"秋娘"，并在书中词的底下加了几行字，使词更像冒辟疆的风格，以至后来冒辟疆研究者竟千方百计考证这首词是否为冒辟疆所作。

梁羽生读书时的桂林虽然相对来说比较安全，但日本人从来没有放弃过对桂林的侵犯，其中最常见的就是空袭。刚到桂林时梁羽生一听到警报声就有点害怕，后来也和广大的桂林人民一样熟悉了这些，倒也安然若素，并且在日本人一次次的空袭中，寻找到一种难得的乐趣，那就是在防空洞中看棋、下棋。

桂林多山，山下多溶洞，所以桂林人躲避轰炸并不难。离桂林中学最近的防空溶洞只需五分钟就能到达，但梁羽生往往要跑三十分钟，到一个叫七星岩的溶洞里去，原因有二：一是这个溶洞较大，能容纳一两万人，比较安全；二是在这个溶洞里有不少头脑灵活、有生意眼光的棋人，他们不放过空袭这个赚钱的机会，往往抢先在洞口光线稍亮的平整地方，铺上棋盘，静等有同样雅趣的躲难者，前来挑战，这倒使沉闷恐惧的防空洞里充满了一丝生活气息。

溶洞里摆的一般是象棋，因为携带方便，而且下棋的速度也适合空袭的时间。敢摆坛的一般算是当地的高手，而且喜欢摆残局，但也有摆全局的，不过输方要多拿资费。棋手一般愿意下残棋，一是这种棋容易让新手上当，二是速度快，在有限的时间内能多赚点钱。梁羽生残棋全棋都下，但最喜欢下全棋，他觉得这样过瘾，另外可以学到一些技巧。和这些棋手下，梁羽生和局、输的次数多，赢的次数少，输时梁羽生一般能保持"败不馁"的大将风度，但有时一连几局都输的话，他也会窝一肚子火，实在忍受不住，他就找一个水平低的棋手，将对方杀得人仰马翻才住手，不过过后他很快就会后悔，就会给摆坛者若赢而应得的资费，结果常常弄得对手莫名其妙：怎么赢了还给钱？

在桂林应考期间，梁羽生还有一个意外的收获，那就是有幸亲身经历了中国现代戏剧史上一次规模宏大的戏剧展览运动，并重新燃起对戏剧的兴趣。

这时已是 1944 年的春天，抗日战争已经进入决定性阶段，整个世界形势和中国国内局势都清楚地表明：日本法西斯已经穷途末路，中国将打败侵略者，全国人民将迎来一个新中国。值此万民同庆的盛世，文艺工作者也利用这一有利时机，在此时处于抗战大后方的桂林举行了一次大规模的剧展，主持这次剧展的是中国戏剧文化界的几位元老，如田汉、洪深、马彦祥、焦菊隐等，而总负责人则是中国现代话剧的开创者之一的欧阳予倩。来自全国的三十多家话剧、戏曲等戏剧团体参加了这次活动，剧目包括曹禺的《雷雨》《原野》，夏衍的《上海屋檐下》《法西斯细菌》，张骏祥的《万世师表》《山城的故事》以及欧阳予倩亲自导演的借古讽今的《梁红玉》，精彩的剧目一浪接一浪，把个不大的桂林城烘托得热热闹闹。而梁羽生也从中过足了戏瘾，几乎逢场必到，每到必聚精会神地听、看，每次回到住处都会兴奋不已。当时的戏剧正处于黄金时代，特殊的时代造就了它特有的优势，所以一般梁羽生这样的青年，莫不为之而激动，而向往。梁羽生本来在平乐中学就对戏剧产生了浓厚的兴趣，并且还曾跃跃欲试登台试验身手，只因方言太重，没能如愿，一直引为恨事，这次有机会欣赏到如此多全国一流的演出，也算多少弥补了一点遗憾。

　　梁羽生为人做事很具佛家慈悲为怀的博大风度，这种气度的养成，首先源于外祖父的影响。他在教育小梁羽生时，已经从官场归隐田园，对世事的看法也因此发生了很大的变化，由早年的积极入世已变为看破红尘、崇尚清静无为的人生态度，这种态度当然也影响到梁羽生，不过当时梁羽生毕竟太小，无法领悟外祖父所讲的佛家思想的深刻内涵，现在他长大了，对人、世也都开始领悟了，所以他真正的佛缘，应该说是从桂林结下的。这要归功于当时的一本佛学杂志《狮子吼》。这份杂志从本意上来看已经不算是纯正的佛学杂志，因为它与当时的抗日战争紧密相关，可以说目的就是为抗战服务的，主办者为中国佛教会广西分会，筹办于三十年代末，首次出版于 1940 年 12 月。但对梁羽生来说，也许正因为这份杂志将宣传佛学与宣传抗日巧妙地结合起来的特色，才吸引他阅读它；另外一个原因可能是与在这份杂志上发表文章的作者有关，像田汉写了《关于新佛教运动》，夏衍特地在创刊号上撰文《对日本人民作狮子吼》，郭沫若也特地写信来表示钦佩，说"在目前凡是以积极进取的精神为民族谋幸福的活动，一律都值得敬佩"。"你们从佛教内来诛伐敌人，我们从佛教外来诛伐敌人，反而是相得益彰的。"其他如欧阳予倩也都在上面发表过文章。梁羽生对这些当时正在桂林从事戏剧运动的文化界名人一直深怀敬意，这也无意中增加了他对《狮子吼》的喜爱。当然，这毕竟是一份佛学杂志，虽然政治色彩浓厚，但对佛学的宣扬自然也是其主要内容之一，就在这些内容中，梁羽生对佛学的领悟也越来越深了。

山乡避难

　　本来准备留在桂林考大学的梁羽生不得不在日机的轰鸣声中回到老家避难，他不知道，一个更大的机会正等着自己。

　　就在这时，日寇垂死挣扎，动用大批兵力准备打通湘桂铁路线，所以从湖南向桂林大举进攻。本来还算安全的桂林一下子成了恐慌之城，逃难的人民一批批疏散到山区荒岭，而原来躲避在桂林的大批文人也纷纷疏散。

　　梁羽生也沉不住气了，毕竟世事难料，虽然刚开始他还准备不顾危险继续留在桂林复习应考，甚至想过段时间就到昆明投考西南联大，但局势发展出乎他的意料，即使别的不说，单从桂林到昆明的路上，不知就有多少艰难险阻，性命堪虞，读大学自然退而居其次。

　　正在这时，他收到家中来信，桂林局势家中自然知道，父亲陈品瑞虽然一心想把儿子培养成栋梁之材，光宗耀祖，但国不堪国，生灵涂炭，思来想去，还是决定让儿子先回老家避避，待局势明朗，再图后计。梁羽生至此也不再犹豫，他把桂林的事情安排好，就打道回府了，回到了老家蒙山屯治村。

　　此时是 1944 年秋天。梁羽生这时还想不到，一个将改变他的命运，并影响他一生的重要人物此时已经就在他身边了。

　　1944 年十月，桂林沦陷，消息传来，梁羽生不禁悲愤难抑制，遂以《哀榕城》为题写了一首长诗。这首诗通过怀念桂林历史上出现过的为保卫桂林英勇奋战的英雄，为当前桂林沦陷于日寇之手深感痛心。虽然历史上桂林几多磨难，但当时起码还有甘为桂林共存亡的战士，可如今谁来收复这座古城呢？小诗人越是描写桂林风景如画，越使人为如此大好河山横遭日寇蹂躏而痛苦。此诗后来在《广西日报》发表时，被人称为桂林"诗史"。

幸遇名师

简又文的到来使梁羽生于山乡避难中有了大收获，他读史作词，谈笑有鸿儒；无奈日寇逼近，全家逃难，军训不及格的梁羽生拿枪担当起保卫的重任。

一天，梁羽生的堂兄陈文奇忽然收到一封信，拆开信一看，他不禁又惊又喜，他激动地对家人说："我北京的一个老师要来我们家。"

信是一个叫简又文的人从附近的平乐写来的。

简又文可是名闻全国的大人物，既是著名学者，又是立法委员会委员。20年代中期，冯玉祥出资创办了"今是"中学，简又文是这所学校的校长，陈文奇曾在"今是"学校学习过。广州沦陷后，简又文一家逃亡到这里的山区。在给陈文奇写信前，他和全家人就住在平乐城附近江上的一艘大船上，简又文苦中作乐，美其名曰"藕孔"。偏僻山村，既无娱乐，也无可相与谈笑的"鸿儒"，往来连"白丁"也没有，简又文苦闷异常，只能时时拿本古书，批阅笔记，但总觉了无生趣，实在受不了这种寂寞，他就一个人到岸上找人玩牌。但处于战争非常时期，连这样的无聊的平静生活也难以维系，不久日兵进逼桂林，平乐也觉不安全了，他就想起当地有个学生陈文奇，这才有我们上面提到的这封信。

陈文奇对简又文历来非常崇敬，现在知道老师就在附近，不禁喜出望外。陈家算是当地名流，对知识分子当然恭敬有加，马上准备房间，盛情相邀。

接到陈文奇慨然应允的回信，简又文不禁有点唏嘘，在此陌生之地，幸遇如此重念师生之谊的学生，真是"善有善报"，好心结善果。简又文有强烈的宗教观念，总相信人的命运与人之善恶有绝对的关系。

简又文全家先在蒙山县城租屋而居，陈文奇是当地有名人物，自然让老师比在"藕孔"中时舒适。简又文原先郁闷的心情也慢慢消解。此时与他同来蒙山避难的还有两个有名人物，一个是曾与简又文同在西北军任职的赵文炳，另一个是青年学者饶宗颐，他们都是简又文的老朋友。三人时常饮酒唱和，倒也其乐融融。

一天，两位军中重要人物来蒙山巡查，一时轰动了蒙山县城。其中一个是张发奎，时任司令长官，一为白崇禧，时任副总指挥。简又文知道这个消息后，即前去拜访。张发奎与简又文是老朋友，他没想到简又文流落到地，且景况凄凉，于是就下令专门给简又文一万大洋，保证其衣食无忧；白崇禧对简又文的太平天国史研究也早生敬佩之心，也算与简又文神交已久，这次能亲自见到简又文，也觉得是种荣幸。

但好景不长，日本人可不管这些，此时已经逼近蒙山，陈文奇深恐老师遇到什么不测，遂马上决定让老师一家迁到屯治村。

这才有梁羽生拜师学艺的一番佳话。

当简又文一家来到屯治村陈家时，梁羽生刚从桂林回来不久。从父亲哥哥那里了解了简又文，他对这位德高望重的老师也油然而生敬仰之心，加上此时他投靠大学无路，家乡又无良师益友，正心中寂寞，突然从天上掉下一个大学者住进自己的家，这无疑是他的大幸运。他与父亲、哥哥商量，想趁简又文在自己家的有利时机，拜他为师，开阔视野，增长学识。这与父兄的想法正好不谋而合。从父亲的角度，一心要把梁羽生培养成人才，现在得遇名师，当然不可放过大好机会，因此，他不但赞成儿子的建议，而且坚持要按照传统仪式正式拜师，以示敬重；从哥哥的角度，他深知简又文的人品与学问，更知道若非乱世，自己和弟弟可能根本不可能见到老师，所以机会对他们来说显得尤其珍贵，他极力鼓励梁羽生抓住这个机会，在学问、人品上都更上一层楼。

当他兴冲冲地去对老师说起这个想法时，老师非常高兴，因为与梁羽生虽然只有很短时间的接触，但这个年轻人的聪慧与好学已给他留下了深刻的印象，而且自己逢此大乱，幸亏得梁羽生一家倾情相助，为他们做些力所能及的事，于情于理，都无可推脱之理。但他是基督徒，也是西化人物，所以反对行中国传统的三叩九拜大礼，只需三鞠躬就行。

举行拜师礼的这一天，陈家像过年一样热闹，梁羽生后来回忆说，隆重的程度和自己的哥哥陈文山结婚时差不多。

做了简又文的私塾学生，梁羽生一改平日的无聊，又开始认认真真做起学生来。简又文专治史学，而尤精通太平天国史的研究，每当与梁羽生谈起太平天国，他就会神采飞扬，如数家珍。广西是太平天国起义的发生地，简又文先生常常一人或带梁羽生一起去村里村外寻找历史的踪迹，回去再对照史书记载，师徒两人其乐融融。

一天，梁羽生刚走到老师的书房，就见老师兴冲冲地向自己走来，边走边有点激动地对梁羽生说："我在这里有个重要发现！"

"发现？"梁羽生迷惑不解。自己在这里生活了二十年，这里的一草一木，自己可以说都像熟悉自己一样熟悉，还能有什么惊人的新发现？

"你们村口桥头的那棵大榕树，你能想到吗？太平军途经这里时，曾经在下面歇过脚。"

梁羽生听了，不禁松了一口气：他以为是多了不起的大事，没想到是这么回事。但看到老师兴奋的神情，他忽然领悟了些什么：做学问不就需要这种一丝不苟的严谨精神吗？

为师之道，既重言教，尤重身教；为徒之道，既要学师之学问之道，更要从老师身上学做人之道。简又文与梁羽生，可以说是师徒佳配。

简又文夫人本是游泳健将，且精通外语，看梁羽生好学，她自告奋勇教梁羽生英文，此举正中梁羽生下怀。简夫人教给他的第一篇英文是林肯的演讲录。梁羽生到老仍能将这篇演讲词背得滚瓜烂熟。这不能不说是梁羽生又占了一个便宜。

除了上师父、师母的课外，梁羽生还遵父命去上饶宗颐的课。饶宗颐这时也避难在屯治村附近的一个村庄里，梁羽生有个姐姐就嫁在这里，就由她负责照顾，但饶宗颐不如简又文那样有人接济，他完全要靠自谋生路。他是著名的"潮州才子"，饱读诗书，于古代文学、史学都颇有造诣，梁羽生常常携自己的新作至饶宗颐住处请教，相谈甚欢。饶宗颐在村头一家寺庙里开了一家私塾，收了十几个学生，聊以度日。他给学生讲《说文解字》，兼讲国学。梁羽生喜欢与饶宗颐谈诗论文，至于什么《说文解字》，他根本就不感兴趣，但一想到课结束后又可以和饶宗颐摆龙门阵，或当时手里正拿着一首新写的诗词，正好可以请教，也就能安心坐在一群小朋友们中间，不过他脑子里到底在想着什么，只有他自己知道了。

就在一帮逃难者在屯治村住下刚喘过一口气时，战事又发生了变化，一向还算平静的山村一下子被战争的恐怖笼罩了，昨天还觉得离自己很远的战争现在就在自己面前展开了。原来，驻扎在平乐县的一个国民党军官暗中竟做了汉奸，他与日本人里应外合，顺利占领了蒙山县。一时人心惶惶，纷纷逃难。

经过紧张商议，梁羽生一家以及简又文一家决定还是暂避为好。就在日本人占领了蒙山县城后的第二天，他们匆匆带着几大包行李，撤到附近山中。一路上只听到枪声不断，加上风高月黑，道路崎岖难走，这两家老老小小跌跌撞撞，扶老携幼，终于在午夜时分来到一黄姓山民家住下，疲惫不堪的他们很快就睡着了，哪知就在此时，那黄姓人家见财起意，竟趁他们不备，偷偷把他们的行李袋割开，连夜席卷而去。第二天醒来一看，大家不禁后悔不迭。这次被盗可谓是损失惨重，两家的元气好久没有恢复过来。

第二天早晨，一行人继续前往目的地，即半山中的一座孤零零的农庄，庄主是陈文奇一家的世好，对他们的到来表示热情欢迎，但因人多，住处也只好将就，陈家的住处下面是猪圈，每时每刻都臭气扑鼻，简又文见此情景，雅兴大发，随即戏称此楼为"朱紫大楼"，倒真贴切生动，使大家忍俊不禁，但又不得不佩服他的智慧。简又文则租了临近一幢小砖房，因此楼原是装牛粪的，简又文又睹境生情，为其命名曰"牛矢山房"。"朱紫之中，其乐也融融"，"牛矢之内，其乐也融融"，两家这时过起了"共产主义"生活，饭由陈家统一烧，菜则由各家根据自己的口味自由安排，当然也交换品尝。

这段时间对梁羽生倒是个真正的锻炼，因为人多，形势又紧张，安全的责任就落到他这个年轻人肩上，这时他倒庆幸自己参加过军训，于军事知识略知一二，所以晚间安排人员站岗放哨，四处巡逻，行进途中持枪警戒，也都有招有式。这时梁羽生还经常练习射击，以防万一。

空闲时间梁羽生则到简又文处，谈天论世，借以浇去因局势而引发的忧郁。

这期间，饶宗颐和赵文炳偶尔也会来找简又文，梁羽生静静地听他们谈话，偶尔也会插上一两句话，心中的忧愁顿时一扫而空。

由于梁羽生的父亲支持当地民团反攻日军，日军扬言要捉拿他。听到这个消息，陈家和简又文一家非常惊慌，马上决定：为防万一，大家应分头疏散，梁羽生负责护送简又文一家到他外祖父家。这时梁羽生的外祖父已去世，只有一个舅舅，简又文一家受到了热情的招待。但关于日军的消息满天飞，一天忽传日军就要来进攻鹏汉村的消息，梁羽生和简又文第一个反应还是走，但随即意识到，如果日军真的来犯，逃到哪儿都没用，所以不妨静观其变。但简又文做事谨慎，为防意外，他还是马上租了一艘大船，泊在门前的江面上，准备一旦情况有变，可立即乘船南下。

他们就这样又在惶恐不安中挨过一个多月。

一日，他们得到消息：日军已全部退出蒙山。大家几乎喜极而泣，归意陡生。

回到屯治村的感觉真好。陈家又恢复了以往的热闹。

更大的喜讯传来：8月8日，日本宣布无条件投降！整个中国都被狂喜笼罩了。简又文立即计划回广州，他把随身的一些东西卖掉，筹集路费，陈文奇又出面借给他一些，稍等一段时间，待确知广州也已平稳，简又文一家遂船南归。

这时已是阳历9月之尾。

梁羽生的命运随之发生了又一个重大转折。

第三章

岭南求学

考入岭南大学

抗战胜利，梁羽生随老师到了广州，考入了岭南大学，但他选的专业，却是化学，当时他还不知道，自己选择这个专业是多么错误！

在简又文南行之前，陈品瑞、陈文奇和简又文有过一次长谈，他们准备让简又文把梁羽生带到广州去考大学，简又文深感陈家疏财相救之恩，正觉无机会报答，自然一口答应。

一路晓行夜宿，简又文一家是归心似箭，梁羽生则像一只刚学会飞的小鸟，一心向往着更广阔的蓝天。只不过梁羽生途中遇到了一点麻烦，刚上船不久，梁羽生就觉不适，很快就拉肚子、发烧，面黄肌瘦。幸亏简又文太太随身带有美国产的一种专治痢疾的灵丹妙药，梁羽生服下，立竿见影，对美国医学不禁赞赏有加。

梁羽生一行须在广西的梧州换船，然后沿广东境内的西江东行。一入广东，简又文一家喜笑颜开，简又文还特地抽空到岸上买了一些广东点心，让大家先品尝一下回到家的快乐。

从西江到广州，须经珠江，当船出珠江口时，正是月夜。浩渺的水面被皎洁的月光一照，水天一色，表里俱澄澈，人如穿行在明镜之中，又好像与天地融为一体，心胸为之一开。梁羽生此时正站在船头，双目贪婪地欣赏着眼前的美景，往远处看，但见两岸，万家灯火；从近处看，则是波光粼粼，月影婆娑。船抵广州，已是夜半时分，但简又文一家和梁羽生都丝毫不觉得疲倦，回家或新奇的感觉压倒了一切。阔别数年，广州的街道虽然比以前凌乱、破乱了许多，但基本上还保持了原先的风格。真是：战乱离家八年回，乡音未改鬓毛衰，店铺街道仍依旧，只是此情不堪追。

简又文家住广州西关的一座大房子里，阖家团圆，自然是欢声笑语，梁羽生虽是初到，但因简又文一家待他像对待自己家里人一样，所以他也很快就适应了。

但回到广州没几天，简又文就单独把他叫到自己的书房里，让他认真考虑读大学的事。同时对他说："现在离考试的日子已经很近了，你从现在起必须积极备考，虽然我在广州有熟人，但你必须考试拿出好成绩，这样我才能对你父亲有个交代。另外，不是我撺你，住在我家当然最好，大家也好照应你，但人多嘴杂，整天闹闹嚷嚷，显然是不利于你复习的。这样吧，我们家在城内开了一家店铺，那里距城区较近，去图书馆也方便，生活起居我都安排好了，你尽管放心读书就行了。"

梁羽生这段时间何尝不这样想？他虽然觉得在简又文家里很快乐，可现在自己最重要的任务毕竟是准备考大学，所以听简又文这样说，不禁又高兴又感动。他情不自禁地对简又文说："你能这样安排，真是太好了。那里安静，我正好读书。"

简又文接着对他说："广州著名的大学有两家，一是中山大学，是国立大学，办学方式比较具有中国传统特色；一是岭南大学，属于教会大学，比较西化。你对这里的情况不熟悉，我就替你做主，但最后到底上哪个学校，还得取决于你的决定。从将来的前途考虑，显然去岭南大学比较合适，我这样决定还有一个原因，那就是你报考这所学校相对保险一点。我曾在这所学校读过书，后来还在学校里担任过一定的职务。更重要的是我父亲以前曾为学校捐献过一座五层楼，将租金交给学校作奖学金，每年资助十名大学生，父亲生前可以指派五位享受奖学金的学生，现在这个权利属于我，所以若你将来能考上，学费也可以免掉，这个想法在从蒙山出发前我已经和你父亲谈过了，你父亲也很赞成。"

梁羽生在这之前对这个问题也反复思考过，基本是已决定报考岭南大学，现在听简又文这么一说，就点头同意。报考大学的事就这样决定了。

后来证明，梁羽生的这个选择是幸运的，若考入中山大学，梁羽生的人生轨迹可能要另外画了。

学校是定下了，但究竟报什么专业，倒真让梁羽生发了好长时间的愁。在当时救亡图存的大背景下，一般热血青年大多选择能及时匡危济世的实用专业，以求科学救国。从梁羽生的性情和爱好来说，他最适合的专业应该是文史类，但这种专业显然是违背历史潮流的，所以梁羽生一想到此就决定放弃；另外可供选择的是数学专业，梁羽生对数学也有浓厚的兴趣，但可惜的是岭南大学没有数学系；选择岭南最引以为骄傲的专业医学和农学吧，梁羽生想到这两个专业时一点感觉都没有，当然也不得不舍弃，最后思来想去，对比筛选，他终于决定选化学，虽然对这个专业他同样不是太感兴趣，但这个专业从大的方面讲符合科学救国的大趋势，从小的方面讲也多少与他的兴趣接近。

岭南大学最初是由美国人创办的教会学校，原名"格致书院"，取格物致知之意，也就是说学校创办之初就计划直接引进西方教育中的自然课程、实验方法以及体育运动。学校鼓励学生"立大志，做大事，不做大官"。学校最初的六任校长都是美国人，采取的教育方式也是美国式的，教育的目的是用世界先进的科学知识，造就中国一代新的领袖人才；另外在精神教育方面，学校以基督教的牺牲精神为基本道德规范，教育学生不要自私自利，要乐善好施，出则为国家尽力，在校则负起发展学校之责任。当然，校方最根本的目的，还是以西方文化教育中国一代优秀人才，以使西方文化将来更好地通过他们输入到中国。从1927年起，校长才由中国人担任，自此，在延续学校原先优良的教育体制的基础上，又有意识地加强了中国传统文化的教育，尽力使学生既接受西方文化熏陶，又能适应中国将来社会的发展。通过近二十年的实践，学校中西合璧已取得了明显的效果，特色明显，学生思想活跃，眼界开阔。

岭南大学地处康乐村，从大的位置讲位于广州南郊，紧临珠江。经过近四十年的建设，校园已经占地四千多亩，校园内绿树婆娑，冬荫秋实，与花园别无二致。另外，因学校校址是由美国人设计的，所以学校的建筑很多是美国式的，每当春暖花开季节，但见校园内红墙绿瓦掩映在碧草绿树之间，于青春艳丽中又透出一丝媚态，于中国式的典雅文静中透出西方特有的开放与自由，走进这样的校园，简直让人疑心是走了正宗的美国大学。以梁羽生的名士性情，能入这样的大学，正是上上之选，他的浪漫品性，也在这样具有浓郁的西方自由色彩的大学校园里进一步得到健康发展。

这一年秋天，梁羽生和许多学子同在岭南大学的大礼堂内参加入学考试，考试科目包括数学、物理、化学、国文以及英语。考完梁羽生一身轻松。他知道，自己入岭南大学应该没有问题。

考试结果：在所有的考生中，梁羽生名列第二！

亦师亦友

梁羽生在岭南大学结识了冼玉清、金应熙，友谊保持终生。

但梁羽生的麻烦是：学化学而不会做实验！第一次上实验课探究将硫酸溅到裤子上！他也努力过，悲愤过，但总是收效甚微，最后他终于意识到自己这辈子是有心插花（化）花不开，别无选择，他决定改专业。

梁羽生终于踏进了梦寐以求的大学。充满朝气的青春生活掀开了新的一页。

梁羽生的宿舍在爪哇堂，这是由南洋华侨捐建的一座学生宿舍，虽然外表不是很漂亮，但周围绿树环绕，加上欧式设计风格，倒也别致。

对梁羽生来说，大学的一切都是新奇的，充满诱惑的。其中他最感舒心的是学校采取西方式的学分制，只要你最后能通过考试，拿到学分，平时你上课不上课无所谓。但要拿到学分当然不会如探囊取物，必须按老师开列的书目认真学习。梁羽生记性惊人，领悟力也很好，所以基本课程对他来说并不成问题，另外学校伙食也不错，梁羽生也满意，同宿舍同学彼此相处得也比较融洽，梁羽生真像一只快乐的小鸟，天天在宿舍、教室、图书馆之间奔波。偶尔在周末，同宿舍的同学还会相约去舞场潇洒一回，不过每当这时，梁羽生虽然事先也作了精心准备，如穿上西装、打上领带，皮鞋擦亮，但一走到舞场，他的心就莫名其妙地跳得厉害，他从来没有主动邀请过女同学跳舞，即使勉为其难邀请，他不是踩舞伴的脚，就是中场退却，常常令他的"舞友"不明所以：这个梁羽生平时谈起来一套一套的，但到关键时候怎么就拿不上场呢？梁羽生每每一笑了之，自我解嘲说："我是舞场下的巨人，舞场上的矮子。"

在岭南大学，梁羽生的一个重大收获是与岭南大学的几个风格各异的才子（女）结下了延续终生的亦师亦友的关系。

一是自称"碧琅轩馆主"的冼玉清教授。梁羽生虽身在化学系，但他的真正兴趣实际是在文学，所以功课之余，他也有意识地与中文系的老师接触。在入学前，他就听简又文讲岭大中文系有不少才华横溢的学者、教授。冼玉清就是其中之一。冼玉清出生于澳门，1918 年随父母第一次到广州，见到岭南大学风景秀丽，环境幽雅，正是读书做学问的好地方，于是就转读岭南大学附中，后升入岭大文学院，毕业后留校任教，从助教一直升为甲级教授，同时还兼任岭南大学博物馆馆长达二十五年。

这位女教授年轻时就口出惊人之语，"以事业为丈夫，以学校为家庭，以学生为儿女"，所以终生未嫁。她在二十年代即以诗名，著有《碧琅轩馆诗稿》，且深受柳亚子、郑孝胥等大学者的激赏，陈三立还挥毫为这位岭南女才子写一匾额，就挂在冼玉清的住所。冼玉清对岭南的风土人情、文化历史进行了深刻独特的研究，对诗词也有独到的见解，堪称数百年来岭南才女第一人。

梁羽生是经简又文的引介与冼玉清认识的，并执弟子礼，他常把自己新写的词拿给冼玉清修改，并且时常一起谈诗论此，冼玉清因为一直一个人住，所以生活也方便，有时高兴，她还会亲自下厨做几个清新的小菜，两人边吃边谈，其乐融融。通过冼玉清，梁羽生对岭南、对岭南大学的理解更深厚，他的作诗赋词的能力也不知不觉间提高了很多。每次从冼玉清那里长谈回到宿舍，梁羽生都会心潮起伏，思绪万千。

梁羽生与冼玉清的友谊保持一生，两人的关系亦师亦友，对梁羽生来说，在康乐园能够结识冼玉清这样冰清玉洁的学者，是他精神和灵魂的幸运，也是实际生活上的良师益友。特别是后来梁羽生到了香港，冼玉清也退休了以后，两人之间的交往更由师生变成朋友。

在当时的岭南大学有一个最年轻的讲师叫金应熙，在历史政治系任教，他开了一门课：《中国通史》，梁羽生慕名选修了这门课。

金应熙本出身官宦之家，其父曾做过广州市的市长，但后来与汪精卫搞在了一起，被人骂为汉奸，金应熙因此与父亲断绝了来往。他从十五岁开始先后在香港英皇书院和香港中文大学文史学系读书，深得系主任许地山的赏识。

金应熙此时才 27 岁，比梁羽生只大五岁，但已是岭南大学很有名气的青年讲师、学者，加上口才好，又师承国学大师陈寅恪，所以年纪轻轻，已很受学生尊敬。他精通英、日、俄、法、西班牙等语言，记忆力又好，讲课时触类旁通，旁征博引，生动活泼，学生听得津津有味。就在听课的过程中，梁羽生按照金应熙开的书目阅读了大量的历史书籍，虽然选这门课的大多是历史系的学生，但梁羽生的成绩丝毫也不比他们差，每次考试都名列前茅，令别的学生刮目相看。金应熙对这个学生也非常赏识。有时两人在课余仍觉意犹未尽，就找家小酒馆，边吃边聊；或到金应熙的宿舍，畅谈到深夜，若如此还不过瘾，梁羽生干脆就住在那里，不过这样的次数不多，因为学校有规定，学生不得在外留宿，但第二天梁羽生必会找机会再到金应熙家里去继续昨天的话题。这时两人就不是师生的关系，而是无话不谈的知心朋友，一时成为岭南校园的一则佳话。

金应熙之所以如此吸引梁羽生，还有一个重要原因。梁羽生本以为这位亦师亦友的朋友只会做卡片、研究学问，没想到他肚内还藏龙卧虎，胸有千壑，还是象棋天才，过起招来，梁羽生常常自叹弗如。梁羽生虽也涉猎颇广，但他读的棋谱只是从外祖父手里传下来的《橘中秘》《梅花谱》这类的"棋蒙"读物，虽然在以后的不断切磋和领悟中对象棋也很有心得，但与金应熙相比，那又不可同日而语了，所以他甘拜下风。但他并不因此而怯阵，反而屡败屡战，越战越勇，就在这反复的激战中，两人培养了维系一生的棋缘。梁羽生后来虽然以武侠小说名扬四海，但对围棋、象棋始终情有独钟，而且屡屡与国内外高手过招。他还公开撰文，呼吁有人能写一本完整的《中国象棋史》；而金应熙去世后，广东社科院在悼词中说金应熙在晚年曾计划写一本《中国象棋史》，但宏愿未了而身先士卒。他晚年的这个计划与梁羽生的呼吁是否有直接的关系不得而知，但两人在象棋方面的志愿显然是有相通之处的。

梁羽生内心更喜欢文史，但从济世救国的角度考虑，他还是准备认认真真地读化学。但事情的发展却让他不得不做出一个新的选择：他发现自己根本不适合学化学。

学化学当然也是理论和实验的相结合，理论对梁羽生来说一点问题也没有，但一到做实验，他就手脚不灵了，就像当初在蒙山中学军训一样让他紧张。每次走进实验室，也就是梁羽生的狼狈日。他从小动手能力就差，平时连穿衣服都会扣错扣子，何况实验室里一个个摆放得整整齐齐的试管和分得有条不紊的试液，一看就让人眼花缭乱。第一次进实验室，梁羽生就险些闹出乱子，他不小心把硫酸溅到身上，衣服一下子就出现一个洞，若不是旁边同学帮忙，不知还会出什么乱子。在点酒精灯时，也不知他是怎么点的，总之，等他发出一声惊呼，老师同学扭头看他时，大家发现他的酒精灯与自己面前的酒精灯燃烧得不一样，火苗特别大，好像整个酒精灯会爆炸似的，而梁羽生站在灯前，竟然束手无策，脸色苍白，大家惊出一身冷汗，赶忙帮他把灯熄灭，老师过来，免不了责备他几句。同学们则安慰他说："我们是第一次上实验课，都不懂，慢慢就会好了。"但以后梁羽生的表现让大家的话落空了，他虽然也有所改进，但总的来说改变的幅度不大，一堂实验课下来，梁羽生不是衣服上七洞八窟，就是手背上伤痕累累。这些复杂的不说，就是比较简单的事情，如摆放实验物品等，他这个记忆力如此好的学生竟然记不住，实验一开始，他不是拿错了试管，就是放错了剂液，搞得手忙脚乱，顾此失彼。

学化学而不会做实验，这当然是不可思议的事情，他也努力过，悲愤过，但总是收效甚微，最后他终于意识到自己这辈子是有心插花（化）花不开，与化学无缘。思前想后，别无选择，他决定改专业。

他最先想转到中文系，但冼玉清建议他再考虑考虑，因为以他现在的文史方面的修养，到中文系实在是学不到多少新东西。梁羽生接受了这个建议，最后选择了经济系，但其主要兴趣仍是在文史上，他也尽可能多选修文史方面的课程，平时多交往的也是文史方面的老师。改专业后不久，他参加了一次终生难忘的大学活动。因为梁羽生在校园内已颇负文名，大学生文艺团体"艺文社"学生讲坛邀请他主讲一次公开文学讲座。

演讲的这一天晚上，梁羽生特地换上西装，打好领带，一派潇逸风度。他演讲的题目是《陈文统论》，海报贴出去后就引起了很多人的好奇心，"陈文统，还论？他要自己论自己吗？那还真奇怪了。真是前无古人、后无来者的演讲题目啊？到时一定听听去，看他怎样论自己。"今晚来听讲的有很多就是冲着这个题目来的。梁羽生不慌不忙，在黑板上写下演讲的题目，随后娓娓道来，"我就是陈文统，经济系的学生。很多同学可能要问，你自己要论自己么？此言差矣。我这个陈文统论，非——"，他边说边在黑板上写下"陈文统——论，本人才疏学浅，平时除了喜欢读书下棋，兴致来时偶尔也作作诗、填填词外，别无什么特殊之处，所以实在不值一论。所以我的演讲题目可以理解为——"他又边说边在黑板上写下"陈文——统论"四字。"我所说的陈文，是我国历史上陈朝时期的文学，所谓陈朝，是南北朝时期的陈朝。另外，我的这个题目也可解为——"他边说边在黑板上写下"陈、文统——论"，"陈，即陈述，文统，一如道统、法统，即文章传统。但这些暂且不是我要演讲的内容，我的目的，是要概括地谈述中国的旧文学，所以陈就要理解为旧，文就是文学。陈文统论，就是概述中国传统文学。"听至此，那些对题目抱疑惑态度的同学才恍然大悟：绕了这么个大弯子，原来是谈论中国传统文学的呀！不过在好奇心消失之后，他们对梁羽生如此巧妙地将自己的名字与中国古代文学结合起来，仍不得不深为折服。

梁羽生演讲最精彩的部分是谈如何在继承传统文学的基础上发扬创新，以及如何对古代文学"剔其糟粕，取其精华"方面，他读书多，例子也多，在演讲中信手拈来，侃侃而谈，连金应熙听着听着眼睛都不由得发亮了。

不知不觉超过了规定的演讲时间，梁羽生本以为自己准备的材料一定不够用，结果走下讲坛后将自己脑子中准备好的东西一清点，发现有很多武器尚没走向战场战争就已经结束了，不免有言不尽意之遗憾。

结缘武侠小说

通过金应熙，梁羽生接触到还珠楼主和白羽的武侠小说，而这两人恰是中国现代武侠小说史上浪漫主义派和现实主义派的最重要的代表。

《蜀山剑侠传》中的对联，白羽小说中的人生沧桑，使梁羽生流连忘返。

梁羽生生在书香门第，自幼读书自然是谨遵父命，"非圣贤之书不敢观""非圣贤之志不敢存"，所读不过是孔孟学说，《古文观止》，唐诗宋词，所以，在梁羽生的童年时代，他看的武侠小说并没有比别的孩子多，甚至可能更少。绣像小说如《薛仁贵征东》《薛丁山征西》《万花楼》之类是看过的，这些小说，虽然写的是武艺高强的英雄，但只是一般的通俗小说，不是武侠小说。属于武侠小说的，他似乎只偷看过两部，《七剑十三侠》和《荒江女侠》，但内容如何，他现在都记不得了。还有就是兼有武侠小说性质的公案小说，如《施公案》《彭公案》《七侠五义》等。他对《七侠五义》的印象比较深刻，尤其是锦毛鼠白玉堂这个人物。他认为，这个人物虽然缺点很多，却不失为悲剧英雄。直到读小学，他才有机会接触到一些民间流传甚广的侠义公案小说和古代英雄传奇，像什么《施公案》《薛仁贵征西》之类。到读中学，他又接触到有"南向北赵"之称的向恺然、赵焕亭的现代武侠小说，刚开始还算有兴趣，但读着读着他就厌烦了，因为他觉得这类小说满纸荒唐言，人物乌七八糟，描写也不讲究技巧，前后也不连贯，情节重复拖沓，所以往往是看到一半就再也看不下去了。不过这些小说中也有一些章节描写得较好，他就会反复读。如《江湖奇侠传》中的"张文祥刺马"那段故事，他就很是欣赏。这段故事，武功的描写极少，但对于官场的黑暗和人性丑恶，却有相当深刻的描写。相比之下，他这一时期倒更喜欢中国古代的传奇小说，特别是唐传奇，以及《史记》中的《游侠列传》和《刺客列传》中的英雄故事。他是从初中二年级就开始读唐人传奇的，这些传奇送给同班同学，他们都不要看，他却常常看得津津有味，特别是产生这些历史人物的历史背景，更让小梁羽生产生了无穷的遐想。他后来创作的一些武侠小说，与他这一时期的阅读经验是有直接关系的。不过总的来说，他这段时间所读的武侠小说很少，与他后来创作的武侠小说相比，少到可以忽略不计。

真正使他进入到武侠小说的广阔土地，并深得其中三昧的是进入岭南大学之后，更确切地说，是从他与金应熙结识之后。

金应熙虽然师承陈寅恪研究学问，但在他的性情中有很强烈的名士气，喜欢下棋达到废寝忘食地步就是一例，而嗜读武侠小说则为另一例。而梁羽生从在他家里发现武侠小说起，也就身不由己地"陷入"泥潭，欲罢不能，而且读得越多，内心的一个疑惑也就越发强烈：以前自己读这类小说怎么没有产生这么大的兴趣？当然，这和年龄有关，但更主要的是他此时跟着一个具有很高品位的老师在读武侠小说。金应熙当然不与一些为打发时日借武侠小说消遣的人相同，当时流行的各类武侠小说充斥报纸、书摊，一般读者要么不加选择地读，要么专为猎奇或色情的目的有选择地读，而金应熙却从艺术的角度选择，所以他买回来的武侠小说，多为相对比较优秀的，梁羽生是金应熙买什么他也就看什么，自然而然，他没有了以前对这类武侠小说的排斥感，而是越来越爱不释手了。

金应熙买得最多的是还珠楼主和白羽的武侠小说。梁羽生读得最多的自然也是他们的小说。而从文学艺术的角度讲，这两个人恰是中国现代武侠小说史上浪漫主义和现实主义派的最重要的代表。

梁羽生最喜欢还珠楼主的《蜀山剑侠传》，这部小说1932年春开始在天津的《天风报》连载，一直写到1949年秋，后由天津励力出版社出版。关于自己写这部书的基本人生态度和人生观，还珠楼主在给一位朋友的信中这样写道："惟以人性无常，善恶随其环境，惟有上智者方能战胜。忠、孝、仁、义等号称美德，其中亦多虚伪，然世界浮沤，人生朝露，非此又不足以惟秩序而臻安乐；空口提倡，人必谓之老生常谈；乃寄意于小说之中，以期潜移默化。故《蜀山》全书以崇正为本，而所重在一'情'字，但非专指男女相爱。又以弟个性强固而复杂，于是书中人有七个化身，善恶皆备也。"

这部小说也确是还珠楼主最优秀的武侠小说，此书一出，不少人就惊呼：中国神话小说时代从此结束了，真正的武侠小说时代开始了。

《蜀山剑侠传》是一部糅合了神话、志怪、幻想、剑仙、武侠的超长篇章回小说，共计正传五十集、后传五集，总三百二十九回，500多万字。小说主要写峨眉派开山收徒、替天行道、扫荡群魔的奇幻故事。该书前五集受向恺然《江湖奇侠传》影响，因此忽而武侠，忽而剑仙，体例驳杂不纯，只显啰嗦杂乱，未见精彩之处，但从第六集开始，内容开始变化，从第七集"晶球凝幻影，怪叫化惊魔青螺峪"起，便峰回路转，宛如大鹏展翅，鼓荡风云，扶摇直上九万里。从此小说境界别为洞天，写七情六欲，则情翻意涌；写神仙世界，则奇幻百出，匪夷所思；谈禅说偈，则使人疑其为佛家之徒。小说想象力丰富，上天入地，无所不包，真可谓是尽奇幻幽玄之能，极鱼龙曼衍之妙。关于自然现象者，海可煮之沸，地可掀之翻，山可役之走；关于故事的境界，天外还有天，地底还有地，水下还有湖沼；关于生命的，灵魂可以离体，身外可以化身，借尸可以复活；关于生活方面的，则不食可以去饥，不衣可以无寒，行路可缩万里成尺寸，谈笑可由地室送天庭；关于战斗方面的，风霜水冰雪、日月星云气、金木水火土、雷电声光磁，都有精英可以收摄；炼成各种凶杀利器，相生相克，以攻以守，藏可纳之于怀，发而威力大到不可思议。正值青春年华的梁羽生为之神魂颠倒，浮想联翩。从还珠楼主的武侠小说中，梁羽生初步知道了武侠小说原来可以这样写，可以写得如此波澜壮阔，妙趣横生；他还发现自己一向看成小玩意的对联竟也可以作小说的回目，而且效果还这样好。他更没想到数年后自己操起武侠小说的如椽巨笔开创新派武侠小说的新天地时，也会用对联作为小说的回目。

梁羽生这时对白羽的武侠小说也产生了浓厚的兴趣。他最欣赏白羽小说中蕴涵着很深的人生启示，而且明显看出他深受中西文化、文学的影响。白羽本不懂武功，但他以自己的新文学修养以及所受的西方文学的影响，把自己一生在社会上所经的酸甜苦辣，以及自己对社会众生相的观察思考融进了武侠小说，从此开辟了武侠小说的一派新天地。

以《十二金钱镖》为例。这部小说主要叙述"飞豹子"袁振武寻仇劫镖，因而与"十二金钱"俞剑平大捉迷藏、比武较技的江湖传奇故事。小说写江南镖行第一人物俞剑平以太极拳、太极十三剑以及十二只独门金钱镖称雄武林，遂享有"十二金钱"的美名，到晚年他则隐居山林，封剑不出。老镖头胡孟刚护送一笔官款到江宁，因事关重大，特邀请俞剑平出山相助，碍于情面，俞剑平慨然相允出"十二金钱镖旗"压场，不想半途被一豹头老人率众劫镖，并拔去金钱镖旗，扬言要与俞剑平一决雌雄。为保一世英名，并救出被官府扣押的老友胡孟刚，俞剑平被迫重出武林，并广撒武林帖，邀请天下能手帮助寻镖，几经周折，始访出劫镖者的来历，原来竟是与俞剑平一起少年学艺，后来因故一怒而去的师兄袁振武，于是双方约定比武，结果未分胜负，这时官军闻讯围剿，飞豹远遁，失镖寻回。

平心而论，这部小说的情节并不复杂，但因作者出色的艺术才能和娴熟的悬疑笔法，简单的故事却写得波澜起伏，离奇生动，更重要的原因，是作者非常清楚自己的优势和缺陷，所以在写作过程中能够做到避重就轻，扬长避短，武功写不好，但又不能完全避开武功描写，白羽就独出机杼，重点放在渲染战前气氛，对手过招则兼采写实、写意笔法，交织成章，着重文学艺术化铺陈，以武侠小说的笔法写现实人生，而且非常重视人物形像的塑造，语言也符合人物各自的身份、地位、教养，写情则细腻动人，结果不意间竟开了武侠艺术的新天地，成就了白羽特有的新"武艺"，后来的武侠小说，无不从中吸收有益的营养。

梁羽生每每读到书中神奇之笔，不禁大为感叹：一个根本不会武功之人，却把武侠小说写得如此精彩，真堪称武侠小说史上的一大奇迹！而他虽为生卖文，却又时时慨叹社会不公，并力图矫正时弊，对社会上种种荒诞不合理的现象进行了如此辛辣的讽刺，以一种含泪的幽默，抨击官场黑暗的现实，而且采取西方文学技巧，来写中国传统的文学形式，无论如何都是一个伟大的创造！这也算是文人表达理想的独特方式吧！

但梁羽生当时并没想到，自己以后成了白羽风格的继承人！

炮声中邂逅陈寅恪

听完梁羽生的"胡孙"之论，陈寅恪微笑着说："你肯读书，也有见解。论字面是'祖冲之'较工整，我取此联（指'胡孙'联），是和胡适之开开玩笑。"

从陈寅恪先生家告辞出来，冼玉清笑着对梁羽生说："寅老夸奖了你，你别得意。他言下之意，好像说你欠缺幽默呢。"

不知不觉梁羽生已是大四学生了。一天，他在《岭南大学校报》上看到一则让他激动不已的消息：陈寅恪应聘到校担任教授。

梁羽生的高兴并非无缘无故的。他所尊敬的两位老师中，金应熙是陈寅恪的亲授弟子，冼玉清则是陈寅恪一家的至交，他们在和梁羽生的交谈中，都经常满怀尊敬地谈到陈寅恪的学术人品，敬仰之情，溢于言表，梁羽生经他们推荐，也读过陈寅恪先生的文章，当真是佩服得五体投地。另外，在当时的岭南大学中文系执牛耳的大教授也都或多或少算是陈寅恪的学生，像时任文学院院长的著名汉语言学家王力，在清华读书时师从过陈寅恪，算是他的弟子；时任中文系主任的容庚以及中文系教授李沧萍，都是他的学生。

陈寅恪此时选择到岭南大学安身，要归功于当时的岭南大学校长陈序经。也因为他，才在局势动荡的中国南方保留了一大批国宝级的大学者，使岭南大学成为中国南方的一块学术圣地。

这时已是1948年底，国共胜负已见端倪，新的政权交替的迹象已很明显。在这种背景下，国民党在加紧把大批金银财宝运往台湾的同时，也开始了抢运学人的行动，这是一场没有硝烟的战争，但其激烈程度丝毫不亚于真刀真枪的战场，国共两党都清楚这个行动的成败，将直接关系到以后各自的发展和繁荣。这一年12月的一天，一架小型军用飞机飞抵北平南苑机场，时任北京大学校长的胡适匆匆登上飞机，与他同机而行的还有当时已双目失明的陈寅恪。不过当飞机抵达南京后，胡适与陈寅恪就走上了不同的道路：胡适去了台湾，并被委以重任，而陈寅恪却留在了中国大陆，并且选择了岭南大学。他是感陈序经之盛情相邀，以及自己一向坚持的学术自由的宗旨，前来岭南大学任教的。

陈寅恪在全校师生的盼望中来到了岭南大学。这不但是岭南大学的一件盛事，在整个中国思想学术界都引起了很大的震动。国民党政府非常着急，频频向陈序经施加压力，进而威胁利诱，但都被陈序经顶回去了。一计不成，他们又提议让陈寅恪先到香港，随后再从长计议，陈序经仍不为所动。直到解放军的隆隆炮声在南粤大地上轰然响起，国民党抢运学人的官员才恋恋不舍地放弃陈寅恪。

岭南大学知道陈寅恪的价值，在住房、薪金等方面也尽其所能地给了他最好的安排。

自陈寅恪落户岭南大学，亲朋好友、徒子徒孙、政府官员、各界名流前来拜访的络绎不绝。

梁羽生也好像有一肚子的话要对这位还从未见过面的师爷讲，他自己乳臭未干，冒昧前往显然底气不足，他想起金应熙答应过自己做引见人，但金应熙这段时间正好不在校。于是他就去找冼玉清，委婉地把自己的想法一讲，冼玉清非常爽快："我先给陈老打个招呼，应该没什么问题。"梁羽生连声道谢。

过了两天，冼玉清告诉梁羽生，已和陈寅恪先生讲好，明天晚上可以去见他。

梁羽生马上有一种受宠若惊的感觉。这天晚上，他激动加紧张，很久才迷迷糊糊睡着。

走进陈寅恪的家，陈老先生正在书房里等着他们。梁羽生的脚步不由得轻下来。

"快请坐，快请坐，"听到他们来了，陈寅恪热情地打招呼。

"陈老，今天来拜访你的是我们学校经济系的一位学生，久仰你的大名，让我引见。"

"不要客气，大家以后都是校友了嘛。"陈寅恪仍是客气。

"他虽学的是经济，但对文学的兴趣更大，而且还会填词作诗，对联也不错。他曾拜简又文为师。"

"那很好。简又文可是太平天国专家，我很佩服他。"以他这样的大史学家公开表示对另一位史学家的佩服，胸襟阔大，可见一斑。

梁羽生紧张的心慢慢平静下来，他发现陈寅恪先生并不像有些人对自己所说的那样"道貌岸然"，而是很可和蔼可亲的。

闲谈了一会儿，梁羽生对陈寅恪说："陈先生，我知道你以前出过一副对子，叫'孙行者'，我有一些想法，不知当讲不当讲。"

陈寅恪笑了："这副对子实是应命之作。1933年清华大学举行入学考试，当时国文系主任朱自清休假出国，由刘叔雅代理系主任，他就请我代拟试题，而我恰好已定于次日赴北戴河疗养，就匆匆草就一篇普通作文题目《梦游清华园记》，另外出了个对子题'孙行者'，结果一半以上的考生交了白卷。"

"听说当时有很多人写文章反对你出的这道对子题？"梁羽生听金应熙这样说过，他想亲自从陈寅恪口里证明一下。

"当时占主导地位的是白话文，矫枉过正，认为堂堂清华大学国文系的考试题竟用对子，实在是违背历史发展之潮流。我就出来答辩说：做对子最容易测出学生对中文的理解程度，因为寥寥数字已经包含对词性的了解，以及平仄虚实的运用。对联在各种文学形式之中字数最少，但却最富于中国文学的特色。我这样一说，反对的声音就没有了。"

"据说其中也有对得好的，一个学生用当时白话文运动的急先锋胡适之应对，你给了满分。"

"有这回事。其他还有用祖冲之应对的，有以王引之应对的，都不错，只不过忘了是谁用胡适之应对的了。"陈寅恪先生有点遗憾地说。

"先生当时怎么想到出这个对子了呢？"梁羽生好奇地问。

"这主要是受了苏东坡诗'前生恐是卢行者，后学过呼韩退之'一联的影响。'韩'是姓，也是古国名；'卢'是姓，也是古代南方的部族名，所以'卢'与'韩'是同一类名词。至于'行'与'退'、'者'与'之'也都是同类词，所以'卢行者'对'韩退之'。每一个字都工整，而'韩''卢'合起来又是犬名。是战国时韩国有名善跑的黑狗，所以此联可称极中国对仗文学之能事。"

梁羽生直接向陈寅恪说出了自己的想法："的确，以'胡适之'对善变的'孙行者'，确是妙不可言。谁都知道，胡适博士也是以善变著称的，例如他以新文学家的身份，而肯应召入宫，并呼溥仪为皇上，这对新文学运动，一定会产生很坏的影响，所以以此来讽刺胡适，却有其合理性。但若论对仗的工整，我以为还是'祖冲之'最佳。"

陈寅恪含笑听着，鼓励他继续说下去。

"认真来说，用'胡适之'来对'孙行者'是不算工整的，'行'对'适'、'者'对'之'，还算可以，但'孙'对'胡'就欠工了。而'祖''孙'相对，却是天造地设的佳对。"

陈寅恪静静地听着，他似乎有点吃惊眼前这个显然稚气未脱的小伙子竟对历史这样熟悉。他不动声色，示意梁羽生继续讲下去。

"即使以'王引之'对'孙行者'，也比以'胡适之'对好。"梁羽生接着说，"无论从对仗还是从人物身份来讲，都是这样。"

"愿闻其详，"陈寅恪微笑着说。

"从韵律来讲，以'胡适之'对'孙行者'，第一个字'胡''孙'都是平声。'行者'的'行'字，似乎不是读平声的。'行者'本是佛家语，'行'与'修行''德行'的'行'字一样，是'核孟'切，敬韵。音'幸'，仄声。凡动词'行为'之'行'，用作名词，都是读仄声。'行者'的'行'字，如果读平声，那就是正在行走着的人，'行者'变成'行人'了。'行者'是可以当作'行人'解的，但显然'孙行者'的'行者'不是这个解释。'孙行者'是'平仄仄'，'胡适之'是'平仄平'，

'祖冲之'是'仄平平',所以,若以'胡适之'对'孙行者',有两个字不合平仄,以'祖冲之'对'孙行者',则每一个字都合平仄。这是'胡孙'一联的欠缺之处。"

陈寅恪微微点头,微笑着说:"你肯读书,也有见解。论字面是'祖冲之'较工整,我取此联(指'胡孙'联),是和胡适之开开玩笑。"

从陈寅恪先生家告辞出来,冼玉清笑着对梁羽生说:"寅老夸奖了你,你别得意。他言下之意,好像说你欠缺幽默呢。"

1983年3月,他应香港《大公报》之邀,为该报副刊"大公园"撰写"联趣"专栏,他谈的第一副对联就是"胡适之"和"孙行者",随后围绕这副对子写了十几篇联趣。为一个对联,梁羽生竟一连写了十几篇文章来了个刨根问底,而且引古证今,以今佐古,娓娓道来,妙趣横生,融知识性与趣味性于一体,使人对他的才思敏捷不得不叹为观止。

自古才子恋佳人

不知怎的,几次接触下来,梁羽生对这位小女生竟产生了一种模模糊糊的爱恋之情,大有"一日不见如三秋兮"的青春激荡之感。他每当晚上拿笔写稿时,不知什么时候已写满纸,但凝神一看,又不禁哑然失笑,原来纸上写的全是那个女孩子的芳名。

岭南大学因继承西方自由民主的办学气氛,所以校方也鼓励学生于课余组织各种学生组织和艺术团体,这些团体多以系为中心,如什么经济学会、政治学会等,而一些较大的团体则是跨系,其中主要的是以文化艺术活动为中心的"艺文社",但从全校范围来讲,最老也最有权威的学生组织则是学生总会和岭南青年会,梁羽生因有文名,所以虽然一再表示自己不会做学生工作,但最后还是被同学们推举加入了学生会,梁羽生看无法推辞,就提出一个条件:进学生会可以,但必须让他做与文艺有关的事。学生会名下正好有一份报纸叫《岭南周报》,梁羽生当仁不让做了该报的总编辑。

因为要经常报道校园内出现的各种文艺新闻和演出信息，梁羽生与校内的主要文艺团体"艺文社"的接触自然就多起来，大家对这位文质彬彬的校报记者也颇多好感，加之梁羽生平时文名甚盛，很多学生也愿意与他接触。时间一长，他发现有个女学生对文学的感觉与自己非常接近，而且长相秀丽，性情温和，后来一打听，才知道她是金应熙的学生，平时就喜读中外文学作品，尤其喜欢俄罗斯文学；她还给梁羽生主编的报纸写过不少娟秀的小文章，是公认的一位才女。不知怎的，几次接触下来，梁羽生对这位小女生竟产生了一种模模糊糊的爱恋之情，大有"一日不见如三秋兮"的青春激荡之感。他每当晚上拿笔写稿时，不知什么时候已写满纸，但凝神一看，又不禁哑然失笑，原来纸上写的全是那个女孩子的芳名。梁羽生本是个性情内向的人，但毕竟是初恋，不了解自己天天失魂落魄会严重到什么程度，会造成什么样的"恶果"，时间一长，他觉得迫切需要找个人抒发心曲，最佳人选自然是金应熙。金应熙虽然现在还是单身，但以前曾尝过爱情的滋味是苦的：他爱上了自己的一个女学生，但那个女学生却早已名花有主，为此他还找过梁羽生畅谈衷曲，没想到现在梁羽生找上门来，所谈的和自己以前的遭遇竟是如此的相似，他不禁满怀同情地对梁羽生说："你还记得当初我和那位女学生的故事吗？"

梁羽生点点头："我记得有一次去找你，发现你正在树林中为那位佳人伤心徘徊，可惜那位女学生当时已有了意中人。"

金应熙黯然一笑："我的小朋友，你现在的遭际和我当初的基本一样。"

"你是说……？"梁羽生一下子预感到金应熙要说什么，不禁心一沉。

"对，她是我的学生，我当然了解。她已经有了男朋友，就是现在跟着我研究《四洲志》的那位男同学，也算是我的得意门生。现在已留系当了老师，做我的助教。"

梁羽生一听，立即泄了气，既已如此，于情于理，自己都不该插手，也不会成功。年轻人的热情来得快消失得也快，虽然内心还是痒得有些不舍得，但梁羽生无论如何不是个敢于横刀夺爱的英雄，这事过去也就过去了，他的教养使他明白自己会得到自己应该得到的。

转眼间已是 1948 年，中国的局势发生了急速的转变。梁羽生的最大理想是安安静静地看书、作文，对政治并没有太大的热情，但身处如此变幻莫测的政治局势，他也不由得受到感染，开始以青春的激情为新的未来讴歌了。

新官上任三把火，梁羽生接替任《岭南周报》总编辑之始，就在报纸上发表了一首满怀炽热之情欢迎新世界的散文诗《迎春曲》，署名"冯显华"。诗中写道：

> 数千年在冰雪下颤抖，亿万人在严寒里低头，祖国的原野还不曾有过春天哪，人们揹负着灰色的苦难的记忆。多少人的血染红了花朵，多少人的汗培出了绿芽，红的花，绿的叶，点缀着少数人的盆景，奴隶们是没有春天的。然而要来的总是要来的，春天的足音——已经从层冰里升起，第一个人们自己的春天，将以温暖胸怀拥抱她的儿女。……欢迎你，我们自己的春天！欢迎你，我们自己的日子！

梁羽生这首诗的灵感来自当时的"红色"歌曲《解放区的天是明朗的天》。歌曲特有的那种翻身得解放后的欢快、幸福的感情无疑深深地感染了他。此时国内局势已经基本明朗，国民党的倒行逆施，贪污腐化，导致民怨沸腾。特别是这一年八月，国民党政府出笼了金圆券，并严令有黄金外币者必须兑换此券，而一旦遵纪守法的老百姓兑换过，该金圆券马上成了一张或一堆废纸，于是民间流传着这样一副对联："金圆，今完，完了晦气归旧岁；己丑，已有，有些希望接新春。"如此的欺骗民意，使得陈寅恪这样一向不问政治的学者也禁不住写了一首七言古诗《哀金圆》，犀利地指出国民党失败的主要原因不是军事上不如共产党，而是因为失去了民心。

岭南大学本是教会大学，遵循的是自由原则，对政治一向不关心，但现在形势如此恶化，年轻人看到国民党这样强奸民意，人心大变，也不知不觉间对中国社会现状以及未来的前途关心备至。曾任岭南大学校长的李应林就经常鼓励学生不要死读书，而要知道社会上各种流行的思想和政见，并学会自己选择自己的政治前途。而梁羽生最崇拜和交往最多的老师金应熙也是当时大学里一些具有"左"倾思想的大学生的精神领袖，他经常给大学生作报告，宣传进步思想，而"艺文社"等学生团体基本上可以说是进步学生团体，他们中甚至有人偷偷阅读毛泽东的著作，而在 1949 年的一月，"艺文社"举行一次晚会，其中有一个节目是《黄河大合唱》，晚会进行当中，竟临时加插了一首歌《我们要渡过长江》，左得如此，梁羽生身处其中，又正值热血沸腾的年龄，难免生出向往光明的思想。

就在梁羽生在《岭南周报》发表《迎春曲》后不久，他又模仿钱锺书《魔鬼夜访钱锺书》的文体，在《岭南周报》副刊发表了一篇散文《嫦娥夜访冯显华先生》，文章以象征性的笔法，影射了当时黑暗的社会现实。其中的后羿喻指蒋介石，"射日"则指其抗日，但蒋介石却是假抗日，真独裁，成了暴君，在其统治之下，老百姓饥寒交迫，流离失所。文中所说的"正如同你们的贵妇带狗飞走一样"也是有所指的。在抗战中间，国民党政府置成千上万人民的生命财产于不顾，竟动用军用飞机搭运孔祥熙女儿的爱犬，此事一经披露，顿时舆论大哗。金应熙和梁羽生每每谈到此事，都义愤填膺，拍案大怒，如此政府、如此领袖，当为千夫所指。此时经梁羽生主编的《岭南周报》，常常发表一些讨论时政的文章，而这些文章大多则出自金应熙之手，梁羽生偶尔也出于应急写一两篇。这些时评紧紧联系社会中的黑暗不公现象，很受学生欢迎，在社会上也产生了一定的影响。

然而，书生论政，虽意气风发，指斥方遒，敏感的灵魂毕竟难以过多承受社会的压力，而且在当时的社会形势下，像梁羽生这样的青年学子一时也很难看到光明，做出非常明确的选择，所以热情过后，常常会产生荷戟独彷徨的凄凉寂寞的心情。1948 年十月底，梁羽生以"幻萍"的笔名在《岭南周报》副刊发表散文《孤独者》，以抒情的基调，表达了此时他内心渴望和失望交织的矛盾情怀。一个满怀理想的青年人，处于那样动荡不安的环境中，虽心中向往光明，但到底什么是真正的光明，梁羽生不可能像坚定的共产主义者那样目标坚定，义无反顾，从思想境界讲，他还达不到这么高的程度。但他的可贵处就在于虽然还不明确知道自己追求的是什么，但仍像文中的孤独者一样，像五四后来到北京的俄国诗人爱罗先珂专为中国学生写的童话《红的花》中那个无数次在梦里要在寒冬中寻找一朵花的哥儿一样，像从东方来到耶路撒冷的几个博士寻找耶稣一样，像在贫病交加中创作了第九交响乐来讴歌快乐的贝多芬一样，他要在茫茫无际的黑暗和孤独中，寻找自己心中的那个太阳，那个光明的憧憬。

梁羽生主编的《岭南周报》表现出的激进思想倾向在当时敏感的政治环境里

是极易打动人也极易招惹是非的。果然，不久，一个有国民党背景的校监找到梁羽生，话里藏刀对他说："值此最应精诚团结之时，《岭南周报》这样编辑下去，是会出问题的，到时校方概不负责。"梁羽生打了一个寒噤，敏感的时代造就了他这样的年轻人敏感的神经，他当然听出了这位校监话里的话。他虽然满腔爱国心，但毕竟最讨厌政治一类的阴谋诡计。他觉得编辑报纸已无意义，也没有什么兴趣了，此后不久，他就辞去了《岭南周报》主编的"官职"。

第四章

踏足香港

美梦成真

梁羽生大学毕业之后只身来到香港，在很短的时间内就考进了《大公报》，获得了一份梦寐以求的职业，他激动万分，大喜过望。

转眼间，1949年的春天到了。国共和谈破裂，解放军百万大军已摩拳擦掌，准备随时打过长江去，解放全中国。偏安一隅的广州此时也失去了以往相对的平静，风声鹤唳，草木皆兵。达官贵人纷纷带钱携女逃往台湾和外国，普通老百姓则被一种莫名的恐惧和希望压迫着，不知所措。整个城市被一种凌乱、恐慌、躁动的情绪笼罩着。改朝换代前特有的那种气氛使人们既觉得紧张又觉得兴奋，既想大有作为又不知做什么好。

动乱的局势迫使岭南大学校方做出该年应届毕业生提前一个月毕业的决定。梁羽生也在毕业生之列。

何去何从？梁羽生最初曾感到一片迷茫。当时鉴于国内的混乱局势，很多毕业生宁愿选择香港，浪迹天涯。梁羽生曾想过回老家找份工作，但此时家乡同样是人心惶惶，再说家乡的那种环境也不足以实现自己的理想。最后，他下了决心：去香港！就因前途未卜，所以充满诱惑。于是，他匆匆打点行装，参加完毕业典礼，他忐忑不安地跨过了香江。

梁羽生平时在岭南大学就很有文名，但自己大学专业学的是经济，所以找工作最好是与自己的专业对口，但生逢乱世，整个国家的经济都不稳定，要找份稳定的工作谈何容易；另外，从性情上讲，梁羽生更愿意找份编辑工作，但在香港找这种工作很难，不但要通过报社严格的考试，最好还要有人推荐，推荐人的地位和名望越大越好。梁羽生最先想到的是金应熙和冼玉清。他找到金应熙，刚把这个意思一说，金应熙就连连摇头："以我这种身份推荐你，不会给你带来福，只会适得其反，你还是另请高明。"梁羽生就又去找冼玉清，后者倒很赞赏梁羽生的选择，但谈到推荐之事，她则拒绝了。因为冼玉清一向风格高洁，不愿求人，但她却给梁羽生一个很好的建议：去找文学院院长王力。梁羽生一听，顿时有豁然开朗之感。王力不但在语言研究方面享誉世界，而且文学修养也颇为人称道。他和梁羽生是同乡，平时对梁羽生也很欣赏，去找他应该没有问题。

事实也证明了梁羽生的估计。听自己这个小老乡说明来意，王力爽快地答应了，并马上写好了推荐信，对梁羽生说："我只与香港《新生晚报》的编辑熟悉，但这份报纸的地位和声誉都不是香港最好的，若想在香港从事报业，最好到《大公报》发展。"

梁羽生急切地说："我也这样想，可惜《大公报》门槛太高，怕不得所欲。"

王力略微沉吟了一下，说："这样吧，我们这里倒有一个人与《大公报》很有关系，就是陈序经，我给他把你的情况谈一下，你自己再去找找他，把你的想法认真给他谈一谈，我想他一定会帮忙的。"

原来陈序经也是喜欢文艺的，曾给《大公报》写过社评，因此与报社中的许多人关系很好。现在国家形势如此不堪，他对自己学生的前途自然也关心有加，王力一给他谈及此事，他就答应了。当梁羽生去他家里拜访时，他已把推荐信写好了。不过令梁羽生稍稍感到失望的是，陈校长的推荐信不像王力的推荐信那样私人化和热情，而是从内容看更像是一份公文，像一张纸条。信是写给《大公报》的李侠文的，信开头称呼是"侠老"，接着简单地介绍了梁羽生的学问品行，说梁羽生有志于文化事业，应当鼓励提携等，信尾也未署名。梁羽生当时还不能完全理解陈序经的处境。这时的《大公报》具有明显的左倾色彩，国民党视之为亲共报纸，此时已被禁止在内地发行。陈序经身为岭南大学校长，地位自然不同一般，他既要尽力帮助自己的学生，又不想让人看出自己和《大公报》有什么关系，所以只为梁羽生写了这么一份有头无尾的信。但从另一个角度讲，则可以推测出陈序经与他推荐梁羽生要见之人关系的不一般，否则这样写信就是不礼貌了。梁羽生只是后来才体会到这一点。

1949年6月，梁羽生乘车来到香港，住在一位大学同学的女朋友家。衣食暂时无忧，他静心准备应考报社招聘。

此时的香港与内地一样，也是人心惶惶，不知所措，其中有不少是被共产党的军队赶到香港来的国民党大官富豪，但如今沦落到香港，也只能在什么山上唱什么歌，过着寄人篱下的屈辱生活。弹丸之地的香港，如今成了各种人物、各种力量的大杂烩。相比之下，梁羽生能够一到香港就衣食不愁，已是幸运。

读大学期间，梁羽生也曾和同学们来过香港游玩，但前后的心情自然不一样。此时前途未卜，生计无着，再到香港的大街小巷，已无昔日的潇洒豪放。

过了两周，梁羽生基本上熟悉了香港报界的情况，对香港的社会民情也有了一定的了解，心中有了一点准备，就去到《新生晚报》碰运气。他认为，《新生晚报》是桂系的报纸，名气也小，加上有王力的推荐，成功的可能性自然更大一些。

不料接待他的社长黎蒙看过王力的推荐信后并不热心，反而说自己的报社太小，容不下梁羽生这种才华横溢的大学生。弦外之音梁羽生自然听出来了。无奈，梁羽生只得告辞回来。

第一次求职以失败告终，使梁羽生对能否求得报社的职务更加心中无底了。但事已至此，别无选择，只有背水一战。他知道《大公报》的门槛更高，须知己知彼、有备而战才有希望。

他决定先熟悉一下《大公报》的办报风格。以前他很喜欢读《大公报》，但那时纯粹是为了上面的新闻，而这次则是为了了解它，所以他先买来一些《大公报》仔细研究，发现报纸很重视英译稿件，而且经过打听，他知道自己的感觉是对的，报社对职员的英文水平要求很高，而且很讲究职员的学问出身，如外语学院的毕业生就比一般院校的毕业生占有优势。岭南大学是教会学校，在一般人的印象中，从这所学校毕业的学生外语水平都很高，报社中也有不少岭南大学的毕业生。梁羽生看到了一线希望，但他也知道自己的外语水平并不算很好，要顺利过关，尚须准备一下。

他又去书店买了一些有关报业的书，经过分析比较，他发现报社的考试常常让考生将新闻短稿进行英汉互译，其中一些报业术语，尤为重要，以前很多考生就是败在这一点上，捷径没有，唯有用心记忆。梁羽生把这些术语记在卡片上，时时诵记，不敢大意。

做过这些准备，梁羽生才拿着陈序经为自己写的那封非常简单的推荐信去找信中介绍的李侠文。

李侠文曾在岭南大学就读，后来转入清华大学，毕业后考入《大公报》，初负责翻译外电，兼写社评，后负责编辑要闻，随《大公报》几经周转流离，1948

年随胡政之到香港恢复《大公报》香港版，负责编辑事务。他态度谦和，和蔼可亲，梁羽生略为安心，就拿出陈序经的推荐信交给他。

他看过信，立刻答应设法安排。他让梁羽生先回去等消息。

真是塞翁失马，焉知非福，梁羽生没想到在《大公报》受到的待遇比《新生晚报》还好。一路上，他觉得天格外地蓝，人格外地亲，他似乎看到一条理想的道路正在自己面前徐徐展开。

两天后，梁羽生接到了报社的电话，让他第二天去报社参加例行考试。

加上梁羽生，这次参加考试的共有三人。考试题目是三条新闻，一是中文稿件须译成英文，另一条是路透社和法新社发来的英文稿件，须译成中文。梁羽生接过考题一看，心中的一块石头落了地：三条新闻都不算难，况且自己是有备而来，所以只用一个多小时，他就做完了。

第二天，报社打来电话，告知他已被《大公报》录用，并问他何时可去上班。梁羽生喜出望外，马上答应第二天就去上班。

仅用半个月时间，初来香港的梁羽生就找到了自己理想的工作，这是多少人梦寐以求的机遇和职务啊！梁羽生的激动，当然是可以理解的，也是值得庆贺的。

与梁羽生同时参加考试的另外两个人也与梁羽生同时被录用，一个分在经济版，一个分在服务版，梁羽生因为在考试中成绩较好，所以被分在了编译组，负责翻译外国通讯社发来的英文电讯稿件。

经过了两个月的试用期，他们都转为《大公报》正式职员。

对梁羽生来说，报社的工作并不难适应，而且平时工作都是大家在一起，互相切磋，取长补短，梁羽生很快就熟练地掌握了自己分内的工作。不过报纸新闻毕竟不同于文学作品，有时翻译过程中，梁羽生会文兴大发，把他认为没有文采的部分加以修饰，这样出来的稿子读起来确实舒服多了，但送到编辑室主任那里却常常遇到障碍，要么让他拿回去重译，要么由编辑自己费心再按照原文细译一遍。一位编辑半开玩笑地对梁羽生说："你翻译的稿件太有文采，但正因太有文采而不是太好的新闻稿。若按比例来分，你的稿件百分之七十是原文的内容，其他百分之三十则是你自己加上去的。有文采当然好，但报馆不同于杂志社，真实准确才是第一位的。"正因如此，许多梁羽生翻译的稿件本可以在报纸上占据主要的地位，结果要么不被采用，要么退居次要版面。但梁羽生"恶习"难改，虽然时时想有所改变。

过了不久，报社安排梁羽生去编国内新闻版，主要处理国内记者发来的新闻稿。此时正值冬季，记者的稿子多讲某地农民多么重视冬积肥，入冬以来已积了多少肥，并将详细的数据列上，梁羽生的文学细胞本能地对这些枯燥的数据反感，并据此推断：既然连自己都不喜欢这些文章，香港的读者也一定不喜欢，所以他大笔一挥，就枪毙了这些稿子。时间一长，内地的记者们不干了：你梁羽生整天坐在编辑室里，根本不知道这些稿件的新闻效果是多大，于是他们就找报社负责人告状。负责人一看，觉得梁羽生也确实不是搞新闻的料，既然他文学细胞这样活跃，正好报纸副刊缺人，干脆让他人尽其才好了。就这样，梁羽生来到了《大公报》的副刊部，使英雄终有了用武之地。

副刊在整个报社的地位并不高，属于点缀性的、花边式的，就像一个长得漂亮的姨太太，虽与正妻相比在容貌上占有优势，但实际地位却总是居其次。但对梁羽生来说，却是适得其所，而且是情投意合。

当时副刊内容丰富，包括文艺副刊、文史知识、学习园地、电影娱乐、文摘及服务台。副刊的总编辑即罗承勋，也即后来的罗孚。罗孚1921年生于桂林，只比梁羽生大三岁，还在梁羽生读中学时，他就考入了《大公报》，之后就一直为《大公报》服务，从最基础的练习生做起，一直做到报社的副主编和社委会委员。他对梁羽生的文名也略知一二，这次梁羽生来副刊，他也曾出面努力过，得以把梁羽生收罗到自己手下，无论从当时还是以后来看，都是他平生一大得意之作。梁羽生刚到副刊时，罗孚并没有像对待其他那些刚来的编辑一样先让他去负责一个版面，而是留在自己身边，帮自己处理各方面的稿件，很快使他熟悉了各种副刊的不同特点。

此时梁羽生才二十六岁，在这样的年龄就能得到自己满意的职位，而且很快又能从事自己喜欢的副刊编辑工作，无论如何都是值得庆贺的事。人逢喜事精神爽，春风得意马蹄疾，难怪报社的人看到他进进出出都是一脸微笑。

不过有一件事发展得太快，倒使他有措手不及之感：他没想到中国大陆的局势变化得那么快！中国共产党此时已把国民党军队赶到台湾，并于 1949 年 10 月 1 日成立了新中国。之后不久，中国新政府就发明严正声明：香港是中国领土不可分割的一部分，一旦条件成熟，中国将无条件收回对香港的主权。港英政府一看大势所趋，也顺水推舟，承认了新中国，并在声明中暗示香港的现状维持得越久越好。

对中国共产党取得的伟大胜利，梁羽生是满心拥护的。实际上，自从有了自己的思想起，他就一直对国民党的倒行逆施深恶痛绝，对老百姓的水深火热的生活深抱同情。另外，在岭南大学学习期间，因为接触了很多左翼人士和左翼杂志，他的左倾思想越来越"顽固"，他的这种思想也被中共注意到了。有一次放假回家，他原先的一位中学同学当时在蒙山中学任教，身份是中共地下党员。他找到梁羽生，劝梁羽生大学毕业后回到蒙山中学当教师，意思很明显，想和他一起从事革命活动，但梁羽生左倾是左倾，但还没达到参加党派的地步，他只是从自己的良心出发亲近共产党，所以就以自己还在读书、前途未卜为由，拒绝了那位同学的邀请。让那位同学深觉得惋惜。后来梁羽生到了香港，也曾托人打听那位同学的下落，但一直没有收到什么回音。现在新中国成立，香港和内地之间的交往反而不如以前自由，梁羽生只好不辞长作香港人了。家乡的消息，也从此断绝了。这倒是他得意之余的一件小小的遗憾。

不过年轻人正是创业的年龄，对"父母在，不远游"那类古训自然不放在心上。梁羽生欣逢在事业上发展的大好时机，前面正有无穷的未知等着自己去探索，思乡的愁绪也就很容易化解了。

此时《大公报》已为共产党领导，梁羽生觉得很适应，这也许又是他的左倾思想的缘故吧！

梁羽生这时才算真正获得经济独立。报社薪水不低，又有宿舍可住，办公条件也大为改善。报社伙食很好，梁羽生再也不需像在读中学时那样除了食堂的饭以外还要自己掏钱买零食打牙祭。

因得尽己才，梁羽生很快在众多记者中脱颖而出，成为副刊的翘楚，于 1950 年 2 月被提升为副刊编辑，之后半年，又成为社评委员会委员，而这个职位通常只由资深编辑担任，此时梁羽生进《大公报》还不到一年。

就在这期间，梁羽生在《大公报》上发表了不少社评，内容涉及五四运动、中印关系、新旧文学、香港前途等，以擅写诗词之笔，来写社评，于纵横捭阖间又一派书生意气，尽显少年才子本色。

一武惊人

香港两大武术门派的比武打擂使罗孚灵机一动，梁羽生从此踏上了武侠小说之路，《龙虎斗京华》一时洛阳纸贵。

新派武侠小说由此开张志禧了！

抗美援朝战争爆发后，香港的《大公报》《文汇报》以及《新晚报》一致反对美国的霸权政策，支持中国人民志愿军渡过鸭绿江，支援朝鲜人民的抗美斗争，一时成为左派报纸三姊妹，受到中国政府的支持，获得了稳定的政治地位。

梁羽生到《新晚报》后，听从罗孚的安排，负责副刊的一个版面，名曰"天方夜谭"，此时该副刊正连载梁羽生的一个同事唐人的长篇历史小说《金陵春梦》，梁羽生很欣赏这部小说，而唐人也很愿意把自己的小说经梁羽生之手发表，而且两人还常常为小说中的一些似史非史的东西进行激烈的辩论，但从来不伤和气。

在《新晚报》期间，梁羽生与金庸也是形影不离的好朋友。那时两人还都是单身，只不过当梁羽生考进《大公报》时，金庸已经是个老报人了，他当时也负责《新晚报》的一个版面，性质与《天方夜谭》相近，名叫《下午茶座》，两人于工作之余，常常一起高谈阔论，或下棋自娱。后来金庸调离《新晚报》，梁羽生还接手了《下午茶座》。

在编这两个副刊版面的同时，梁羽生也正式开始了自己的文字生涯，他大学学的是经济，所以也经常为《文汇报》等香港报纸写点经济方面的文章，甚至被人看作是经济方面的专家；但他最喜爱的还是文史，所以这时他以冯瑜宁的笔名写了很多小品文，并因文笔生动活泼而深受读者欢迎。

罗孚喜欢喝酒，所以带动着自己的两个部下梁羽生和金庸也基本上不拒绝酒的诱惑，三人时常一起到报社附近的各级酒馆酒意阑珊，罗孚是一喝酒就醉，一醉话必多，金庸是永远的君子模样，即使喝酒也从来不失分寸，梁羽生酒也喝得不多，他喜欢借着一点酒意与人天南地北地神聊，常常有得意忘形之嫌，这时罗孚"看不惯"他那副得意样，往往会刺激他一下，就故意大惊小怪地叫道："陈文统，你这双袜子是在哪儿买的，怎么一白一蓝？是不是最新款式？"梁羽生低头一看，本来喝酒并不红的脸却唰地一下红了，原来梁羽生自理能力一直很差，而每次出去喝酒罗孚又都是兴之所至，梁羽生如果这时正好已经回到宿舍，就会手忙脚乱地抓起袜子就穿，慌乱中也无暇细辨袜子是否原配了。

梁羽生无论如何没有想到自己竟会与武侠小说产生维系一生的血肉联系。

时势造英雄，梁羽生也不例外，只不过他这个英雄是个文人英雄，所以更堪称武林世界的奇迹。

若没有五十年代香港的那次并不激烈的武林擂台赛，也许我们今天就读不到金庸、梁羽生等新派武侠小说了，那样倒真不知道我们巨大的阅读空间要用什么来填补了。

1954 年初，香港武术界两大门派：太极派与白鹤派因新仇旧恨产生了激烈的冲突，双双先是在报纸杂志上举行文斗，唾沫横飞，捶胸顿足，为香港人增添了不少茶余饭后的谈资。后来两派觉得这样不足以解恨，就决定来武斗，双双签下生死状，约定于元月十七日下午四时比武打擂，一决雌雄，因香港禁止打擂台，地点就选在澳门。

太极派出山的是掌门人吴公仪，五十三岁；白鹤派则由掌门人陈克夫应战，三十五岁。前者经验老到，沉稳平和，后者年轻力壮，跃跃欲试。大家推测，这样两个人比赛，一定是一场好戏。

消息传出，整个香港沸腾了，无论老幼，无论男女，兴奋的焦点都集中在这件事情上了。过惯了动荡生活的老百姓真是需要某种外在的刺激来给平淡的生活增加一些活跃的因子，而这场比武打擂赛恰如久旱后的甘霖，来得正是时候。

《新晚报》也沸腾了。本来这种事不是他们的报道范围，但试看该报的几个编辑，哪一个不是谈武论侠的高手：罗孚、金庸、梁羽生都是饱读武侠书的文侠，还珠楼主、白羽常是挂在他们嘴边的人名。所以听到这次打擂的消息后，他们也和整个香港传媒一样，为此兴奋异常。

香港传媒自然不会放过这个千载难逢的机会，纷纷派出自己最得力的记者，从各个角度报道这个消息，披露其中的秘密，把气氛渲染得红红火火，一点就着。《新晚报》也组织了精干人马，并专门派出记者驻扎澳门，随时以最快的速度反馈比武的消息。

临近比武的那几天，澳门的各大小旅馆人满为患，从香港开往澳门的轮渡因载人太多，几欲翻船。

这次比赛定名为"吴公仪与陈克夫国术表演暨红伶义唱筹款大会"，地点定在澳门新花园夜总会的池泳广场，观众席位有万余。《新晚报》记者接连发回有关比赛情况的报道。比赛开始的当天，远在香港的《新晚报》发表了一篇特稿《两拳师濠江显身手》，内容如下：

> 港澳万人瞩目的两派拳师比武，今天下午四时就要在澳门擂台正式上演了。当读者们读到这篇东西的时候，也许正是澳门擂台上打得难分难解的时候呢！这次太极派拳师吴公仪和白鹤派拳师陈克夫。自"隔江骂战"演至"正式登台"。街头巷尾，议论纷纷。有的"买"陈可夫必胜，理由是陈克夫少年力壮而吴公仪则已英雄垂暮；有的则"买"吴公仪必胜，理由是太极拳讲的是"借力打力"，"四两拨千斤"，并非是以力服人的。吴公仪有几十年的功夫，已经炉火纯青，又哪怕你少年力壮？两派议论，各有理由。好在谁是谁非，自会有事实答复。

紧接着这则诱人的报道之后，记者又报道了打擂双方的准备情况，以飨翘首以待的香港读者：

> 大会的节目大致已派定。除了红伶歌唱外，最为人注意的"戏肉"就是吴陈比武。预料比武将于四时左右开始。这时市面上到处都有人谈论这件事，意见很多。买注的见仁见智，大家都好像很有把握。但到底胜负谁属，现在还是难说。有些人说：吴公仪功夫老练，身手自是不凡；可是陈克夫年

轻力壮，实力也不弱。这个说法，可以说代表了多数人的意见。昨天吴公仪在"药山禅院"休息；陈克夫据说连日清早都到松山跑步练气功，准备比武时"戎装"出场。总之，双方都在准备，而吴公仪方面表现得颇有好整以暇的样子。

令所有兴高采烈地等着看一场精彩的擂台赛的观众和读者始料不及也大为遗憾的是，这场预想中的精彩比赛却是以毫不精彩的结局画上句号。红伶歌罢，在众目睽睽之下，两位拳师登台亮相，经过必要的开场白，两人终于动起手来，一时你来我往，倒也热闹，但只不过几分钟，吴公仪飞起一拳，打在陈克夫的面门，后者血流满面，遂即告输。整个比赛过程既不轰轰烈烈，也不惊心动魄。

但正是因为有现实的缺憾，所以才会有美丽的幻想。新派武侠小说，恰就是从这个缺憾中绽放出一派灿烂云霞的。

可以当之无愧地接受新派武侠小说开拓奖章的是罗孚！他的灵机一动改变了几代人的阅读习惯。

比武结束的当天，《新晚报》特出了一期号外，报道整个比赛的情况，号外一上市就被抢购一空。看到读者对比武之事如此热心，而现实中的比武又是如此不精彩，罗孚的新闻大脑一阵紧张运作，终于使他冒出一个大胆的念头：既然读者如此喜欢比武赛事，为什么我们不能利用报纸的力量，为他们送去精彩的武林豪杰龙争虎斗的激烈故事呢？这样报纸一定会有很好的销量。万变不离其宗，办报人思绪无论扯多远，还都是为了老本行。

《大公报》所属报纸以前从来没有登载武侠小说的习惯，主要是因为大家都把武侠小说看作末技小道，不足为也。但现在是市场竞争的时代，没有读者也就没有报纸，况且若以一种新的写法来写武侠小说，俗极而雅，也未可知。

想象来源于现实。罗孚的灵机一动实际是有坚实的现实基础的，他知道自己身边有一帮平时口若悬河、"舞文弄武"的干将：金庸、梁羽生都位列其中，听他们平时谈得那么精彩，若写出来一定也不会差到哪里。

他首先去找梁羽生。梁羽生平日诗词歌赋样样拿得起、放得下，对武侠小说的熟稔程度也是让人瞠目结舌的，没想到他把自己这个意思一说，梁羽生竟连连摇头，说不敢当，不敢当。在梁羽生看来，谈武和写武毕竟不是一个概念，在他内心里，他虽然喜欢武侠小说，但他认为自己的兴趣在做学问方面，而武侠小说显然不是学问，这时的他，实在是不愿屈尊而为之。

武侠小说的历史地位也的确容易使人产生这种想法，就拿他欣赏的前辈武侠小说家白羽来说，虽然一生因武侠小说为名，但他始终耻于承认自己的文名；而还珠楼主说自己写武侠小说只是为了"稻粱谋"；郑证因则说自己写的不叫"玩意儿"。有了这些前车之鉴，梁羽生自然害怕重蹈覆辙。何况自己以前从来没写过这类小说，甚至连小说都没写过。

罗孚看出了梁羽生犹豫的原因，就极力鼓动他说："武侠小说虽然历来不被列入文学殿堂之内，但谁能否定它的价值和在读者心中的地位？文学是让人读的，只要受读者欢迎，就是好小说。你以前没写过小说，这又有什么关系？什么事都有个第一次，以你的才情，绝对会写出受欢迎的武侠小说的。"

梁羽生有点心动，就对罗孚说："你给我两天时间想想。"

罗孚不干了。搞新闻的谁都知道报纸的成功与否，关键就看你发消息的速度和效应，等因这场武术比赛引发的武林热退烧，黄花菜早就凉了，所以他穷追猛打，不容梁羽生有犹豫的时候，让他想出一个题目出来，他马上去报纸上登广告。

无奈之下，梁羽生略一思索，说："那就叫'龙虎斗京华'吧。"

罗孚一听，大喜过望，马上去安排登小说预告的事去了。

1954年元月十九日，也即擂台比武的第三天，《新晚报》以头版头条的位置刊登了一则广告："本报增刊武侠小说"：

> 自吴、陈拳赛以来，港澳人士莫不议论纷纷，街头巷尾，一片拳经。本报为增加读者兴趣，明天起将连载梁羽生的武侠小说《龙虎斗京华》。书中写太极与各派武师争雄的故事，兼有武林名师寻仇、江湖儿女相恋等情节，最后则在京华大打出手。故事紧张异常，敬希读者留意！

广告一出，梁羽生就断了退路，只好"赶鸭子上架"了。他只有一天的构思时间，所以还不可能对要写的小说有个完整的计划，他只能依托现实，并因袭旧武侠小说的写法，来了个开场白式楔子，并拟了一个颇为吸引人的回目：

> 夜雨空山，深宵来怪客；白云苍狗，古刹话前缘。

紧接着，他充分发挥自己填词的特长，作了一首"调寄《踏莎行》"：

> 弱水萍飘，莲台叶雾，卅年心事凭谁诉？剑光刀影烛摇红，禅心未许沾泥絮！绛草凝珠，昙花隔雾，江湖儿女缘多误。前尘回首不胜情，龙争虎斗京华暮。

随后，他紧紧联系刚刚结束的擂台比赛，写下了自己平生第一篇武侠小说文字：

> 这几天，街头巷尾都听见谈论吴陈拳赛，昨天又在新晚报上读到白鹤派宗师吴肇钟老先生的"踏莎行"词，词意幽怨，寄托遥深，想见在血溅擂台前夕，这位老先生的心境。笔者虽非武林中人，少年时也曾浪迹江湖，耳闻目睹过一些武林争雄之事，至今垂垂暮矣，回想起来，尚不胜感慨之至。恰好编者要我将耳闻目睹之事，写成一部武侠小说，遂也东施效颦，先填一首踏莎行词，以作引子。
>
> 列位看官，这首踏莎行，不是没有来由的，其中包含有武林中风华绝代的一位奇女子的辛酸故事，包含有武林中龙争虎斗的一幕，而这位奇女子也正是"龙虎斗京华"中的主角之一。笔者曾在一个偶然的场合中，和这位女主角作过长夜之谈，说来宁非奇遇？

这段文字发表在 1954 年 1 月 21 日的《新晚报》，署名梁羽生。

"新派武侠小说"雏形初具。而小说前的一首词，更构成了梁羽生名士派武侠小说的基本标志。

这部小说恰是武侠小说由旧出新的过渡阶段的标志，从楔子、回目、笔法，无一不旧，甚至部分故事情节直接套用白羽的《十二金钱镖》。但若将这部小说看作一个整体，却又给人耳目一新之感，原因就在于梁羽生在继承前人的基础上又根据自身的特点和时代的要求，大胆进行了创新，所以才使他的小说成为"新"武侠小说。梁羽生毫不讳言自己的小说深受白羽影响，他说："白羽的小说写民初各阶层人物，因为作者本人入世极深，写来细腻，最合懂得人情世故的人看，可是我受生活经历的限制，气质又完全不同；要走'正统'道路吗？肯定不成功，于是只好自己摸索，走一条浪漫主义的路了。"

　　梁羽生本来是盛情难却，才勉为其难，写了这样一部中篇小说，没想到小说开始连载后竟是一纸风行，洛阳纸贵，读者的呼声越来越高，梁羽生本人也是欲罢不能，只好一篇篇地写下去，各种各样奇怪的人物和情节也从他笔下汩汩流出，其中最精彩的是描写太极派高手柳剑吟、娄无畏、左含英、柳梦蝶等参加义和团，与清廷抗争，与投靠清廷的江湖败类鏖战的场面和感人情节。其中还穿插描写了柳剑吟、娄无畏以及左含英三人之间错综复杂的爱情故事，令人看过一段，就要急着看下一段。梁羽生的武侠小说迅速取代了吴公仪、陈克夫的比赛带来的热潮，如果说以前的香港人一见面就问："打擂什么时候开始？你猜结局会怎样？"的话，那么现在一见面则问："读过今天《新晚报》上的《龙虎斗京华》没有？"然后就会为书中正在进行的情节进行探讨或争论。

　　新派武侠小说就这样开张志禧了。

　　但梁羽生似乎对自己的这第一部武侠小说并不满意，因为在他看来，这充其量不过是一部急就章，是不成熟的。刚开始写时，他明显受到当时中国大陆流行的创作方法的影响，所以走的是白羽那种写实主义的路子，但写下去就渐渐觉得这条路子实在不适合自己来走。写实需要有丰富的生活经验，白羽做过苦力、小贩、校对、编辑，什么样的人生经验都有，所以写起人情世态自然得心应手，游刃有余，但梁羽生却是出自大户人家，一出校门，就入报社，根本谈不上什么丰富的生活体验，若这样写一两部还勉强可以藏拙，但若一直写下去，就难以为继了。但作品受到读者欢迎，自己也是欲罢不能，如何发挥自己的优势继续写下去，显然也是此时的梁羽生所焦虑的问题，最后他决定从白羽的路子转而走还珠楼主的路子，也即由写实的路子走到浪漫的路子，而这恰是具有名士风度的梁羽生的强项。不过，就如他后来所说的，还珠楼主那种天马行空、奇葩绝伦的想象力也是他学不来的，但他的优势在于阅读过大量的西方小说，尤其是感情小说，所以他说："我的小说中如果有些'浪漫色彩'，主要倒不是来自还珠，而是来自西方的古典文学名著。"

梁羽生显然从一开始就努力想打破传统小说的写作模式而推陈出新，就拿他小说中的历史来说，他虽然继承了历史真实的写作方法，但更注重把自己对历史的感悟融入对历史事件和历史人物的刻画与描写方面，同时也注意把自己在诗词方面的特长发挥出来。就如他在谈到《龙虎斗京华》与历史的关系时所说的：

> 《龙虎斗京华》以义和团事件为背景，触及的是"真实的历史"，我是试图以"新"的观点来解释历史的。这部小说引起的议论很多，不过引起议论，也就说明了还有人注意。现在看来，这部小说是有失偏颇的，虽然我也谈到了义和团的缺点，但是受到当时大陆"史论"的影响，毕竟是正面的评价多，后来我多读了一些义和团的史料，就感到它的不足之处了。另一方面，是有关诗词的运用，似乎也还受到读者的喜爱。我想不管怎样，既然这两者，历史和诗词，是我的"偏嗜"，是走得对的，历史方面就有评论家认为："梁羽生作品特具有浪漫风格，形成与正统历史发展相平行的草野侠义系谱，从这个草野侠义系谱回看权力纠结的正统王朝，甚至构成了对中国历史的一种诠释和反讽。"诗词方面，也有人指出："梁羽生虽然以新派武侠小说而知名，其实在中国传统文学，尤其在诗词创作上的素养，却更值得注意。"

梁羽生的小说以历史见长，但他笔下的历史是在大量查阅史料的基础上主观创造的结果，也就是如他所说的"半真半假"的方法："主要人物和历史事件是必须真实的，次要人物和情节就可能是虚构的了。"不但《龙虎斗京华》如此，他后来写的武侠小说也是这样，如《萍踪侠影录》较多根据正史，《白发魔女传》则采用稗官野史较多。其中《萍踪侠影录》曾被改编成京剧，1984年11月在北京演出。这是中国大陆自1949年以来第一个改编自武侠小说的京剧。小说以明代

"土木堡之变"作背景，写了一个真实的历史人物于谦。于谦在明英宗朱祁镇被入侵的外敌俘虏之后，明知会有不测之祸，但毅然不顾，另立新君，他非但挽救了国家的危亡，而且在击败外敌之后，又力争迎接旧帝回京。后来朱祁镇回朝，发动政变，夺回了宝座，于谦就被他杀死了。这是历史上著名的忠臣悲剧，堪与岳飞的"风波亭"冤案相比，梁羽生是带着感情写这段故事的，当写到于谦被冤杀时，他不禁泪流满面。

有时候，梁羽生笔下的历史又写得过于真实，以至使人怀疑他是否别有所指，这在梁羽生的写作生涯中，也算得上一个有趣的插曲。他讲了这么一个例子：

> 但写真实的历史人物，以真实的历史事件作背景的小说，有时也会给作者招来莫名其妙的烦恼。我的《女帝奇英传》写了另一个真实的历史人物：中国唯一的女皇帝武则天。我之所以写她，是因为她的一生，极富传奇色彩；我写她建立特务制度的过错、罪恶，但也不抹杀她善于用人等的政治才能。观点和历史背景的分析主要根据陈寅恪的两部著作——《隋唐政制渊源略论》和《唐代政治史论稿》……

梁羽生本想写完《龙虎斗京华》，对罗孚有个交代就行，没想到读者不愿意，罗孚更不愿意，更重要的是，在写完第一部武侠小说之后，梁羽生竟有一种意犹未尽之感，自己也已是欲罢不能，欲止还说，结果，《龙虎斗京华》结束不到一周，第二部《草莽龙蛇传》就在《新晚报》的"天方夜谭"专栏开始连载，而且一连载就是近一年。

就这样，梁羽生写武侠小说写了三十多年，共创作三十五部武侠小说。他的功绩，还在于引发了一股新派武侠小说的潮流。

当然，在写作过程中，梁羽生很多时候也感到很窘迫，特别是在写到武功和武打场面时，他常常有捉襟见肘之感。写武侠小说当然是懂得越多越好，知识面越广越好，但人生也有涯，知也无涯，一般人懂得的东西总是有限的，所以遇到这样的时候，他往往采取两种办法补拙，一是大量翻阅武术书籍，再就是参考前辈人写的武侠小说，但更重要的是，充分发挥自己的想象力，进行基本合乎情理的创造。

梁羽生的武侠小说以"侠"为主，但也不可能不涉及武功，而梁羽生的实际功夫，是只学过三个月的太极拳，对古代兵器的知识几乎等于零，所以有时难免闹出点笑话。如在写《龙虎斗京华》时，有一处写到判官笔，结果闹了个笑话。判官笔是怎样的，他根本没见过，怎么办？只好从前辈名家的作品中"偷师"，找写到判官笔的，找是找到了，但总不能照搬吧，于是他就在自己认为无关宏旨的地方改了改，并力求和自己的风格一致，而且描写文字也就不自觉地夸张了一点。哪知这段小说一在报纸上登出来，立刻就有行家指出：照你这样说来使判官笔，不但根本刺不着对方的穴道，反而会弄伤自己。后来他才知道，那位前辈名家也是不懂技击的，他的"十八般武艺"，其实也只是纸上谈兵而已。

碰了这个钉子之后，梁羽生再写到技击时就谨慎多了，总是态度认真地查阅各种有关古代兵器的书籍，结果一查下来，惊得冷汗直流：那么多古代兵器名目就够记了，何况每一种兵器又各有自己的特殊用法，反而使他更加有瞎子摸象之感。但拿兵器中最常见的剑来说：

> 剑的使用方法也因其形式（单剑、双剑、长剑、短剑等）的不同而有分别。例如双剑（俗称鸳鸯剑）因合体入鞘的关系，其刃之一面，平而无脊；柄之一面，亦平而不凸；他面则刃柄皆有脊外凸，故合之可以成为一体，入鞘后形同单剑，但用时却不如单剑便利。其优点固然可以扩大攻击面，其缺点则因分神多劳，用力不专，若非其技特精，则反予敌人可乘之隙了。

正因此，梁羽生深有感触地说：

> 举一可以例百，对中国古代兵器的研究，已经成为一种专门学问了，近代学者周纬著的《中国兵器史稿》就用了整整三十年工夫，和我写武侠小说的时间一样长久。试想如果要按照各种古代兵器的不同特点"如实"描写，一招一式都有根有据的话，会得到什么结果？只怕未得专家的称赞，先给读

者讨厌了。我这样说并非不必讲究专门知识，只是要用在适当的地方。小说的创作和学术研究毕竟有点不同，毋须那么"言必有据"的。否则就变成教科书了。当然，这也是我个人的看法。

实际上，在梁羽生之前的武侠小说家中，的确有精通武技，并且深谙帮会规矩的，如被称为"帮会技击派"的郑证因，他小说中的武技描写，大多出自《武术汇宗》一书，每招每式，必有出处；甚至在写到江湖规矩、门槛、切口以至帮会内部组织、戒律，也都有所本。但与被称为"奇幻仙侠派"的还珠楼主的富于幻想的小说相比，虽然郑证因小说中的武功描写更合乎武技规律，但显然并没有还珠楼主等的小说中幻想出的武打场面精彩。梁羽生刚开始创作武侠小说时和大多数武侠小说作家一样，一开始也想走郑证因那条创作路子，但因自身武功修养不够，最后是迫不得已才以幻想代替真实的武功，不曾想竟收到意想不到的功效。对此梁羽生深有体会：

由于我完全不懂技击，所谓着重写意的"自创新招"只能从古人的诗词中去找灵感，例如"大漠孤烟直，长河落日圆"，我就把它当作"剑法"中的招数，前一句形容单手剑向上方直刺的剑势，后一句形容剑圈运转时的剑势。又如在杜甫的《观公孙大娘弟子舞剑器行》中这么几句："霍如羿射九日落，矫如群帝骖龙翔，来如雷霆收震怒，罢如江海凝清光。"虽然"剑器"非剑，但我也从其中找到灵感，引用为描写"剑意"的形容词。不辞通人之诮了。

兵器方面，我也完全虚构，根本是世上所无的。例如玄铁剑，重量比同体积的普通铁铸的剑重十倍，其灵感得自物理学上"比重"的观念，"重水"因氢氧分子构成的比例不同，比普通的水重得多，虽然直至现在为止，科学家所发现的只有"重水"而无"重铁"，但也未尝不可把"玄铁"设想为一种似铁非铁，而比重要比普通的铁高得多的金属。

武侠小说中的武功有正常和特异之分。特异是比较接近神怪的。不过有些特异功能，亦可以有合理的解释。此处不拟详论。

在我的武侠小说中,"冰魄寒光剑"和"冰魄神弹"是最为特异的,其灵感则一半是来自还珠楼主的小说,还珠楼主笔下,"有亘古不化"的寒冰,甚至可以令大海变成坚厚的冰层,比起他来,我只把冰魄寒光剑设想为可以用寒气伤人的剑,其幻想能力是差得多了。另一半灵感则来自中国探险队攀登珠穆朗玛峰的《登山日记》,日记中有冰塔群、冰蘑菇等描写。那些可以作为建筑材料的坚冰,也是异乎寻常的。

香港一家报纸见《新晚报》凭梁羽生的武侠小说销量大增,大为眼红,就辗转找到梁羽生,无论如何要梁羽生也为他们写一部。早在《草莽龙蛇传》连载期间,梁羽生就放出消息说从此封笔,但这家报纸的编辑态度特别诚恳,几近哀求,梁羽生却不过情面,就答应了,随后就有了《塞外奇侠传》。

罗孚很着急,眼看武侠小说风行一时,而看梁羽生的意思随时有封笔的可能,军心不稳,他决定再选一个备选者,他问梁羽生谁堪负此重任,梁羽生就向他推荐了自己的同事金庸。罗孚眼睛一亮,马上去找金庸,金庸平时就喜欢与梁羽生谈武论侠,看梁羽生一炮而红,也早有手痒难耐的感觉,罗孚找上门来,正中其下怀,所以很爽快地答应了,于是有了《书剑恩仇录》。

《塞外奇侠传》连载完毕,梁羽生随即为《大公报》开辟了武侠小说栏目,并从1956年2月开始,在该专栏内连载了与前几部相比更加成熟的《七剑下天山》。此后就如开弓射出的无法回头的箭,一路写下去了。

这个新派武侠小说的开山鼻祖此时真成了恨无分身之术的大忙人,有时要同时写几部稿子,最多的时候一天要写一万多字。对有些作者来说,这可能相对容易得多,对梁羽生来说却苦不堪言,因为他做事一向认真,即使写他并不认为是自己的本行和专长的武侠小说也是这样。动笔前他都要先列好提纲,找齐材料,酝酿成熟,然后才开笔。就如他自己所说:

我花费在收集与参考资料上的时间,比正式动笔的时间还来得多。但有时为了赶上截稿的时间,匆匆草就,无暇重读,难免会有错误挂漏之处。日后发表完毕而出版成书前,我会一篇篇仔细地加以检阅,凡是用字不当,情节不符，或是人物性格前后矛盾的地方，我都一一加以修正。但也正因此，他的武侠小说显得严谨有余，而活泼不足；虽灵气四溢，而难给人回肠荡气之感。

至于自己的武侠小说为什么被称作新派，他在接受记者采访时曾这样回答：

现在的武侠小说写法跟以前有很大的不同，不少是采用一些西方的手法。例如人物性格以前多数由作者口述，好像评话。现在却由故事本身的发展来发展。常常有某些场景，某些特写。

新派，新在文艺手法，新在塑造人物的方式，新在对人物心理的刻画，新在对环境的描绘，新在极力渲染气氛，而抛弃了传统武侠小说只重情节的叙述；从语言来看，已能够熟练采取生动活泼的现代白话文，而放弃了陈腐毫无生命力的旧式语言。与传统武侠小说更重要的区别，或许是新派武侠小说从西方小说中吸取了大量有益的营养，并从中借鉴了很多成熟的表现技巧，这使本来似乎已山穷水尽的武侠小说进入了一个崭新的境界，使其焕然一新，气象万千，成为雅俗共赏的新小说。

名士雅集

自金庸也"插手"武侠小说以后，陈凡也偶试身手，《大公报》内现在堪称"武"烟"剑"气。但他们似还不过瘾，于是三人合计：在《大公报》上合开了一随笔专栏：三剑楼随笔。

《大公报》内现在堪称"武"烟"剑"气，众英雄纷纷登台一展身手，除梁羽生、金庸外，还有一个陈凡。陈凡虽然只写了一部武侠小说，但也算入了武林。人们戏称他们三人为"三剑客"。

有此雅称，三人倒也乐于接受。不过陈凡的强项在随笔、散文，他看自己的两个下属写武侠小说写得不亦乐乎，自己有过一次实践，知道自己实非适合写武侠小说，但看着眼热，难免技痒，他想：若能找到一个巧妙的方式，既与武侠小说联系起来，又可以发挥自己的特长，那将会是多么奇妙有趣！而且三人虽被称为"三剑客"，实际上既无组织，也无章程，简直可以说是"散兵游勇"，若能找到某种方式，将三人以集体的形象出现，倒不失为一个招徕读者的高招。现在梁羽生、金庸都已成为文坛、报界炙手可热的名人，自己也不比他们差，若能集体亮相，相信效果一定不比武侠小说逊色。为此他动了好长时间的脑筋，终于有一天，他一拍脑门：大路就在自己脚下。梁羽生、金庸虽然现在靠写武侠小说出名，但两人也都是才子型的名士，大家若一起开个随笔专栏，不就三全其美，各尽其能了吗？他马上去找梁羽生、金庸，后两者一听，如此妙策，何不参与？于是都毫不犹豫地答应了。这才有了新派武侠小说史上的一段佳话。

1956年10月，"三剑楼随笔"专栏在《大公报》副刊正式登场。三人约定，三人合写，每人每日一篇，以展现"三剑客"交相辉映的光芒。

陈凡先作楼主，开篇文章为"'正传'之前的'闲话'"，交代了他们三人开这个随笔专栏的缘起：

> 一个编副刊的朋友，决定要在报上刊载一些散文随笔之类的稿件，当初想在朋友中推行征兵办法，凡是达到一定"笔龄"的，都派他相当的"役"务。后来因为许多人都太忙，便改采"拉夫"的办法，结果梁羽生、金庸和我三个人就做了"壮丁"。

> ……我们三人除"正当职业"之外，都在写武侠小说，如果容许梁羽生的说法，那就是写"新派"武侠小说。当初，编者叫我们每人来一个专栏，轮流刊登，但金庸说，不如三剑侠一齐出马，更可以互相壮胆。大家不待商议，立表同意。后来对镜自热，竟发现除各自手中一支笔之外，"侠"气实在并不顶多，乃在定这个专栏名字的时候，还我"楼"来，送将"侠"去。至于那个"剑"字，则只作为对自己的一种鼓励，因为报纸为正义事业而前趋，我们也希望自己的一支拙笔，能够略效微劳罢了。

这些随笔的确灿烂夺目，在各自焕发出自己独具的异彩的同时，又相互辉映出一束七彩的彩虹。他们所谈，既有共同的话题，但更多是各自性格和艺术的强项，但相对来说，金庸、陈凡所谈范围较广，小说、戏曲、电影、诗词、宗教、摄影，几乎无一生活话题不入他们率性随意之笔，梁羽生所谈话题主要集中在自己的小说、历史和围棋，其中最多的是棋！有围棋，也有象棋。

梁羽生承认自己与棋有"缘"。他说："我学围棋，第一个师父是外祖父，九岁大就开始了。"此后就一直乐于此道。在《大公报》《新晚报》期间，他和金庸下班后经常躲进小楼下一棋，下得昏天黑地，天摇地动，日月无光；平时在一起要么谈武侠小说，要么就谈棋，没时间过手瘾，过过嘴瘾也才算过得充实。

梁羽生的棋艺虽为业余，但业精于勤，竟然也让他取得了好几次骄人的战绩。约在1954年，当时的香港象棋冠军曹悦强、亚军何醒武在一家茶楼摆擂台，连败香港各路好手，梁羽生技痒难耐，化名陈鲁，上台挑战。何醒武先从容接招，双双你来我往，战成平手；曹悦强接战，大不以为然：在棋坛混了那么多年，从来没听说过什么陈鲁！所以一开始就漫不经心，这时只见梁羽生将自己的炮送到曹悦强的马嘴，曹悦强嘴角不由露出一丝轻蔑，但没想到笑意还没消失，自己的士、相转眼间全被梁羽生吃光。曹悦强大惊失色，急忙集中精力小心迎战，梁羽生毕竟大战经验不足，最后仍以失败告终。但曹悦强也惊出一身冷汗，没想到自己差一点败走麦城，而且是败在一个无名"陈鲁"之手，传将出去，名誉堪虞。当天报纸在报道这局比赛时说曹悦强"险象环生"。

为下棋，梁羽生竟在蜜月之夜冷落新婚娇妻，甚至还为之挨饿，成为朋友们熟知的象棋美谈、生活笑谈。1957年，新婚燕尔的梁羽生携妻子到北京度蜜月，北京乃象棋繁盛之乡，在来北京前梁羽生就已计划妥当，准备到北京后找机会过过棋瘾。风尘仆仆到了北京，找地方住下后，新郎官棋瘾突发，顿时左右为难：一边是新婚的娇妻尤物陪伴，一边是好像活动起来的棋盘的诱惑，最后竟是象棋的诱惑大于一切，他棋痒难耐，就匆匆跑到北京棋社过棋瘾去了。他一心想找当时北京的两位高手张雄飞、侯五山请教几招，不巧那天这两人都不在。一位大概当值的指导就和梁羽生下起来，结果梁羽生赢一盘、和一盘，那位指导很觉诧异，就问他姓甚名谁，家住何处。梁羽生回答说："我是从广东来的。"指导问他认识不认识杨官璘，梁羽生答曰："下过棋。"

"怎么下？"

"让二先！"（杨是全国冠军，当然不须说明谁让谁了。）

听梁羽生如此说，指导认为眼前这个人有来头，就又介绍了一位北京某区的冠军与他下。这次是棋逢对手，将遇良才，梁羽生不由得全神贯注应付，几番激战下来，不觉已到午夜时分。此时梁羽生肚子突然咕咕叫起来，他这才意识到自己只顾下棋，却尚未来得及吃晚饭，想出去吃夜宵。对手告诉他，北京不如香港，没有什么夜生活，晚上一过九点，大小饭店大都关门了，纵使街头巷尾有小吃，但梁羽生初来乍到，又怎能摸清这些复杂的地形？无奈之下，他只能为棋牺牲晚饭，饿了一晚，为蜜月旅行增添了无比浪漫的一笔。

只是难为了那位新娘子，含情脉脉陪新郎官，一腔柔情要在北京的古老气氛中对他诉说，没想到他却把一腔热情尽洒到北京的象棋上了，要说新娘不生气，只有神仙能做到。好在新娘温柔贤惠，等梁羽生赔着笑脸，将原委说明，也就一笑释然了。

梁羽生的战绩还不止这些，他是嗜棋如命，见棋起意，不但喜欢在民间棋坛纵横驰骋，而且也在正规战场一展雄姿。1977 年 3 月 5 日，香港围棋社和日本棋院香港支部联合举办春季港日围棋对抗赛，梁羽生作为香港队代表，与日本初段棋手松元福雄决战，结果大获全胜。

有这样丰富的理论知识和实践经验，梁羽生在《三剑楼随笔》中谈起围棋、象棋自然也就栩栩如生，使人有身临其境之感。

棋场如武场

梁羽生棋下得好，棋话写得一样好，只不过从他的棋话，人们很容易感受到一种刀光剑影的气息，写下棋时，梁羽生显然进入了武侠小说中的打斗情境。

梁羽生的棋话，往往因其现实性和针对性而引起当时人的兴趣，而且因其是用写武侠小说的笔法写同样激烈生动的棋坛对弈，所以端的是同样刀光剑影，人喊马嘶。

这里的"杨"是指五十年代广州著名棋手杨官璘，"朱"是指朱剑秋，也是广州当时的一流棋手。梁羽生棋坛朋友很多，所以虽无法亲临其境，但对全国各地的棋坛情况了如指掌。一天，他的一个棋坛朋友曾益谦从广州回到香港，告诉他现在广州棋坛正热闹非凡，杨官璘、陈松顺和朱剑秋、沈志弈正打得难解难分。梁羽生此时正在写纳兰容若，但听到这事，不由得也想趁热闹谈谈杨官璘和朱剑秋正在下的一场棋。他对参赛棋手的生平棋史如数家珍，娓娓道来，如在谈到朱剑秋时，他说道："朱剑秋也是一流好手，论'棋龄'还远在杨官璘之上，二十多年前，他和已故的七省棋王周德裕、华东老蒋窦国柱已并称"扬州三剑客"，周死窦老，只余朱家一剑，纵横棋坛。不久之后，这一'剑'在上海开山立柜（曾摆擂台两月，尽败沪江名手），于是又和'新七省棋王'董文渊及'华东棋霸'何顺安，并称'华东三虎'。何顺安去年与屠景明联袂而下，输给杨陈；董文渊在武汉举行的大比赛中，胜了李义庭，败于杨官璘。朱剑秋虽和杨官璘对局很多，但像这样的大场比赛，却未有过，因此这次他特别联同浙江第一高手，'中炮大王'林弈仙的首徒沈志弈，应广州文化公园的邀请，南来比赛。"

这场比赛在当时轰动一时，引起全国的关注，梁羽生这样的渲染，一点也不过分，但却使人不由得产生一种惊心动魄的感觉，一种风雨欲来风满楼的紧张。就像他在武侠小说中写到两个势均力敌的武林高手处于你死我活的对阵之前的那种气氛。这场比赛是 1956 年 9 月 20 日开始的，到梁羽生写这篇随笔时，比赛双方正处于酣战之中。本来大家都看好广州队，甚至认为双方的比分会相差很多，但结果却大出人们的预料，全部赛程是二十四局，目前已经进行了八局，但双方的比分相差之微，实在让人吃惊：杨、陈合得九分，朱、陈合得七分，棋赛记分方法是胜一局得两分，和一局得一分，所以双方差距实际上只有一局。双方的争斗可以说正处于白热化阶段。梁羽生以生花妙笔，把他们之间的争夺战描写得使人如临其境，并以行家里手的身份，分析了这局棋的奇妙之处，动情处大有恨不得亲自上战场的激动和焦灼，这时他就不像在评棋，而更像是在鏖战了：

说起这局棋的"招数"，大有来头。这局的攻方用"中炮左巡河炮局"。开头十着如下：炮二平五，马八进七，马二进三，车一平二，车九平八，兵七进一，卒七进一，炮八进二，炮二进二。黎子健在港穗大赛中的第一局首战杨官璘，持黑子防御，所走的就是这个局面。后来经过研究，知道第十着"炮二进二"这招，防御力量较弱，正着守方应走炮八进二。朱剑秋是一流名手，用出当时杨官林的攻局，他一定是熟读兵书，断无不知之理。为什么杨官璘却不走"炮八进二"的稳健着法呢？据我猜想，其中大有道理。

　　梁羽生也是棋情中人，对棋的嗜好甚至超过对武侠小说的爱好。就如嗜酒者见好酒就要品，嗜文者见美文就要津津乐道，饕餮之徒闻香垂涎一样，他也是一闻、一见奇招、怪招就难免忘乎所以，废寝忘食，他中断写纳兰容若而写这次棋坛大战，都属于本性使然，有时连自己都不明白自己为什么这样做。

　　这场比赛实际上是广州、温州、上海各路象棋名手的友谊赛，一直到10月4日才结束，结果是广州队获胜。其中只有杨官璘在十二场比赛中从未输过一局。

　　梁羽生与杨官璘是朋友，他曾戏称杨官璘在棋坛上的辉煌战绩，就如同曾以一杆花枪打遍天下无敌手的杨露禅一样，都可称为"杨无敌"！但梁羽生引以为傲的是，自己曾经和这位杨无敌交过手，而且有过不错的成绩！

　　1956年春，在香港举行港台棋赛，开赛第二天，梁羽生去广州看蝶展，当晚就到岭南文物宫去找杨官璘玩棋。开首两局杨官璘让一先，梁羽生全输。接着两局杨官璘让两先，战况比较激烈，第三局梁羽生输了，第四局战至中场，论形势本是梁羽生占优势，杨官璘这时说："这一局应是和棋。"梁羽生因为前三局全输了，很想扳回一局，所以一定坚持下完，当时另一个棋手王兰友也在旁边观战，他也极力鼓励梁羽生继续下下去，而且两人合作，共同对付杨官璘，不过姜毕竟还是老的辣，杨官璘不急不慢，慢慢将自己危险的局势化解了，进而逐渐占据了优势，残局比梁羽生多一兵，结果梁羽生又输了。

娓娓而谈西方文学

梁羽生的小说文人气很浓，从中不难看出西方文学的影响，而从他的随笔，人们发现他不但爱读西方文学，而且已达到相当高的境界了。

梁羽生的武侠小说深受西方文学的影响，其中弗洛伊德心理学的影响尤其深远。他认为弗洛伊德的学说虽然有不少"唯心"的观点，但他到底是第一个建立完整的体系来解释精神活动的人，给人类打开了另一个世界的窗户，其中他最感兴趣的是弗洛伊德关于"梦的化装"的理论。何谓"梦的化装"？梁羽生的理解是：

> 被压抑了的欲念虽然不敢在意识中表现出来，但却常常在梦中现出。可是由于道德习俗等，所加于精神上的"制裁作用"，即在梦中这些欲念也不可能赤裸裸地按它本来的面目表现。弗洛伊德把制压精神活动的道德观念比喻为"心灵的看门人"，梦也要经过看门人的检查。没有问题才能通过。因此表现潜意识的梦，都要经过"化装"，好通过"检查"，这也就是梦的现象常常稀奇古怪，难于解释的理由，因为它们都经过"化装"，把本来的面目隐藏了。弗洛伊德这个学说，大多数的欧洲心理学家都采用。

梁羽生在自己的武侠小说里也同样采用了"梦的化装"，如在《七剑下天山》中他就写了一段"梦的分析"。桂仲明失去记忆后，冒浣莲非常着急。一天，桂仲明做了一个怪梦，冒浣莲就是根据弗洛伊德的"群梦"理论给他圆梦的，结果竟使桂仲明恢复了记忆。

在武侠小说中应用精神分析学说，可以说是一个大胆的尝试。作为新派武侠小说的开山鼻祖，梁羽生做出这个开拓性的尝试，无疑为武侠小说开拓了一个新的天地，也是他的小说的"新"之所以为"新"的一个主要原因。对梦的关注，无疑使梁羽生的小说具有了某种意味深长的味道，而且更接近现代小说的意境和审美趣味。而这些显然是以前没有机会接触到西方文学的武侠小说家望洋兴叹的。

梁羽生的武侠小说深受西方文学的影响，这已是人所共知的事实。但读过他的西方文学评论的读者，相信不会比读他的武侠小说的人多。实际上，早在他开始读文学作品时，他就已广泛接触到各类西方文学作品，并读有所得。在《三剑楼随笔》中，他花了不少精力向读者介绍了自己的这些心得，从中不难看出他的阅读兴趣，并对理解他的武侠小说与他所受的西方文学的影响之间的关系具有重要启迪意义。

虽然梁羽生现在事务缠身，但阅读小说的习惯始终没有改变。他这时期读得最多的是苏联的小说，这和他的思想倾向不无关系。他因为喜欢《牛虻》而喜欢一部受到《牛虻》影响的小说《钢铁是怎样炼成的》，并且认为保尔·柯察金是比牛虻更成熟的革命家。另一部他比较喜欢的苏联小说是《远离莫斯科的地方》。这部小说场面伟大，气魄惊人，充满了紧张的场面，以及人与人之间真挚的友情。梁羽生认为苏联的小说对于心理描写的细致，可以说达到了文学艺术的顶峰，人类的心灵活动，在小说中可以使人非常亲切地感觉到。

梁羽生还对中西方的爱情故事表示出浓厚的兴趣。在中国神话中，掌管婚姻的是月老，他的法宝是一条红绳，若他认为一男一女是佳偶，就在他们脚跟上拴一根红绳，便成就一段姻缘。梁羽生从这个传说故事联想到西方的爱神丘比特，他是一个小孩子，他的法宝是一支箭，谁的心若要给他的箭射中，便会燃起狂热的爱火。月老正经得多，而丘比特却很淘气，相比较而言，梁羽生觉得丘比特更像人。

因为广泛涉猎西方文学作品，梁羽生在创作武侠小说时自觉不自觉地接受了西方文学的许多影响，他毫不隐瞒这一点：

　　　　我的第三部小说是 1955 年在《大公报》连载的《七剑下天山》，这部小说是受到英国女作家伏尼契的《牛虻》的影响的。牛虻是一个神父的私生子，后来成为革命党人，父子在狱中相会一节，非常感人。我把牛虻"一分为二"，让男主角凌未风是个反清志士，有类似他的政治身份。女主角易兰珠是王妃的私生女，有类似他的身世。不过在中世纪的欧洲，教权是可以和王权分庭抗礼甚至高于王权的，清代的王妃则必须服从皇帝。"戏剧性的冲突"就不如原作了。《七剑》之后的一些作品，则是在某些主角上取其精神面貌与西方小说人物相似，而不是作故事的模拟。如《白发魔女传》主角玉罗刹，身上有安娜·卡列尼娜不能忍受上流社会的虚伪，敢于和它公开冲突的影子；《云海玉弓缘》男主角金世遗，身上有约翰·克里斯朵夫宁可与社会闹翻也要维持精神自由的影子。

梁羽生的小说不但在故事和人物方面受到西方文学的影响，而且在塑造这些人物时他也有意识地借鉴西方文学技巧，梁羽生对此同样也毫不隐瞒：

> 从《七剑下天山》开始我也尝试运用一些西方小说的技巧，如用小说人物的眼睛替代作者的眼睛，变"全知观点"为"叙事观点"。其实在《红楼梦》中亦早已有这种写法了，如刘姥姥入大观园是刘姥姥眼中所见的大观园，贾宝玉的房间被她当成小姐的香闺，林黛玉的房间反被她当成公子的书房，而不是由曹雪芹替她介绍；心理学的运用，如《七剑下天山》中傅青主为桂仲明解梦，《云海玉弓缘》中金世遗最后才发现自己爱的是厉胜男，就都是根据弗洛伊德的潜意识理论。西方小说技巧的运用，我是不及后来者的，但在当时来说，似还有点"新意"。

此言极是！作为一个新的武侠小说流派的开拓者，一切属于这个流派的新创造、新发现，都必须亲自付诸实践，付出的辛苦和努力，当然要比循着先行者足迹前进的后来者要多不知多少倍。梁羽生身体力行将西方小说的技巧和中国传统的武侠小说形式结合起来的方式，也基本上奠定了武侠小说发展的基本模式。这不能不说是梁羽生筚路蓝缕之功。

三剑楼见证平生

"三剑楼随笔"为新派武侠小说发展初期的面貌留下了一个不灭的历史见证，

也使三剑客之间结下了深厚的友谊。

梁羽生与陈凡，就有过肝胆相照的一段交往。

三位武侠小说家同时在同一份报纸上发表自己率性而为的随笔，无疑是中外文学史上的一大奇观。

时隔四十余年，陈凡在港病逝，梁羽生听到噩耗，悲痛不已，不禁挥毫写了一副对联，回忆三人合作写随笔的深厚友谊。联云：

三剑楼见证平生，亦狂亦侠真名士。
卅年事何堪回首，能哭能歌迈俗流。

这副对联实际上蕴含着梁羽生与陈凡当年在一起时发生的一件事。那时他们还没有开始写"三剑楼随笔"，梁羽生的第二部武侠小说《草莽龙蛇传》这时有出版社要出，但要求梁羽生在书前写一首开篇文章，无论诗、词皆可。因为第一部小说《龙虎斗京华》的开篇是一首词，梁羽生就准备在这部书中换个花样，准备写首律诗。书出版后，读者确有耳目一新之感，只见小说开篇一首律诗是：

一去萧萧数十州，相逢非复少年头。
亦狂亦侠真名士，能哭能歌迈俗流。
当日龙蛇归草莽，此时琴剑付高楼。
自怜多少伤心事，不为红颜为寇仇。

但读者不知道的是，这首诗实际上是梁羽生和陈凡合作的结晶。原来，梁羽生刚开始把第三句写成"亦狂亦侠真豪杰"，但转念一想：不好！因为"侠"就包含着"豪杰"之意，这样诗句意思显然模糊，但一时还真找不到合适的词语，于是就沉吟起来，字斟句酌，惜难有称心之词。

这时陈凡走过来，梁羽生心想：这下可有救了！

为什么？

实际上，陈凡是个有一定影响的诗人。梁羽生早在读书的时候就读过他的诗，不过都不是旧诗，而是新诗，署名周为。梁羽生当时对这个名叫周为的诗人的作品谈不上喜欢，也说不上怀疑，文字虽优美，但基调则是忧郁感伤的。梁羽生当时还只是个十几岁的学生，当然无法领会诗中苍茫的感情。后来到了香港，认识了陈凡，才知道周为就是陈凡的笔名，于是他就直率地把自己当初读诗的感觉告诉了他，陈凡的解释是："你所读过的周为的作品，都是在解放之前，最黯淡的岁月写的，那只是一种苦难的记忆。"听了这话，梁羽生了解了周为诗中的忧郁，但他此时也还不知道陈凡还会写旧体诗，直到有一天，他在报纸上读到他悼费穆的两首诗，才知道陈凡原来在旧诗方面也有很高的造诣。

随着以后在工作中接触越来越多，梁羽生对陈凡也越来越了解了。作为记者，陈凡对时事当然非常关注，对官场的了解自然也很多。抗日战争期间，国民党采取不抵抗政策，使他非常愤怒，1944年国民党湘桂大溃败，陈凡悲愤难抑，写了一首绝句：

湘漓呜咽接黄河，长袖斜眉自舞歌；

后主风流传遍日，江南隙地已无多！

国民党在湘桂大溃败之前，曾在河南大败，所以诗中有"湘漓呜咽接黄河"之说；又此时蒋介石正和陈立夫的侄女恋爱，宋美龄一怒之下以养病为由去了美国，这段故事一般人不知道，但作为记者的陈凡却是了然于心，所以诗中有"长袖斜眉自舞歌""后主风流传遍日"两句，专指此事。

梁羽生因为对陈凡的"诗史"非常熟悉，所以看到陈凡到来，心中的一块石头好像落了地，他知道事情会有一个良好的结局的，而且不需自己主动出击，陈凡自己就会凑上来，就像嗜酒者一闻到酒香就挪不动脚步，嗜棋者一见到棋盘就任由天摇地动也得上前一观一试一样，陈凡嗜诗，也是逢诗必上瘾的。

果然，陈凡一见梁羽生在沉吟，就猜想一定是在作诗，而且一定是遇到了难解的诗，这下兴趣来了。他站在梁羽生旁边沉吟了一会儿，拿过笔在梁羽生的原稿上改了几个字，又加了几个字：他将"真豪杰"改成"真名士"，在"能歌能哭"

下面添了"迈俗流"几个字。这样一改，梁羽生顿觉整首诗灵动起来，于是他就说："真不错！不如你来补足这首诗吧。"

"你已经开了头，还是以你为主，我们联句，一起把诗写好吧。"陈凡要梁羽生写第五、七两句，他自己来写第六、八句。于是便有了我们上面所引的那首诗。但全诗完成，梁羽生才发现和自己想要表达的意思不尽相同。原来，在《草莽英雄传》里，梁羽生写了两个爱情故事，一个是关于初涉情场的少年人，另一个是关于一个外号叫"铁面书生"的中年人的，梁羽生的重点是放在后一个爱情故事上的。这个中年人暗恋一外冷内热的寡妇，双方虽然内心彼此相恋，但因为都经历过人生的大起大落，所以都不肯轻易表达感情，结果成为一段凄凉的不了情。作为全书的主旨所在，他现在要写的这首诗自然要突出这一段凄凉的故事，所以在写完"自怜多少伤心事"之后，他准备表达的是两人之间那种似冷实热的真实内心的，结果陈凡一改而成"不为红颜为寇仇"，将人物的思想境界拔高了一大截，使人认为两人之所以不谈儿女私情，只是因为国仇家恨未报，这显然是违背梁羽生创作这部小说的初衷的。但两人共同写就这首诗，从另一个角度讲，却也不失为一段文武双坛上的佳话。

所以，这部书出版后，读者看到的是署名为"中宵看剑楼主"的这首诗，而且诗前还写着这样几句话"题同门弟梁羽生：草莽龙蛇传（代序）"。那么，这首诗就应是梁羽生的某位师兄送给梁羽生的开篇了。而这些，都是陈凡的主意，这位师兄，当然也就是他虚构的了。

第五章

谈笑鸿儒

梁羽生是个名士气甚浓的人，为人又很重友情，脾气又随和，所以故交新知，往来谈笑，不论婚前还是婚后，都是其乐融融的一团和气。这些与他有交往的人士，构成了梁羽生人生之途的一道独特的风景，他们或以自己不平凡的人生际遇触发了梁羽生那颗敏感的诗人之心，使他为我们留下更多的优美小说和感时伤世的词、诗、文；或以自己治学的博大精深影响着梁羽生的人格修养，使他越来越走向一条谦谦君子之路；或以自己的温暖细心，为梁羽生输送着一股股真情的暖流；或以自己的机智豪爽，才华横溢，为梁羽生平淡的写作生活增添一丝活跃的生气。了解梁羽生与这些人平淡的交往历程，对我们全面了解梁羽生的人格和思想，无疑是一个必要的关口。

梁羽生与简又文

在香港，白手起家的梁羽生得到了简又文很多帮助；而梁羽生则将简又文珍藏多年的宝贝辗转交给了新生的人民政府。

简又文与梁羽生的师生缘分，早在简又文在蒙山避难时就结下了，在此后的日子里，简又文一直关心着梁羽生的成长，并不时给他提供实质性的帮助，而梁羽生也始终对简又文执弟子礼。

梁羽生刚到香港时，可以说真正是白手起家，举目无亲，而简又文一家也在广州解放前夕迁到香港。简又文这时对政治已经兴趣索然，所以除了担任香港大学东方文化研究院研究员以及台湾"中央研究院"通信院士等闲职外，拒绝了其他一切社会、政治活动。他决定息影家园，闭门从事自己的太平天国研究。简又文在香港有一处很大的房子，梁羽生与他全家都很熟悉，所以简又文一到香港，梁羽生就成了他家的常客。这倒让很多人觉得奇怪，因为从当时流行的观点来看，梁羽生和简又文显然属于两个不同的政治派别，简又文与国民党渊源很深，且是一生追求国民党而不悔，并做官做到国民党立法委员会委员的高位；梁羽生呢？因为在有明显的亲共倾向的《大公报》工作，而且是该报的一名记者，所以在外人眼里也就多了一层左的色彩。实际上，这两人都不是热衷政治的人，也不是把政治分歧看得高于一切的人，而基本上都属于学者加文人，或文人加名士型的君子，所以，在别人看来水火不容的"政治派别"，根本构不成两人之间交往的障碍，师生之谊，长幼之情，现在又加上同为他乡异客，反而比以前更显亲热，当时在香港发生的左派与右派之间的尖锐对立，丝毫无损于他们之间的友谊。

梁羽生此时远在香港，且在报社工作，他对中国大陆正在发生的巨变当然并不陌生，但与家里人的实际联系却一直未果。但根据常识，因为自己家是地主家庭，一定属于被打倒、镇压之列。后来通过各种渠道，他慢慢听说自己的父亲陈品瑞与叔伯兄长陈文奇已经被革命政权镇压，但他还不愿相信这种说法，因为传闻毕竟只是传闻，而且各种说法都有，一时使他很难作出正确的判断，后来是简又文根据自己的消息渠道，十分肯定地告诉梁羽生这种传闻是真的。

简又文与梁羽生一家交情很深，所以在中国大陆政权更迭之后他也一直在设法打听陈品瑞一家的下落，他地位高，认识的高层人士也多，所以得到消息的渠道也自然多，一天，他把梁羽生叫过来，严肃地对他说："文统，你别伤心，据可靠消息，你父亲和叔伯兄弟已在蒙山解放前夕被镇压了。"

虽然这个结果早在预料之中，但当真正得到证实时，梁羽生还是感觉一阵昏眩，父亲的音容面貌，言谈举止，家乡的一草一木，山川景色，一下子全涌到眼前。没想到自己从广州来到香港，竟也就是和家人的永别，而自己来到香港后，不知有多少次每逢佳节倍思亲，可由于社会的原因，这个愿望竟至今没有实现，他真有一种叫天不应、欲哭无泪的感觉。此后很长一段时间，他都有一种茫然无措之感，只有拼命写作，靠沉湎于自己营造的文字世界来暂时忘却尘世的烦恼，又加上此时中国大陆爆发了"文化大革命"，家恨国艰，使他心情越加沉郁，所以去简又文家的次数也越来越多，而简又文每次都鼓励他振作起来，多创作。

在与简又文的交往中，最引人称道的是他帮助简又文把后者精心珍藏的一件国宝捐献给了国家。原来简又文不仅是个著名学者，也是个很有品位的大收藏家，在他收藏的珍品中，最珍贵的是一块叫"刘猛进碑"的古石刻，称广东第一古石刻，这是他于 40 年代在上海花重金收购的，并视之如命。抗战中广州沦陷前夕，他赴港前因行途匆匆，加上这块碑石实在太重，无法带走，他只好将之留在广州老家，对外则声称已将其带到香港。因碑石外表笨拙，非专家难以辨认出来，而简又文利用人们的心理，故意将之放在一目了然的地方，所以虽然日本人来过，而这块碑石却完好无损。

叶落归根，人老思乡。随着年龄的增长，简又文也渐渐步入老年，一块心病也越来越重，那就是这块碑石的归宿问题。此时不少收藏家知道简又文收藏着这块珍贵的碑石，纷纷表示：如果简又文愿意出手，他们愿意出高价收购。简又文一一拒绝了。在这一点上他是毫不糊涂的：不管政治制度如何，不管碑石多么值钱，是国宝就应该属于国家。只不过他犹豫的是应该将碑石献给共产党政权，还是要献给台湾，所以很长时间内愁眉紧锁，难有笑颜。

到了 70 年代，简又文觉得是必须做出决定的时候了。他将梁羽生叫来，把自己的这种苦恼告诉了他，也让他帮忙出个主意，并且告诉他这块碑石现在就在广州老家。

梁羽生一听，第一个念头就是：既然国宝属于国家，那就应该回归政府。而现在中国唯一合法的政府就是中华人民共和国，况且碑石现在就在中国大陆。他劝简又文最好将碑石献给中国大陆，而因为碑石是广州的古石刻，所以最好就近送给广东博物馆。

简又文最后点了头，并托梁羽生替自己处理这件事。梁羽生自己也不知道捐献文物到底该办什么手续，他想到了罗孚。

罗孚一听，大喜，马上让梁羽生带自己去拜访简又文，答应一定亲自办好这件事，让简又文放心。

罗孚随即与广东有关部门联系。而简又文则通知广州的家人，让他们将碑石捐献。

一应手续很快办妥。

1971 年 10 月 21 日，广东博物馆正式接受了由简又文长女出面捐赠的碑石，并正式出具"捐赠文物资料感谢状"。

根据简又文的意思，博物馆将碑石另做了一份拓本，交给简又文，由他交给台湾。后来台湾方面对外宣传，说简又文把碑石捐献给了台湾，很多不知情者还信以为真。

1979 年，简又文在香港病逝，梁羽生哀伤不已。

七年后，梁羽生的父亲被证明是错误镇压，平反昭雪，恢复名誉。

听到这个消息，梁羽生的眼泪夺眶而出：整整等了 30 多年，父亲终于可以瞑目了。一直为此事担忧操心的简又文地下有知，也可含笑九泉了。

梁羽生与饶宗颐

对梁羽生写武侠小说，饶宗颐不止一次表示过惋惜，因为他认为梁羽生在学术上也会有成就的，但他并不反对梁羽生走这条道路，因为他认为武侠小说也是有价值的，所以他也不止一次鼓励梁羽生沿着自己开拓的这条道路继续走下去。

梁羽生结识简又文的时间与结识饶宗颐的时间相差不多，都是在抗战时他们到蒙山避难期间认识的，只不过因他正式拜简又文为师，所以关系更亲近一些，但他和饶宗颐的关系也一直不薄，两人同样处于亦师亦友之间。

当梁羽生离开家乡随简又文到广州求学时，饶宗颐暂时还得住在梁羽生的家乡，半年后才迁回广州。在岭南大学的康乐园里，梁羽生还曾写过一首词寄给饶宗颐，名为"调寄《一萼红》"：

梦深幽，度关山千里，寻觅旧时游。树老荒塘，苔深苇曲，曾寄心事悠悠。只而今，飞鸿渐杳，算华年又过几清秋。珠海潮生，灵山翠拥，尽恁凝眸。回首珠乡作侣，几同消残漏。共读西楼。班固书成，相如赋就，闲招吟鹭盟鸥。问长卿归来何日，向龙山醉与白云浮。正是菊花兰秀，天涯何苦淹留？

这首词既回忆了在蒙山时两人之间的交往情形，也表达了对饶宗颐回归广州的殷切盼望之情，令饶宗颐读后大为感动。

梁羽生到香港不久，饶宗颐也在大陆解放前夕来到香港，从 1952 年起任教于香港大学，历时十五年，之后应新加坡国立大学邀请前往讲学，数年后返回香港担任中文大学中文系主任。

梁羽生在学问方面自叹不如，但在诗词方面却与饶宗颐兴趣相投。饶宗颐因为学术名声太大，所以人们往往忽略了他性格中的另一面，那种灵性勃发、才思奔涌的才子气和名士气，我们从他写的一首词可以看出他的天性禀赋，了解他不为人知的另一面。饶宗颐的诗格调高雅，被誉为"实兼采魏晋六朝唐宋人之长，随体而施，靡不尽其神趣"。梁羽生深深为之折服。80 年代初，梁羽生还在《大公报》任撰述员，当时新加坡的《星洲日报》邀请他开设一个专栏，名为《笔·剑·书》，梁羽生特地在这个专栏里介绍了饶宗颐的诗词，所涉饶宗颐的词中有这么一首《浣溪沙》，词曰：

> 螟入华胥念昔游，萧萧暗柳已知秋，浮云西北是神州。万里河山悲极目，八方风雨怕登楼，有情芳草足供愁。

这首词表达的故国之思，跃然纸上，此词写于"文革"期间，也难怪有"万里河山悲极目"的感慨了。

20 世纪 80 年代中期，梁羽生全家迁往澳大利亚，而此时饶宗颐的两个女儿已在澳大利亚定居。1989 年，饶宗颐以探亲的名义首次来到澳大利亚，因喜欢当地环境的安静祥和，就加入了澳大利亚国籍。但饶宗颐虽然已为澳大利亚人，实际上是世界人，主要在中国香港、中国大陆和世界各地进行学术交流和研究，梁羽生与之见面的机会反而没有在香港多了。

梁羽生与金应熙

旦复旦兮，逝者如斯，一晃 30 年过去，两人虽近在咫尺，却很少见面，到了"文化大革命"期间，两人更没机会相见，却不知不觉间岁月在双方的人生履历上打下不可磨灭的伤痕，特别是金应熙，经历了中国知识分子在当时都无法避免的悲剧。

梁羽生当初离开广州赴香港之际，一个很大的遗憾是没能见到自己的良师益友金应熙。原来，当时的金应熙已是中国共产党的地下党员，因此时解放军已兵临城下，苟延残喘的国民党更加穷凶极恶，对共产党员进行了血腥镇压，白色恐怖笼罩着全城。在这种情况下，根据上级的安排，金应熙等地下党员撤出了广州，所以梁羽生毕业时，金应熙连消息都不知道，即使知道也无法前来送别。而梁羽生则连金应熙的消息也没有，只是根据经验推测，金应熙老师现在正从事着某种危险的工作。所以，虽然内心感到遗憾，但他更多是为自己的这位老师默默祝福。

1949 年底，梁羽生又回到岭南大学，不过此时他是以《大公报》记者的身份回来的。而金应熙这时也已回到岭南大学历史系任教。两人见面，悲喜交加，本想按照以往两人见面时的规矩下一盘棋，但各自的情况已和往昔不同，都有任务在身，所以，连谈话都没有尽兴就不得不匆匆而别。此后虽然偶有鸿雁传书，但当初同在康乐园书生意气、指斥方遒、畅谈学问、通宵下棋的豪兴毕竟已一去不复返了。

20 世纪 80 年代初，金应熙出任广东省社会科学院副院长，并出任全国首家港澳史研究室主任。此后因工作关系，两人交往才逐渐多起来，或是金应熙到香港做研究，每次梁羽生都要找时间前去一叙；或梁羽生到广州，两人也要找机会畅叙往事。

1991 年 6 月，金应熙去世。梁羽生闻之，顿觉一阵昏眩。

第六章

佟硕之风波

告别单身

与林萃如认识九个月后，梁羽生正式通知朋友们，他将永远结束单身贵族生活，享受温柔太太的照顾。

朋友们打趣道："这下你可不能随便吃乳猪了。"

初到香港的梁羽生可以说是白手起家，靠着自己的一支健笔逐渐在香港打下了一片属于自己的天地，此时可说是事业有成，春风得意，但令人不解的是，这时的梁羽生竟还是一人吃饱、全家不饿的光棍一条。不知不觉已到了1956年，梁羽生也已年满三十二岁，这个问题显得日益迫切，周围的人也纷纷热心帮忙。但梁羽生似乎总是不太热心。

梁羽生给人的第一印象是憨厚，甚至有点迂腐，但实际上他是一个非常可爱的人，当然，他的可爱往往也是因为他的迂直的性格。他侠骨柔肠，举止热情，与朋友在一起时往往是谈笑风生，但一与女性接触则常常是拙于言辞。

也许是已经习惯了长年的单身生活，也许是他那内向的性格使他不善于接触女性，也许是报馆里独身者太多而使他产生人多力量大的有恃无恐之感，每当别人向他谈起这个问题，他总是淡淡一笑，不置可否。促成他一生圆满的功臣是本和他一样独身的同报社编辑李宗瀛的"投诚"。

这位李宗瀛在报社是仅次于陈凡的第二副编辑，是当初香港版《大公报》开拓者之一，对整个报社的发展有筚路蓝缕之功。他和罗孚一样，对梁羽生特别欣赏，既欣赏他的文才和干练，也欣赏他像自己一样，坚持"事业无成，何以家为"？的人生理想。当然，这期间两人并非没有恋爱，但都是有劳无功，慢慢这份心也就淡下去了。但到了1956年的秋天，他在一个社交场合忽然与一个举止落落大方的女子一见钟情，而且颇有一日不见如隔三秋之感，而对方对他印象也不恶，于是双方相约，相见频繁，很快到了谈婚论嫁的程度，令他的同事和朋友始料不及，梁羽生也惊得目瞪口呆，但见过他的"伊人"之后，也真有点羡慕。李宗瀛的这位佳配芳名林月琼，本是燕京大学的肄业生，现在正做老师，不但人长得漂亮，而且待人非常热心、和气。她和李宗瀛新婚不久，就开始关心曾和自己的丈夫同为情场沦落人的梁羽生。一天，他对梁羽生说："文统，男大当婚，古今同理。我是老大姐，不管你愿意不愿意，这个忙我帮定了。过两天你等我的消息，到时可不许打退堂鼓。"梁羽生习惯性地笑笑，未置可否。

没想到林月琼是当真的。没过两天，他就把梁羽生叫到自己家里，对他说："我考虑了一下，觉得我的一个侄女挺适合你的，她叫林萃如，明天我叫她到我家里来，你也来，见见面，成不成就看你的了。"

梁羽生一听就有一点紧张，但难却林月琼一番美意，就答应了，不过说实话，他这时有点勉为其难。他不相信这种经人介绍的男女见面会有什么结果。

第二天，他如约而来，见房间里已经有一个姑娘静静地坐在那里。林月琼一见梁羽生，忙热情地给双方作了介绍，然后以准备晚饭为由，退到厨房，把空间留给这一对。

双方一时倒真有点尴尬，不知从何谈起。最后还是梁羽生出于礼貌先打破僵局："李太太真是个很热心的人。"

林萃如似乎有点奇怪地看了他一眼，接着礼貌性地点了点头。

最初的话题自然不太切题，但总算开了头，随后的谈话就顺畅多了。在谈话中，梁羽生了解到林萃如今年才26岁，只比林月琼小一点儿。她家祖籍广东，祖辈很早就到夏威夷闯荡，后来到澳门定居，先后开过餐馆、电影院，也曾是小富之家。到了她父亲这一代，情况却发生了变化。她的父亲是中山大学政治经济学专业的毕业生，毕业后来到香港，本想大展宏图，却节节败退，最后心灰意懒，隐居在家，靠祖传的一点产业和几个子女的供养。

林萃如出生在澳门，先是在澳门一家英文中学读书，成绩很好，若按正常发展，考上大学应不成问题，但因家庭经济情况每况愈下，她又是家中老大，义不容辞要帮助父母维系整个家庭，于是她不得不忍痛过早结束学业，来到香港，最后在港府找到一份工作。

林萃如是虔诚的基督徒，这一方面是因为她出身于基督教家庭，另一方面也是因为她在澳门接受的是西方的教育，她那娴静文雅的神态，从一开始就对梁羽生产生了吸引力。梁羽生此时自然对基督教并无什么感觉，但从林萃如身上表现出的博爱和宽容态度，却是实实在在地对他发生着影响。穷人的孩子早当家，林萃如因为很早就已开始工作，所以很知道处处为别人考虑，料理家庭也自然是一把好手，这正好弥补了梁羽生的不足，他平时的生活是颠三倒四，陋室布置堪称凌乱不堪，自从认识了林萃如，这一切都一下子得到了改变，渐渐地，梁羽生觉得离不开林萃如了。

当然，林萃如吸引梁羽生的主要原因是她那善良体贴的心。梁羽生有一个难言之隐，就是鼻子里总是隔一段时间就多长出一块肉，医学上称为鼻息肉，这种肉每隔几年就要去割一次。与林萃如"拍拖"期间，这块肉又到了应割的时候，梁羽生本想瞒着林萃如，但朴拙憨直的他又怎能瞒过心细如发的林萃如？于是她陪着梁羽生一起到医院做了手术，手术过程并不复杂，复杂的是手术后的护理，伤口要好几天才能干净，这期间要经常换药、清洗，林萃如每天一下班，第一件事就是照顾梁羽生。这次鼻息肉成了两人感情的催化剂，梁羽生进一步感受到林萃如的温柔和爱心。

两人认识九个月后，梁羽生正式通知朋友们，他将永远结束单身贵族生活，享受温柔太太的照顾。婚礼就定在1957年5月1日。

朋友们打趣道："这下你可不能随便吃乳猪了。"

熟悉梁羽生的朋友闻之会心一笑。

这是一个关于梁羽生的典故，他的准太太这时恐怕还不知道。

曾有一个不知名的朋友送给他一首诗，曰：

> 金田有奇士，侠影说梁生；
> 南国棋中意，东坡竹外情；
> 模山百岳峙，还剑一身轻；
> 别有千秋业，文星料更明。

这首诗非熟悉梁羽生者写不出。梁羽生体态较胖，但偏偏喜欢吃肉。单身时无人干涉，便有恃无恐，大快朵颐。后来成了家，太太严格管束，在家时便难以吃得畅快，于是他便在上班途中，买一包烧乳猪或肥叉烧、卤鸡腿，到了办公室慢慢补充营养。有时馋虫实在难耐，就在路上吃掉了事。朋友们都知道他这个习惯，常常拿此事打趣他。这首诗中的"东坡竹外情"就是指这件事，取意自苏东坡诗"宁可居无竹，不可食无肉"。

作家舒巷城也为梁羽生写过一首诗：

> 裂笛吹云歌散雾，萍踪侠影少年行。
>
> 风霜未改天真态，犹是书生此羽生。

舒巷城是香港著名作家、诗人，50年代，梁羽生做《新晚报》副刊编辑时，他经常给梁羽生写短篇小说，进而由编辑和作者的关系，慢慢成为无话不谈的知己。梁羽生非常欣赏舒巷城的小说，特别是以《都市场景》为总题发表在自己主持的副刊上的这些小说，朴实无华，却自有一番风流神韵。不过，因为舒巷城是本色的香港作家，笔下多是香港乡土气浓厚的人情，梁羽生属于"外地人"，于此还是有隔膜的，只不过舒巷城的文笔和深厚的新文学修养让他欣赏。

舒巷城能歌善舞，精通音律，常常与梁羽生诗词唱和，而真正使他们成为知心朋友的，主要就在这一点。只不过刚开始梁羽生只知道他会写小说，还是抒情诗人，并不知道他还会写词，而且堪称高手。两人的诗词之交，始于梁羽生写完《萍踪侠影录》后，当时舒巷城专为这部小说写了一首旧题的"题赠"诗，也就是上面引述的那首。这首诗堪称知心之作，梁羽生虽然此时已闻名遐迩，但仍然未失其赤子之心。"裂笛吹云"是梁羽生少年时代写的一首词中的一句，意指梁羽生少有词名；"萍踪侠影"是奠定了梁羽生武侠小说开山鼻祖地位的小说，是指梁羽生以武侠小说扬名于世；而后两句则是舒巷城眼中的梁羽生了：虽然风霜催逼，世事变换，但梁羽生却天真之态未改，书生本色未失。梁羽生读到这首诗，不禁拍案叫绝："真是生我者父母，知我者巷城也。"

梁羽生确是始终不失赤子之心的人，他做的很多事情不但令朋友们闻之喷饭，就连他自己回想起来也不禁莞尔一笑。在结婚前，有一年他听别人说当地有一个相学家非常灵验，出于好奇心，他光顾了一次，回来后大为叹服，连连说："真灵验，真灵验！"朋友问他灵验在什么地方，梁羽生娓娓道出二个理由："其一，他说我和女朋友吵过嘴；其二，他说我适宜在外发展，离开家乡越远越好。"看着他那一脸虔诚，朋友忍不住大笑，对他说："我有两个理由证明他不灵验：其一，男女恋爱吵架是再正常不过的事，任谁都会这样说，而且百试不爽；其二，你一说话就知道不是香港本地人，当然可以说你适宜在外地发展了。"梁羽生一听，恍然大悟，后悔不迭地说："我中计了，我中计了。"

《大公报》多名人，名文人多爱酒，似乎已成文坛一条不成文的规矩。《大公报》附近酒楼林立，都是被他们这些文人养起来的。梁羽生也能喝酒，不过喝得不多，他喜欢的是借酒遮羞，与人海阔天空神聊，有时聊着聊着，兴致大发，不禁手舞足蹈，盘腿错膝，这时有人惊呼："陈文统，你的袜子怎么一白一蓝？是什么新品牌？"实际上说话人自己肚里明镜似的明白：哪里是什么新品牌，只不过是陈文统的老毛病又犯了而已。梁羽生此时幸为单身贵族，自己又不会料理家务，平时所穿衣服鞋袜，往往是一脏就扔得到处都是，有时匆忙出门，就随手从脏袜堆中出拿出一双，胡乱穿上，往往颜色式样大小不搭配，等到发现，也已经来不及换，只好将错就错。罗孚常常拿这类小事开梁羽生的玩笑，弄得梁羽生哭笑不得。

他和朋友约会，常常是朋友等他，最后实在"忍无可忍"，打电话问他怎么还不到，他就会诧异地说："不是说明天吗？"

有时朋友聚会，豪爽的梁羽生会事先声明这次自己做东，大家酒足饭饱，神聊已够，要结账打道回府时，梁羽生急忙去账台，一摸口袋，大惊："哎呀，糟了！"大家忙问："怎么了，钱包被盗？"梁羽生苦笑："被盗还好，起码说明我没忘带钱，事实是，我忘了带钱包。"慷慨的朋友忙掏出自己的钱包付账，梁羽生一再道歉，并一再说这钱算他借的。

某次与朋友一起饮茶，梁羽生端起茶壶轮流为大家斟茶，同时一脸迷惑地问大家："有人说我不够世故，是不是这样？"一个朋友随口接到："你还不够世故吗？"于是笑声一片。

梁羽生小说越写越多，连自己都记不清写过什么，有时聚会上也有朋友故意拿他的小说取笑他："羽生兄，你书中有一句话说'那人一把抓住了和尚的头发'，好玩不好玩？"梁羽生看着朋友，不知他说的是真是假，只好一笑了之。

梁羽生与林萃如的婚礼由《大公报》社长费彝民主持，先按照传统习俗在费彝民家里举行结婚签字仪式，晚上去餐馆举行婚宴。

梁羽生结婚成了报社的一大盛事，参加者多达一百五六十人，酒席有十五桌，更有许多梁羽生迷，从报纸上知道他结婚的消息，也来凑兴。陈凡西装革履，在婚宴开始前致辞，将梁羽生的生平事迹详加阐发，当然也不忘将梁羽生闹过的一两个笑话穿插期间，笑声不断，气氛空前热烈。梁羽生则一如既往，一脸憨厚的笑，新娘则如桃花灿烂，幸福地依偎在新郎那并不宽大的肩膀上。

不像自己小说中那样生死离别，历经磨难仍好梦难圆，一代武侠小说名家梁羽生就这样平平淡淡结婚了，一如他一生的生活一样。

不过他没想到的是，结婚后所写的一篇文章，却使自己平静的生活泛起一阵涟漪。

金、梁小说的优缺点

梁羽生的名士气味甚浓（中国式的），而金庸则是现代的"洋才子"；梁羽生受中国传统文化（包括诗词、小说、历史等）的影响较深，而金庸接受西方文艺，包括电影的影响较深。两人都"兼通中外"，但程度也有深浅不同。

佟硕之说：金梁两人的小说，他全都读过，他的感觉，同时也是他的很多朋友的感觉是：梁羽生的名士气味甚浓（中国式的），而金庸则是现代的"洋才子"。梁羽生受中国传统文化（包括诗词、小说、历史等）的影响较深，而金庸接受西方文艺，包括电影的影响较深。虽然两人都是"兼通中外"，当然通的程度也有深浅不同，梁羽生也有受到西方文化影响之处，如《七剑下天山》就是模拟英国女作家伏尼契的小说《牛虻》的，并且运用了近代心理学成果。但大体来说，洋味大大不如金庸之浓。梁羽生的小说，从形式到内容，几乎可以说处处都受到中国传统小说的影响，如用字句对仗的回目，每部小说开头都有题诗题词，内容大多根据历史事实等。从写作手法来讲，梁羽生的手法也较平淡朴实，大体上是中国旧传统小说的写法，一个故事告一个段落再接另一个故事，虽有伏笔，但却缺乏变化的曲折离奇，因此可以说梁羽生的创新只是在旧传统的基础上的创新，带有浓厚的乡土气息。这种写法有其优点也有其缺点，有一定文化水平的中国读者，读梁羽生的小说，可能觉得格调高雅，更为欣赏，但若想在武侠小说中寻找刺激，那么在金庸的小说中可能更容易得到满足。

所以，若从"新"的角度讲，因为金庸更多地接受了西方文学的影响，这种影响是好是坏，暂且不论，但总的来说显得更新却是事实。有例为证，金庸的《雪山飞狐》的手法，显然就受日本电影《罗生门》的影响。《罗生门》里，有个大盗杀死一个女子的丈夫，大盗、女子、丈夫的鬼魂，三个人的说法各不相同。《雪山飞狐》里苗人凤和胡斐的父亲，以及与此案有关的诸位当事人，也是各人有各人的说法，毫不统一。又如《书剑恩仇录》中香香公主出场时，交战双方的士兵都为她的美貌所震惊，连仗都忘了打，这个镜头也和荷马史诗里海伦在城头出现的情景相似。另外，可能是因为金庸在长城电影公司干过，所以在小说中常常使用电影镜头，如《射雕英雄传》里梅超风要杀郭靖时，作者笔锋一转，写了梅超风对桃花岛往事的回忆，这时采取的就是电影倒叙镜头，当时的情景历历在目，接着再接入现场之景；《碧血剑》中袁承志与温家五老苦斗时，又重现了当年他们暗算金蛇郎君的镜头。在小说中运用电影镜头，这一点可以说是金庸的独创。

另外，金庸小说还有一个突出的特点，是他人所不及的，那就是他的小说情节变化多，常常会给人奇峰突起、出人意料的感觉。如《倚天屠龙记》刚开始大家都以为张翠山和殷素素是小说的主角，但到武当山张三丰祝寿会上，这两人却都突然自杀，随后才引出张翠山的儿子张无忌；再如《神雕侠侣》中杨过被郭芙斩断手臂，小龙女被尹志平奸污等，都是读者意想不到的事件。

不过金庸的这种优点有时也会成为缺点，因为若一味追求新奇，往往出现情理不通、前后不照应的弊端，甚至由于加入不必要的情节，反而破坏了小说整体的艺术价值。如小龙女被奸污确实出乎读者的意料，但从全书来看，这个情节实在没有必要，因为既不是写成悲剧收场，也没有因此而引发新的情节，如小龙女生下私生子等，最多只不过在她和杨过之间增加一些可有可无的小波澜而已，而且杨过始终不知。既如此，何必又多此一举呢？无非是为奇而奇，但因此破坏了小龙女在读者心目中的美感，则是得不偿失的。还有小龙女脱衣练功之类，实在也无必要，若删去反而会干净一些，也更能为读者接受。西方电影的一些手法当然可以借鉴到武侠小说中来，但如这些类似于黄色镜头的描写，却大可不必。

类似的例子还有《天龙八部》里的段誉兄妹恋。木婉清爱上哥哥，几乎乱伦，虽然原因是坏人暗算，但两人之间的感情掺杂情欲却是真实的，因为此时两人都已知道对方的真实身份，却还有这种感情，这与一般中国读者的接受心理恐怕并不相合。佟硕之在写这段话时，《天龙八部》尚在连载之中，他认为即使从已有的情节来看，这段情节也毫无必要，反有画蛇添足之嫌，对段誉的性格的刻画，也是有损无益。

前后不照应的情节，如《倚天屠龙记》中关于张无忌性格的描写，他在父母双亡时，心中充满对仇人的怨恨，随后作者也一步步发展了他性格中阴险邪恶的一面，但到了小说的后半部，他突然变成了一个宽厚仁慈的大侠了。当然，并不是说张无忌的性格不能改变，而是说他性格的改变无法让人信服，至少作者在小说中没有写出令人信服的改变。另一个明显的前后不一致的例子是《雪山飞狐》与《飞狐外传》。从两部小说叙述的时间来看，《飞狐外传》是《雪山飞狐》的前传，但《飞狐外传》中与胡斐有过恋人关系的袁紫衣、程灵素等人，在《雪山飞狐》中已只字不提。苗人凤在《飞狐外传》中是与胡斐见过面的，到了《雪山飞狐》中，又变成素不相识的仇人了。

所以，应该毫不冤枉地说，金庸是有点犯了为情节而情节的毛病。

至于梁羽生对情节的安排，就远远不如金庸变化多端。如果说金庸小说的情节往往在人意料之外的话，梁羽生的小说情节则往往在人意料之中。尤其是他初期的小说，更不注重情节，甚至很多是模仿前人的，如《龙虎斗京华》丁剑鸣被劫镖，娄无畏、左含英争恋师妹等情节，均直接取自白羽的《十二金钱镖》，甚至他取名梁羽生，恐怕就是因为崇拜白羽。

梁羽生当然也有自己的独特风格，但他的风格的形成与金庸不同。金庸是从第一部小说就已形成相当定型的风格，而梁羽生最初几部小说，虽然也有自己的特点，但总的来看尚无自己独具的风格，直到《白发魔女传》出世，他才算摆脱前人的影响，树立了自己别具一格的风格，他的小说才可以说由幼稚走向成熟。在这之前他走的是写实派的路子，与白羽同道，但这之后他则完全和白羽分道扬镳，而走向浪漫主义的路子。

尽管如此，也不能说梁羽生小说就没有一点价值，因为对新派武侠小说来说，他确是有开山劈石之功，就以他的第一部小说《龙虎斗京华》来说，也有很多新的创造，例如关于人物性格的描写，在这之前的武侠小说家也有重视性格刻画的，但梁羽生则更进了一步，写到了这些人物的内心思想，以及这些人所感到的时代苦闷，这样一来，他笔下的人物就具有了时代感，就与他们所处的时代毫不脱节，而读者则会觉得真实可信。如《十二金钱镖》中的飞豹子，算是白羽笔下一个很有性格的人物了，但却没有时代感，也就是说，你把他看作清朝的人可，看作明朝的人也可，看作宋朝的人也未尝不可，而梁羽生《龙虎斗京华》中类似的人物娄无畏，则非放在义和团起义时期不可。这就是梁羽生在刻画人物方面不同于也是超越于白羽那一代武侠小说家的地方。

梁羽生的小说以历史见长，尽管他对历史的解释，未必人人赞同，如对义和团的评价，对李自成的称颂，就很容易引起歧义，但这条写作之路，毕竟是经他开拓出来了。但梁羽生这个优点，有时又会变成梁羽生的缺点，因为他的小说，并不是每一部都成功的，成功的小说往往是通过具体生动的人物形象来阐释历史的，但失败者则往往是将人物变成时代和历史的传声筒。

另外，从总体来看，梁羽生的小说水平参差不平，这也可以说是他的小说的一个特点，不但这一部和那一部小说之间水平参差不平，即使每一部作品的不同部分之间，也常有这种遗憾，金屑和沙砾并存，大致说来是结尾比较好，中间比较弱。相对而言金庸的小说水平则比较稳定，原因可能是梁羽生写得太多，一多就难免良莠不齐、泥沙俱下了。

梁羽生初期不讲究情节，后期就比较注重了。作者认为梁羽生小说结构最好的一部是不太为人注意的《还剑奇情录》。这部小说受曹禺名剧《雷雨》的影响，但作了很多变化，人物当然也完全武打化了。其变化离奇之处，实不在金庸的《雪山飞狐》之下，而在作者看来，金庸小说中结构最好的就这一部，其次是《天龙八部》。梁羽生不是没有构思的能力，而是不够用心，归根结底，恐怕还是他写得太多的缘故，精力也因此必然要分散，想出来的情节要分散着用，这就很难做到部部皆杰作，所以，文章作者希望梁羽生以后能够求质不求量，少写一些。

从文字风格来看，梁羽生有相当的旧文学功底，小说中常有如诗如歌的优美文字，像《还剑奇情录》开头几回就似抒情诗，不过可能还是因为多写的原因，即使这种描写也是参差不齐，有神来之笔，也有砂石杂见之处。

梁羽生小说的另一个特点是用旧回目，这在武侠小说家中是很少见的，虽然也不是每个回目都很工整，但十个回目里面，总有三四个是颇值得回味的。他的回目有浓重的诗词胎息，像"亦狂亦侠真豪杰，能哭能歌迈俗流""翰海风沙埋旧怨，空山烟雨织新愁"等，都很不错。不过他用旧回目也有个毛病，尤其是刊载在报纸上的，往往数月不换，难免使读者生腻。

梁羽生小说的另一个特点是诗词的运用。他的小说中的人物，每每出口成吟，有引用前人的，也有他自作的，有运用不当的，甚至有时还会出现拙劣的歪诗，像《散花女仙》里的铁镜心吟的什么"英雄血洒胡尘里，国难方深不顾家"之类，堪称不折不扣的歪诗，但公平地说，梁羽生使用的这些诗词，还是瑕不掩瑜的，有劣更有佳。他每一部小说，开头结尾，例附诗词一首，以《白发魔女传》的题词为例，填的是《沁园春》的词牌："一剑西来，千岩拱列，魔影纵横，问明镜非台，菩提非树，镜由心起，可得分明？是魔非魔？非魔是魔？要待江湖后世评。且收拾，话英雄儿女，先叙闲情。风雷意气峥嵘，轻拂了寒霜妩媚生。叹佳人绝代，白头未老，百年一诺，不负心盟，短锄栽花，长诗佐酒，诗剑年年总负卿。天山上，看龙蛇笔走，墨泼南溟。"只从词看词，这首词也是够专业水平的。而其他武侠小说家，能够像他这样自作诗词的，事实上毕竟不多见。但梁羽生的优点总是同时也就是他的缺点，在这一点上也是这样，那就是在一些不必要的场合，他的人物也是出口成章，吟诗作对，给人酸溜溜的感觉，像《冰川天女传》中，唐经天在冰宫中大作嵌名联，有些对联也不错，但这些联语与整部书的情节毫无关系，何必到处摇头晃脑，题诗填联呢？这不由得让人怀疑梁羽生是借此在炫弄学问了。

金庸小说则很少用回目，在《书剑恩仇录》中，他每一回用七字，看似对联的"回目"，读者也能看得出他是试图以上一回与下一回作对的。但从全书来看，除了偶尔有一两联还算不错外，其他基本上可以说是连平仄都不合的。拿《书剑恩仇录》第一、第二回凑成的回目为例："古道骏马惊白发，险峡神驼飞翠翎""古道""险峡"都是仄声，已是违反了对联的基本规定了。《碧血剑》的回目更差，大概金庸也发现对联非自己所长，所以自《碧血剑》以后，就不再用旧回目，而采用新式的标题了。

金庸的小说最闹笑话的还是在诗词方面。例如在《射雕英雄传》中就出现了"宋代才女唱元曲"的妙事。《射雕英雄传》女主角黄蓉在金庸笔下是个绝顶聪明的才女，小说在"渔樵耕读"一回中用了很多篇幅描写这位女才子的才华渊博。当黄蓉遇到其中的樵子时，那樵子唱了三首牌名为《山坡羊》的曲子，黄蓉也唱了个《山坡羊》回应。那樵子唱的是：

> 城池俱坏，英雄安在？云龙几度相交代？想兴衰，苦为怀。唐家才起隋家败，世态有如云变故。疾，也是天地差！迟，也是天地差！

黄蓉听了暗暗喝彩，因为这《山坡羊》小曲于宋末流入民间，到处皆唱，调子虽一，曲词却因人而作，唯语句大都俚俗，只不过黄蓉听这首曲子却感慨世事兴衰，大有深意，所以禁不住暗暗喝彩了。

接着她又听到樵夫唱道：

> 天津桥上，凭栏遥望，春陵王气都凋丧。山苍苍，水茫茫，云中不见中兴将，千古转头归灭亡。功，也不久长！名，也不久长！

黄蓉见他容色豪壮，神态虎虎，举手投足间似有大将军八面之威风。若非身穿粗布衣裳而在这山林之间砍柴，必当他是个叱咤风云的统兵元帅，但又听他歌词中隐含悲凉之意。正自奇怪，听那樵子又接着唱道：

> 峰峦如聚，波涛如怒，山河表里潼关路。望西都，意踌躇。伤心秦汉经行处，宫阙万间都做了土。兴，百姓苦，亡，百姓苦！

黄蓉听到这里，想起父亲常说"什么皇帝将相，都是害民恶物，改朝换姓，就只苦了百姓"，不禁脱口而赞："好曲子！"

那樵子听人喝彩，转身就问："好，好在哪里？"

黄蓉欲待回答，忽想："他爱唱曲，我也来唱个《山坡羊》答他。"于是微微一笑，也唱出一首《山坡羊》曲子：

> 青山相待，白云相爱。梦不到紫罗袍共黄金带。一茅斋，野花开，管甚谁家兴废谁成败？陋巷箪瓢亦乐哉。贫，气不改！达，志不改。

樵夫唱的三首《山坡羊》的作者是张养浩，原题第一首是《咸阳怀古》，第二首是《洛阳怀古》，第三首是《潼关怀古》。史载张养浩生于公元1269年，卒于1329年，《射雕英雄传》以成吉思汗之死为全书的结束时间，而成吉思汗死的时间是1237年8月。黄蓉与那樵子对唱《山坡羊》时，成吉思汗还没死，时间当在1237年之前。张养浩1269年才出生，也就是说要在樵子唱他的曲子之后四十多年后才出生。

黄蓉唱的《山坡羊》曲子的作者是宋方壶，此人生年更在张养浩之后，大约要在黄蓉唱他曲子100年后才出世。

宋人唱元曲！金庸可能是一时粗心，"才女"之才，却因此逊色了。

金、梁小说中的武功

从正统的文艺标准来看，武功描写实在毫无艺术价值，但读者喜欢刺激，作者也不得不明知故犯。

金庸和梁羽生都是文质彬彬的书生，于武功一窍不通，于是他们另辟蹊径，使新派武侠小说的武功描写别有洞天。

一般读者爱看武侠小说，原因之一，恐怕就是为了追求刺激，作者笔下打得越紧张，读者也就读得越过瘾。报纸上连载的武侠小说，常常一打就是十天半个月，就是因为读者的这种阅读心理。

佟硕之说他和金庸、梁羽生都是熟识的老朋友，知道他们都是文质彬彬的书生，对武技根本是一窍不通，梁羽生就曾在武技描写上闹过笑话。最初写武侠小说的时候，大约是因为不懂得如何描写武技，而更可能是因为越不懂越想写得细致一些，所以在写到太极剑和判官笔时，就在白羽的小说中找到两段关于判官笔与太极剑的描写，稍微改动几字，便照抄下来，结果给懂得武技的人在报纸上指出，闹了个笑话。

但佟硕之并不认为这是什么了不起的大毛病。谈到抄袭，中国历史上的江西诗派，就等于是公开提倡抄袭的，而历史上的很多著名诗人如黄庭坚、杨万里、陆游、范成大都属于这一派。因而，在一部几十万字的武侠小说中，只要作者有自己的新创造，那么即使在武技描写中有几段文字抄袭前人之作，也就不能算什么了不起的大毛病。不过小毛病毕竟也是毛病，从后来的创作看，梁羽生也是接受了别人的批评的，在武功描写方面比较注重进行一些创新，而批评家在评论中也指出了这一点。

但话说回来，武技描写，也不只对梁羽生来说是个难题，它本身就是武侠小说难以克服的弱点，一是真正懂得武技的武侠小说家，毕竟是凤毛麟角；二来就算是真正懂得武技，但要真正如实描写武技，恐怕也很难做到让读者不厌烦，读者不但不会赞扬你内行，反而会说你的小说太沉闷。在这之前的武侠小说家中，郑证因是懂得一点技击的，但他小说中的武功描写却使人有枯燥乏味之感；白羽的武功描写很生动，但他本人不懂技击，而是有一个懂得技击的朋友和他合作，后来那个朋友不在了，白羽再写武侠小说，就几乎没有武技描写了。

既然正常的武功描写吃力不讨好，于是新派武侠小说家们就出现一个开倒车的现象，即由武而神，种种离奇古怪的武功在小说家笔下层出不穷，金庸、梁羽生都不例外。而读者呢？他们虽然明知这些武技描写不合情理，但只要看得过瘾，就会乐得看下去。梁羽生的小说，《白发魔女传》之前为初期，《白发魔女传》至《冰川天女传》为中期，这两个时期的小说中的武技描写还有离谱的地方，但总的来说还算正派，但到了《冰川天女传》之后，什么冰魄神弹、修罗阴煞功之类，就已经沾上了神怪的气味了。当然，武侠小说应该容许幻想，但武侠小说毕竟不是神话小说，像《西游记》这种神怪小说写的是神或半人半神，武侠小说写的是人，性质不同，毕竟不能混为一谈。武侠小说的幻想可以用于其他方面，例如梁羽生笔下的英雄到珠穆朗玛峰探险，就是可以开拓读者心胸的幻想，至于"乜乜神功"之类，还尽量不能当作幻想来写。

金庸初期的小说，大体上还是正常的武技描写，笔下的英雄尽管招数神妙，内功深厚，也还不能算是离谱，而到了《射雕英雄传》之后，则越来越神怪，其神怪的程度，远远超过了梁羽生，像《射雕英雄传》中的西毒欧阳锋用头走路，手下蛇奴驱赶蛇群从西域来到中原；《神雕侠侣》中的什么九阴神功，九阳神功；《天龙八部》中的什么天上地下唯我独尊功也都来了，而其中的六脉神剑，能用剑气杀人，近乎放飞剑了。

其实漫无边际的幻想，也是有时而穷，神神怪怪，变来变去，渐渐也就变不出什么花样了，于是就会互相模仿抄袭，谁有较新鲜的怪招一出，就群起而仿之，金庸曾写过文章说这是新派武侠小说的流弊，但他本人也并没有避免这种流弊，就以《天龙八部》而言，竟写一个武功极低的少林寺小和尚，突然遇到逍遥子，并接受了逍遥子几十年的武功，于是这小和尚登时就变成了一流高手。功力怎么可能输送？这真是怪得难以思议。但这个怪诞的传功方法则来自卧龙生的小说《玉钗盟》，书中主角徐元平就是得到少林寺一个功力极高的老和尚，用开顶大法将几十年的功力送给了他，于是老和尚坐化，徐元平则成了一流高手。这说明，武侠小说中的神怪写法，已经走进了死胡同，越走越窄，即使连金庸这样高明的武侠小说家，也难免有想不出新招之苦。

神怪的路子越走越窄，而正常的武功描写又是吃力不讨好的事，那么该如何满足读者寻求刺激的阅读心理呢？是不是既可兼顾读者的要求而又使武技描写也多少有点艺术性？这样的例子是有的，举出金庸的《雪山飞狐》和梁羽生的《白发魔女传》中的两段武功描写来说明这个问题。

在《雪山飞狐》中，苗人凤和胡一刀比武，两人生死相斗但又惺惺相惜，白天激战，晚上抵足而谈，比武历时三日，每日都有不同的变化。除了两个主角之外，还穿插以周围的人各式各样的活动，进而突出了主角的性格，描写了周围的人物，渲染了现场的气氛，又从正面、侧面，或淡描、或浓抹地勾勒了主角高明的武艺。这一段描写虽然也很长，但读者却不会产生丝毫冗长乏味之感，而且没有任何神怪之气息，不愧是大手笔！

《白发魔女传》中，女主角玉罗刹大闹武当山这段打斗情节，与金庸那段苗、胡之斗也有异曲同工之妙。玉罗刹上山寻找情人——武当派掌门弟子卓一航，与他的五个师叔展开恶斗，打斗过程中描写了爱情的纠纷，将男主角的懦弱，女主角的刚强作了鲜明的对比。随着战情的展开，小说还细致地刻画了人物内心的变化，不但男女主角的性格凸显出来了，而且陪衬人物的性格也跃然纸上。在这场打斗中，还写了新旧思想的冲突。这段描写同样既紧张过瘾也写得很有艺术性。

金、梁小说中的侠

梁羽生认为："侠"比"武"更重要，"侠"是灵魂，"武"是躯壳，"侠"是目的，"武"是达到"侠"的手段。与其有"武"无"侠"，毋宁有"侠"无"武"。
而金庸的人物则正邪不分，金、梁孰优孰劣？

佟硕之以为在武侠小说中，"侠"比"武"更重要，"侠"是灵魂，"武"是躯壳，"侠"是目的，"武"是达到"侠"的手段。与其有"武"无"侠"，毋宁有"侠"无"武"，因为武功好的侠士自是相得益彰，但没有武功的寻常人也可以成为"侠"。梁羽生在小说《七剑下天山》中描写了一个人物傅青主，他武功极高，但侠气不足；而历史上的傅青主却是不武而很有侠气的人物，这样的人照样可以成为武侠小说中的主人公。

从读者的角度来说，他们喜欢读武侠小说，其中一个原因就是喜欢从武侠小说中看到这些行侠仗义、抑强扶弱的人物。可惜的是，许多武侠作者着力于创造离奇的武功，却忘记了武侠小说还有一个"侠"字。金庸初期的武侠小说并没有忘记一个"侠"字，可惜越到后期，越是武多侠少，到了《天龙八部》，给人的感觉已是正邪不分，简直没有一个人物是值得读者钦敬的侠士。读金庸的小说，很容易产生这样一个共同的感觉：金庸写反面人物胜于写正面人物，写坏人精彩过于写好人。这个特点从一开始就有，只是越到后来越明显。像《书剑恩仇录》中反面人物的代表张召重就比正面人物陈家洛精彩；《碧血剑》中邪气十足的金蛇郎君也写得比袁承志精彩，到了《天龙八部》，恶人写得一个比一个淋漓尽致，四大恶人之后还有星宿派的丁春秋，令人叹为观止。能把坏人刻画得入木三分，也是艺术上的一大成功。

佟硕之将金庸的小说以《倚天屠龙记》为界分前后两个阶段，在描写人物方面，这两个阶段具有各自明显的特点。第一阶段金庸写反面人物比较成功，但正邪之分、忠奸之别也分得清清楚楚，这说明他心目中自有一套是非标准，通过他的作品体现出来，而这套标准，也是绝大多数读者可以接受，并且符合中国社会一般人所公认的道德标准。

人性是复杂的，倘若是非分明简单化了，就会损害了艺术价值，而在佟硕之看来，事实恰恰相反，就以金庸的武侠小说来看，他的前期小说，艺术价值要比后期高得多，如《书剑恩仇录》中香香公主以血来提醒陈家洛不要相信皇帝，就颇有感人的气氛和较高的艺术深度。但金庸的小说中也有因是非不分而削弱小说的艺术价值的，最明显的例子是《天龙八部》中的乔峰，他是金庸在这部小说中最着力刻画的人物，他本是契丹人，父母因误会而被汉族人英雄所杀，这些英雄后来发现杀错人了，就将他交给一个汉人抚养，长大后做了丐帮帮主，丐帮发现他是契丹人，将他驱逐出丐帮，乔峰非常愤怒，发誓要报父母之仇，于是在一次独闯聚贤庄的英雄宴时，大杀宋朝的忠义之士，开杀戒之前，他和旧日的朋友干杯，说："从今以后，你杀我不是负恩，我杀你不是负义！"于是就与昔日的兄弟打杀起来。故事后来写到，乔峰的父亲当时其实未死，这个人后来又杀了抚养乔峰的义父、乔峰的恩师。显然，金庸通过这个人物想着力表现的一是人性的邪恶；二是契丹和宋朝。两国的人彼此仇杀，原因只是由于一个狭隘的民族观念，实在难说谁是谁非。在小说中，他还同时通过宋国官兵也同样劫杀契丹百姓，着力渲染了这一点。

当真是"善未易明，理未易察"吗？作者认为不是这样，大是大非，总是能够分别得出的。大凡读过中国历史的人，都应该知道契丹确实是侵略者，是侵略者即为"非"，是抵抗侵略者即为"是"。至于宋兵也有劫杀契丹老百姓的，那当然也应该谴责，但这却不能改变侵略和被侵略的本质，也即为不能改变是非敌我的标准。抵抗侵略，决不能归因于狭隘的民族观念。描写了两国百姓的相互仇杀而模糊了敌我观念，这恐怕是大多数中国读者所难以接受的。金庸前期作品《神雕侠侣》中曾借郭靖之口说过一句大义凛然的话"为国为民，侠之大者"；而在《天龙八部》中，却又捧大杀宋国忠义之士、官居地位仅次于契丹皇帝的契丹南院大王乔峰，这种混淆是非的刻画，与他前期作品相差远矣。

所以在聚贤庄之会中，金庸虽然着力刻画了乔峰的英雄气概，气氛也渲染得很是紧张刺激，这是很有艺术气氛的，以至读者禁不住要问："读者是否要借聚贤庄中的酒杯，以浇自己胸中的块垒？"这就是由于不分大是大非，以至减弱了人物的艺术感染力。

所以，佟硕之向金庸提出建议：应该还回到《书剑恩仇录》的路上才是坦途。金庸的武侠小说，从《倚天屠龙记》开始渐渐改变，至今也不过三年多点，"实迷途其未远，觉昨是而今非"，他希望借陶渊明《归去来兮辞》中这句话奉劝金庸，只是不知金庸能否听得进去。

梁羽生在人物描写上与金庸可以说各有所长，金庸擅长描写邪派人物，而梁羽生则擅长写文采风流的名士型侠客，佯狂狂士，纵情任性，笑傲公卿的一类人物。

在梁羽生的小说中，性格描写最突出、给读者印象最深刻的是以下几个人物，如《萍踪侠影录》中的张丹枫，《白发魔女传》中的玉罗刹，《云海玉弓缘》中的金世遗，《狂侠·天骄·魔女》中的"笑傲乾坤"与"武林天骄"，都是这一类的人物。玉罗刹与金世遗虽然读书不多，不会出口成章，但从其气质来看，都属于名士型的人物。

但梁羽生书中出现的真实的历史人物，也往往不是才子，便是名士，如《七剑下天山》中的纳兰容若，《大唐游侠传》中的诗仙李白等，也大都写得神采飞扬，生动活泼。不过这一类人物，也并不是每一个都写得很成功，例如《七剑下天山》中的傅青主，把一代高士，也写成了江湖人物，确实不能不说是失败的。

在反派人物的描写上，金庸的长处恰恰是梁羽生的短处。无论梁羽生怎样费心刻画，他笔下的反派人物给人的感觉也不过尔尔，并不让人感觉多么邪恶，像《云海玉弓缘》中的孟神通，《还剑奇情录》中的云舞阳，写得已经算有深度了，但若和金庸笔下的张召重、东邪、西毒相比，则还是大大逊色。不过，金庸笔下的邪派人物，往往邪得太过，不近人情，如《天龙八部》中的叶二娘，每天要吸婴儿血液，南海鳄神要吃人心等，都是故意制造恐怖气氛而已，用来表现邪恶，就显得肤浅了些。所以，梁羽生写反派人物虽然不及金庸，但这种邪得不近人情的毛病，倒是梁羽生所没有的。

梁羽生喜欢写知识分子，这个特点也表现在他所塑造的某些反派人物身上，如《散花女侠》中的铁镜心，从一个文武双全的侠士，渐渐变成一个豪情消减之人，写得就颇有深度，在武侠小说中也算是别开生面的。

不过梁羽生这个特点有时也变成他的缺点，表示知识分子的江湖人物也带是知识分子的毛病，常常出现一些败笔。

梁羽生的小说没有出现正邪不分，是非混淆的问题，这是因为他只擅长写名士型的侠客，写到其他类型的侠客，虽也不无可取之处，但笔力明显削弱了。

倒是梁羽生的前期小说，技巧虽然不很成熟，但粗犷的气息却比后期浓郁，如《七剑下天山》中的凌未风，《塞外奇侠传》中的杨云骢，就不是名士型的侠客而写得较为成功的。

后期的小说，写其他类型的侠客比较成功的有两个人物，一个是《云海玉弓缘》中的江南，一个是《大唐游侠传》中的史逸如，前者是书童出身的小人物，后者是饶有侠气但却手无缚鸡之力的书生，在武侠小说中都算是别开生面之作。尤其是江南这个人物的性格写得很突出，在《冰川天女传》中，他给读者的印象，比主角唐经天还深刻。

梁羽生笔下的侠士，书卷气多而粗犷的气息少，名士才子多，而鸡鸣狗盗之辈少。但他笔下的北国英雄，却太多江南才子的风华，也就是说缺乏一些"燕幽之气""悲慷之气"，不但梁羽生笔下没有"风萧萧兮易水寒，壮士一去兮不复返"的荆轲，大闹五台山的鲁智深这种憨直、悲壮的英雄侠客，而且在其他新派武侠小说中也找不到。因此，佟硕之最后总结说：新派武侠小说的艺术水平，还是远远未能达到这种境界，要胜过古人，恐怕还得多多努力。

金、梁小说中的情

梁羽生武侠小说的爱情描写不但超过古人，而且是金庸不能比的，但梁羽生小说新文艺腔太强，往往使人有虚假的感觉。

就整部小说的情节安排而言，金胜于梁；就爱情描写的变化多样而论，则金不如梁。在这方面的艺术成就，金庸似乎没有达到梁羽生小说的高度。

爱情描写是梁羽生武侠小说的一大特点，在这方面的成就，他是超过古人的。这可能是因为他早年曾主持过报纸信箱的缘故，因为信箱中的信件十之八九都是向他请教爱情问题的，他收集的这方面的素材很多，所以在写到这种问题时自然是得心应手，尤其是对恋爱中的少男少女们的爱情心理描写得尤为细致深刻，而在这其中，最好的又数爱情悲剧描写，如《白发魔女传》和《云海玉弓缘》中的爱情描写。《白发魔女传》中的玉罗刹和卓一航，一个刚强，一个柔弱，两人都是一心一意爱怜对方，但都是经过很多磨难之后，终于还是不能不悄然分手，虽然都还有刻骨铭心的相思，但这悲剧的结局却是不可挽回了。

一般爱情小说中的爱情悲剧，或是由于意外的事变，如一方死亡，或是由于第三者的插入，如给有财有势者抢去爱人，而玉罗刹和卓一航的分手，却是典型的性格悲剧，这在武侠小说中就属于很难得的不落俗套而又更有深度的描写。已故词人刘伯瑞读过这部小说后曾写过一首《踏莎行》词赠他："家国飘零，江山轻别，英雄儿女真双绝。玉箫吹到断肠时，眼中有泪都成血，郎意难坚，侬情自热，红颜未老头先雪。想君亦是过来人，笔端如灿莲花舌。"其中的"郎意难坚，侬情自热，红颜未老头先雪"，就概括且贴切地点出了悲剧的症结。

《云海玉弓缘》则写了两个性格各异的女子谷之华和厉胜男。她们都爱上了主角金世遗。谷之华是名门正派的弟子，厉胜男则与金世遗一样，都是邪派出身。在小说就要结束时，读者都会以为金世遗爱的是谷之华，甚至连金世遗本人都是这样认为的，直到"洞房诀别"一幕，金世遗才蓦然发觉，自己真正所爱的原来是厉胜男，而自己与谷之华结婚，只是因为理智告诉自己必须这样做。这种结局可谓奇峰突起，虽在人意料之外，但细细一想，却又在情理之中，只要是细心的读者，看到这个结尾再回头看看前面，就会发现梁羽生实际上已经埋下了很多伏笔，刻画了金世遗和厉胜男是真正的情投意合。

对照来看，梁羽生的那些以大团圆为结局的小说，就不那么动人了，尤其令人感到惋惜的是，在《云海玉弓缘》的续集《冰河洗剑录》中，金世遗、谷之华终于又以喜剧结束，结为夫妇，实在是破坏了《云海玉弓缘》的悲剧美，当然，这样一来倒是让很多读者在心理上容易接受了，但毕竟难免媚俗之气。

梁羽生的爱情描写当然并非没有毛病，其中一点就是在对话中有时会夹些现代语汇，弄成不伦不类的新文艺腔，也就破坏了应该统一的文字风格，这毛病在初期的作品中尤其明显，到后期是大大减少了，但也未完全断绝。写古代男女的爱情，在心理描写上完全可以用现代语汇，但在对话中用，则不太合适，所以应尽量避免。

金庸的爱情描写也有精彩之处，但比较来看，则似乎稍逊色了。就整部小说的情节安排而言，金胜于梁；就爱情描写的变化多样而论，则金不如梁。在这方面的艺术成就，金庸似乎没有达到梁羽生小说的高度。

金庸的小说多是以团圆结局，只有第一部《书剑恩仇录》是悲剧收场的，但也只能算是半个悲剧。香香公主死后，陈家洛与霍青桐祭墓立碑之后，"连骑而去"，给读者的印象是不管他们最后是否结婚，但最终要在一起。那么，香香公主之死，就成了解决他们之间的三角恋爱的某种手段了。

金庸在爱情故事上惯用的题材是一男多女，像《神雕侠侣》中的杨过和小龙女、郭芙、程英、陆无双、公孙绿萼，《倚天屠龙记》中的张无忌和周芷若、蛛儿、赵敏、小昭，都是这样。问题是：这些女孩子为什么都会爱上同一个男人？而这些男主角也往往被写成见一个爱一个的轻薄少年，尤其是《神雕侠侣》中的杨过，更给人这种印象。梁羽生的小说中也有三角恋爱，但却有比较合理的解释。金庸的多角恋爱则使人感到难以自圆其说，看来也只能解释为金庸受了好莱坞电影的影响。梁羽生的小说，除了三角恋爱之外，还有夫妇二人，自始至终没有第三者插入，只因思想不同而最终分离的，也有全无三角关系的恋人因性格不同而导致的悲剧。就题材的多样性来说，金庸也显得较窄。

武侠小说中的爱情，多是"侠"和"情"联结起来写，金庸后期的小说则往往犯了爱情至上、不分是非的毛病，如在《倚天屠龙记》中，赵敏的父兄为元朝的丞相将军，正是义军的死对头。赵敏本人也是站在父兄一边，与一心要推翻元朝暴政的汉族英雄相对，她还亲自出谋划策，捉拿过大批反元豪杰。但作为名教教主反元领袖的张无忌却爱上了她，这就不能不说张无忌只要爱情，不要民族，敌我不分了。

梁羽生在《狂侠·天骄·魔女》中，也写了一个爱情故事，这可与张无忌的爱情作一对比。梁羽生笔下的武林天骄是金国贵族，但却是反对金主完颜亮暴政、反对本国侵略战争的一个贵族子弟。他爱上了汉族的女侠蓬莱魔女，而蓬莱魔女也由于与他情投意合而感到难以抉择，"侠"与"情"的联结就合理得多，也正常得多。

在爱情的描写上，佟硕之比较推崇金庸的前期小说，《书剑恩仇录》中的陈家洛、霍青桐、香香公主之间的三角纠纷，金庸虽使用了爱情悲剧的惯常手法，即以香香公主的意外死亡而告结束，这似显俗套，但从"侠"与"情"的结合来说，却很有深度，而写香香公主的天真无邪，也是非常精彩的。

《雪山飞狐》中的爱情描写不落俗套，值得一看、一叹。这个故事的结尾很特别，写到最后一段，胡斐可以一刀劈死爱人的父亲，也即他的仇人，但这一刀到底劈没劈？作者没有明写，而让读者自己去猜测安排，这是脱胎于西方美女与野兽的故事模式，但金庸在武侠小说中这样用，却是独出新意，有开拓意义的。另外，金庸所创造的东方式的爱情描写，有些也是比较出色的，像《神雕侠侣》中杨过和郭襄的感情就是这样，郭襄对杨过之爱似有如无，似兄妹之情又似忘年知己。这段故事与梁羽生在《七剑下天山》中所刻画的冒浣莲与纳兰容若的感情有异曲同工之妙。

金、梁小说的思想

梁羽生的小说受中国传统文化的影响较深，也接受了西方十九世纪文艺思潮的影响，即以要求个性自由，反抗社会不合理的束缚为基础的思想。

金庸则接受了今日西方文化的影响，尤其是好莱坞电影的影响，强调人性的邪恶的阴暗面。

若把梁羽生的小说作为一个整体来看，他受中国传统文化的影响较深，但若拆开来看，其中所包含的某些思想，还是接受了西方十九世纪文艺思潮的影响，即以要求个性自由，反抗社会不合理的束缚为基础的思想。如在厉胜男的身上可以看到卡门的影子（《卡门》曾改编成电影在香港上演，名为《胭脂虎》），两人都是不顾个人恩怨，要求爱情自由，即使为此赴汤蹈火，牺牲生命，也在所不惜；在金世遗身上有约翰·克利斯朵夫的影子。金世遗在受谷之华影响转变之前，那种愤世嫉俗、任性纵情的表现，与克利斯朵夫宁可与社会闹翻也要维持自己的精神自由的性格是如出一辙的。而玉罗刹大闹武当山，敢与武当五老冲突，这与托尔斯泰笔下的安娜·卡列尼娜在精神上也是非常接近的。因此，若从深层分析，梁羽生笔下的很多人物，实际上是中国名士气与欧洲十九世纪文艺思潮相结合的产物。

武侠小说由于要突出具有超人力量的英雄，就不可避免地强调个人的力量，因此，武侠小说的形式本身束缚了它本身的发展，因而，自有武侠小说以来，直到今天，它还不能达到别的文艺形式所具有的艺术高度。但由于梁羽生比较注重作品的艺术性，所以可以说至今他已确立了自己的风格，今后应该更坚持走民族形式的道路。他受中国文化的熏陶较深，那就应该继续发展自己的长处，而西方的影响，抛掉了也不足惜。

如果说梁羽生某些方面接受了欧洲 19 世纪文艺思想的影响，金庸则接受了今日西方文化的影响，尤其是好莱坞电影的影响，而在他的后期，这种影响更为明显。好莱坞电影的特点之一就是强调人性的邪恶的阴暗面，思想基础是建立在"人不为己，天诛地灭"的哲学思想上。既然人性有共通的邪恶，既然是"人不为己，天诛地灭"，那也就难怪正邪不分，是非混淆了。像《倚天屠龙记》中，金庸着力刻画了正派人物之邪，有狠毒残忍、滥杀无辜的峨眉掌门灭绝师太，有品格低劣的昆仑掌门何太冲，甚至少林寺的神僧当张三丰来和他们交换《九阳真经》

之时，也曾使用了阴谋诡计。正派之邪到了六派联合围攻光明顶，将"正"亦"邪"的观点发挥得淋漓尽致，这一切都要给读者这样一个印象：正中有邪，邪中有正，不论正邪，人性中都有邪恶自私的成分。在《倚天屠龙记》中还勉强可以分得出正派邪派，到了《天龙八部》，则根本分不出谁正谁邪，看起来人人都好像只为自己打算。慕容博是为了复兴大燕，所以挑拨中原英雄去杀无辜的契丹武士，他儿子慕容复也为了同样的原因，要去娶大夏的公主而抛弃表妹王语嫣的一腔深情；游坦之为了得到阿紫，不惜向敌人磕头求饶；丐帮副帮主的妻子为了正帮主不欣赏她的美貌，而就千方百计要陷害他；甚至连少林寺的方丈也与"天下第二恶人"叶二娘私通生下儿子……这种种刻画，都贯穿着一条"人不为己，天诛地灭"的思想。

好莱坞电影的另一特点，是强调心理因素的影响，好像一切恶事，都是因为某个人受了某一件事的刺激，心理失常造成的，因此恶人也就可以原谅了。金庸的《倚天屠龙记》中的谢逊到处杀人，是因为受了师父杀父奸妻的刺激；他师父之所以如此，则是因为师兄抢了他的情人；《天龙八部》中，叶二娘每天要吮吸婴儿的鲜血，是因为少林寺方丈身份特殊，所以两人的私生子不能由她亲自抚养，于是受到刺激，靠残害别人的孩子泄愤。而谢逊、叶二娘在金庸的笔下最后都得到了同情，得到了宽恕。

在文章的最后，作者回答了自己为什么要写这篇文章，同时也暗示了自己到底是谁：

"我为什么要写这篇文章"？我要坦白地说，除了金、梁的小说是对社会公众影响的原因之外，还有私人的原因。

金庸、梁羽生都是我的朋友，或至少曾经是我比较接近的朋友。他们本来都没有打算写武侠小说的，后来之所以作此尝试，至少部分出自我的怂恿。

我的文章中有几处提起"三剑楼随笔"，有位读者问起它的来历。这是金、梁二剑与另一剑百剑堂主1956年在一张报纸上合写的专栏，后来出了单行本，至今已是整整十年了。

"一卷书来，十年萍散，人间事本匆匆。"这是百剑堂主在金庸第一本武侠小说《书剑恩仇录》的题词，如今看来，竟是似成"词谶"："当时并辔，桃李媚春风。几许少年侪侣，同游日酒与情浓。而今看，斜阳归路，芳陌又飞红。"十年之后，各有各的人生际遇，他们已成为新派武侠小说名家，我与他们也不经常见面了。

他们的小说写得成功，对社会公众有了影响，他们从前也都曾经请我提过意见，由于现在见面的机会不多，彼此事忙，见了面也未必能畅所欲言，既是对社会公众有影响的，那就不如拿到报刊上公开发表吧。

风波骤起

《金庸梁羽生合论》作者署名为佟硕之，人们纷纷猜测文章作者的真实身份；《大公报》高层警告梁羽生：此时说金庸的好话简直是原则尽失！

《金庸梁羽生合论》发表后，在左派阵营掀起了轩然大波，特别是紧接着这篇文章金庸又发表了一篇回应性的文章《一个〈讲故事人〉的自白》，登在第四期的《海光文艺》上。金庸在文中称自己是个讲故事的人，就像古代的说书先生，只把写武侠小说当作"一种娱乐，自娱之余，复以娱人"。他以略带讽刺的语调说自己不象梁羽生那样是严肃的"文艺工作者"，因此梁、金当然不能相提并论，但"要古代的英雄侠女，才子佳人来配合当前的形势，来喊今日的口号，那不是太委屈了他们么"？这话当然是有所指的，而且和以前他批评共产党的政策的语调是一致的，所以，此文一出，《金庸梁羽生合论》的"反面"作用显得尤其突出了，因为在这篇文章中，虽然对金庸也有批评，但基本格调还是赞扬与理解的，这就触及了左派报纸的敏感的神经。在这之前，金庸与左派报纸的笔战已经不了了之，但彼此之间的矛盾却还在存在的，左派高层甚至已经明确警告员工，不准与金庸交往，而金庸在回应文章中明显又是语带讥讽，左派准备反击，但一时倒真弄不明白这篇文章的作者究竟是谁。

从文章的语气和行文风格来看，这篇文章应该是罗孚写的，而且大多数读者也都是这样认为的，却不知这样看恰恰委屈了罗孚，因为文章确确实实出自梁羽生之手。

起因是这样的。当罗孚决定在《海光文艺》上将金庸和梁羽生放在一起评论时，他马上想到写这篇文章的最合适人选应是梁羽生。一方面，梁羽生就是新派武侠小说的开山鼻祖，当然最有资格说话；另一方面，他吃准了梁羽生是好脾气，一般不会拒绝。果然，当他说明来意，以及自己此举的意图后，梁羽生稍稍犹豫了一下，最后觉得好友的面子，实在难以推辞，于是就点头答应了，但同时他向罗孚提出两个条件：一是文章发表时梁羽生不用真名；二是若有人问起，由罗孚出面承认是作者。罗孚爽快地答应了。

梁羽生答应下来的一个主要原因是：虽然在政治上他是偏左的，但他同时认为政治上的分歧不应该影响学术上的争论，在这一点上应该对金庸公平，也应该对自己公平。

为了假戏真做，梁羽生在文中故意模仿罗孚的文风，同时还故意说些自己的坏话，以使读者真以为此文就是罗孚所作，后来的事实证明这个目的是完美地达到了，不过也因此给罗孚和梁羽生惹了不少麻烦。

这篇文章发表以后，罗孚又去找金庸，让他也写一篇回应性的文章。罗孚的意思，当然是希望他们就像当初写武侠小说一样，在武侠小说批评方面也掀起一阵波浪，不料金庸对此事并不感兴趣，答应是答应了，但显然是应付性地写了一篇两千字的文章，即《一个〈讲故事人〉的自白》。金庸在这篇短文中称：

> 我只是一个"讲故事"人（好比宋代的"说话人"，近代的"说书先生"）。我只求把故事讲得生动热闹……我自幼便爱读武侠小说，写这种小说，自己当作一种娱乐，自娱之余，复以娱人（当然也有金钱上的报酬）……
>
> 我以为小说主要是刻画一些人物，讲一个故事，描写某种环境和气氛。小说本身虽然不可避免地会表达作者的思想，但作者不必故意将人物、故事、背景去迁就某种思想和政策。

我以为武侠小说和京剧、评弹、舞蹈、音乐等等相同，主要作用是求赏心悦目，或是悦耳动听。武侠小说毕竟没有多大艺术价值，如果一定要提得高一点来说，那是求表达一种感情，刻画一种个性，描写人的生活或是生命，和政治思想、宗教意识、科学上的正误、道德上的是非等等，不必求统一或关联。艺术主要是求美、求感动人，其目的既非宣扬真理，也不是分辨是非。

罗孚本希望金庸会像梁羽生那样洋洋洒洒写篇长文，那样就又热闹了。可惜金庸似乎并不热心，罗孚只好叹口气，让这事淡化下去。

虽然大多数读者并不知道《金庸梁羽生合论》一文的作者是谁，但《大公报》一些高层领导却不可能不知道，他们看梁羽生在文章中竟然为金庸说好话，都很生气，把梁羽生叫过去进行了严厉的批评，并警告他一定要和金庸划清界限，不可丧失立场。

令梁羽生雪上加霜的是，就在这篇文章发表后的第二年，香港爆发了震惊世界的香港式的"文化大革命"，即"六七暴动"。左派力量组织工人群众，与港英政府直接对抗，港府则出动军警毫不留情地镇压。在这场运动中，金庸坚定地站在港英政府一边，反对工人采取过激行动，为此他被左派称为豺狼庸，甚至有消息称左派要杀掉他，他所创办的《明报》还收到过邮包炸弹。在这场运动中，《大公报》当然是坚定地站在左派一边的，看到金庸如此地"顽固"，他们不仅更为生气，对一切为金庸辩护的人和事当然更难以原谅。陈凡本来和金庸、梁羽生都是好朋友，三人一起写过"三剑楼随笔"，可政治形势的变化，竟然把三个好朋友划到不同的阵营里去了，在大是大非面前，陈凡是决不会因为朋友友谊而丧失政治立场的，所以此时看到金庸如此反动，不禁大骂他是"汉奸""卖国贼"，并且找到梁羽生，批评他在这种敌我矛盾中，竟然还称赞金庸，简直是原则全失。

但除了《大公报》的这些高层领导外，外界大都不知道这篇文章出自梁羽生之手，提及此文，往往都认为是罗孚所作，如1980年香港伟青书店出版《梁羽生及其武侠小说》一书，其中收入《金庸梁羽生合论》，文章末尾还注名说明："作者佟硕之是香港某报的总编辑。"

梁羽生虽然从这篇文章一发表就受到来自上层的压力，但他始终没有说这篇文章原来是罗孚的主意，而直到该文发表二十二年后，罗孚才在应邀为北京的《读书》杂志写有关香港作家的系列散文时，以柳苏为笔名在《侠影下的梁羽生》一文中，说出这个秘密。

随后人们就这个问题展开了新一轮的争论，只不过人们关注的焦点还是文章本身，而不牵涉到对梁羽生的人身攻击，如香港作家岑逸飞在 1988 年 4 月 29 日在《信报》的"磨砺精神专栏"中发表《金田有奇士》一文，对此事进一步澄清：

> 写梁羽生的柳苏，何许人也，圈中人自是清清楚楚。他提及20年前"金庸梁羽生合论"一文，执笔人竟是梁羽生，这是一手资料，不能有假。该文说："梁羽生的名士气味甚浓，而金庸则是现代的洋才子。""梁羽生受中国传统文化的影响较深，而金庸接受西方文艺的影响则较重。"这证明了梁羽生的夫子自道，立论亦算中肯。
>
> 以目前的财富论，梁较诸金自是望尘莫及。但这世间毕竟不只以财富论英雄。从作品上看，梁、金孰优孰劣，亦是见仁见智。金庸笔下，正邪不分，较能反映人性；梁羽生笔下则是忠奸不两立，其侠气是跃然纸上了。
>
> 梁羽生是广西蒙山人，家乡接近太平天国起义的金田村。"金田有奇士"，柳苏说"期待他写以太平天国为题材的历史小说"，我们做读者的对他的笔力亦有信心，请勿封笔呀！

可以说，这时候的评论，虽然有恍然大悟者，也有义愤填膺者，但主要还都是针对文章而发，还不是人身攻击。但后来的情形，则是罗孚和梁羽生都始料未及的。当然，这事与罗孚有关，若他早一点把这个秘密说出来，恐怕就不会给人造成如此大的突兀感，并因而有种上当受骗的愤怒了。但罗孚为什么没有说明呢？当然不是怕承担责任，而是觉得事情已经这样了，而且该产生的影响也都产生了，所以他并没把这事太放在心上，人们把这篇文章看成他的杰作，他往往一笑了之；即使后来他说出这件事情的真相，也是因为他认为事隔久远，说出来也不会对任何人造成任何伤害，没想到自他文章一出世，却使不少有心人找到了批评梁羽生的一个把柄，并展开了对梁羽生的责难。

1995年3月3日，罗孚在《明报》上发表了一篇文章，对《金庸梁羽生合论》出台前后的"内幕"做了说明：

> 1996年我们办《海光文艺》的时候，为了表示我们不但提倡严肃文学，也提倡通俗文学，特别是新派武侠小说，因此，邀请了梁羽生、金庸这两大武侠名家各写一篇谈论武侠小说的文章。

梁羽生同意写两人合论，但怕引起误会，以为是他一要标榜自己，二要藉金庸来标榜自己，因此只同意用笔名发表，而且，当有人问起时，要我承认，那文章是我写的。我当然欣然同意了。这就是后来署名佟硕之的那一篇。

金庸不肯写两人合论，只写了一篇短文，算是给了面子。那时候已是经过左派报纸和他一场"核子裤子"的笔战，撕破脸在前了。他的文章自谦只是一个说故事的人，至少那时候，他恐怕没有想到新派武侠小说会把他抬上了"文学大师"的地位。

这样一来，《海光文艺》上反而成了只有金庸，没有梁羽生的文章了。而逐渐传闻的，却是我这个姓罗的就是大谈新派武侠小说的佟硕之。这是有人问起时，我冒名顶替的结果。

直到前几年，我在北京写《侠影下的梁羽生》时，有感于刘绍铭在中文大学的研讨会上，还在把佟硕之的文章当成我写的（这也难怪），我只好老老实实说出了这一点秘密，不再掠美。

现在却有人拿了这篇文章大骂梁羽生，说他借此自我标榜，我不得不再一次出来认账：这不是他的主意，只是我的组稿。他一点也没有用这样的手法来标榜自己的意思。乱棒打人，棒打非人，这是扯不上什么侠和义的。

有趣的是，就在大家为此事忙得不亦乐乎时，处于争论的焦点的两个当事人却都已经退出江湖，过着"且自逍遥无人管"的归隐生活了。对文坛围绕着自己的这番争论，虽然关注，但已无心介入，更没写什么文章参与进来。实际上，无论私交还是在公开场合，两人的所作所为，都使人毫不犹豫地认为他们是无话不谈的好友，且彼此惺惺相惜，英雄惜英雄，出来都是互相推崇而非彼此攻讦。

1994 年 1 月 23 日，应悉尼作家节的邀请，金庸、梁羽生作为嘉宾出席，并作有关"中国武侠小说"的演讲。梁羽生在演讲中提到金庸时说过这样几句话：

> 我顶多只能算是个开风气的人，真正对武侠小说有很大贡献的，应是金庸先生。……他是中国武侠小说作者中，最善于吸收西方文化，包括写作技巧在内，把中国武侠小说推到一个新高度的作家。有人将他比作法国的大仲马，他是可以当之无愧的。

而金庸在演讲中则谦虚地自称"后辈"，说自己从梁羽生的小说中学到了很多有益的东西，今后还将继续学习，等等。此次两位武侠小说泰斗相见，竟有隔世之感，因为至今两人已有 10 年未见面，想起当初同在《大公报》于工作之余大摆龙门阵，谈武论侠，或操起黑白子，昏天黑地大战一场的潇洒情景，两位已是"白头搔更短"的老人不禁唏嘘不已。在此次会议闲暇时候，两人不禁又坐到一起，下一盘棋，重温往日旧情，一时使与会者为之动情。

1998 年 5 月，在接受香港杂志《广角镜》记者采访时，金庸多次提到梁羽生，敬佩之情，溢于言表，且看下面两段采访记录：

> 记者：回头看，莫非当时已看准苗头才从事创作？
>
> 金庸：我不是一个。梁羽生写得比我早，他写了一年多一点我才写。
>
> 记者：后来的锋头可否盖过他？
>
> 金庸：盖不过他，各有各写法，名声也差不多。我们既是同事，也是好朋友，"金梁"齐名吧！说"金梁"并不是我好过他，而是清朝有个搞文史的人姓金名梁，人们习惯了便叫我们"金梁"。
>
> 记者：哦！真这么巧。
>
> 金庸：他写作比我早，年纪也大我一两岁，他比我成名早。
>
> 记者：但你成名也很快呀！
>
> 金庸：他先成名。我再跟着他，我当他前辈。哈哈！

记者：你很谦虚。

金庸：也不是谦虚，是事实。他是我好朋友，他移民欧洲已十几年了，我们现在还是好朋友。

记者：写小说时你还很年轻。

金庸：是呀！也超过三十岁了。

记者：刚三十出头就能想象，是出于一种什么心态？

金庸：梁羽生与我从小都是武侠小说迷，我们很喜欢看的。

记者：看别人的。

金庸：是，中国唐朝以来有一千多年的武侠小说传统。

记者：真正写成气候的是你们两人。

金庸；也不是成气候。

记者：中国近代、当代，总该是吧！

金庸：说当代吧！但台湾的武侠小说家比香港的多得多，他们出版的书有两千部四万本，出名的小说家大概有五六百位。

记者：台湾有这么多？但也应这么说：像你们这般成气候的不多。

金庸：台湾有个古龙，内地也发行了他很多书。

记者：对！古龙也颇有名气。但真正成大气候的是你们"金梁"二人，名气大得好"巴闭"（很厉害）。

金庸：因为我们两人在内地出版的书比较多。

接着，采访录在"快速成名，一大成果"的副标题下，又记录了金庸关于梁羽生的谈话：

记者：三十来岁的年轻人，写小说之初，估计不到现在的成就。

金庸：唉！当然是呀！开始只是在报纸上刊载连载小说，一出来就很受欢迎，梁羽生的很受欢迎，我的也很受欢迎。

记者：很快就成名了？

金庸：是呀！

记者：成名之后，或说到了今天，回过头想，当时是否始料不及？

金庸：是预料不及的。因为成名，书的销路好了嘛！自己收入增加，我就以此作本钱自己办报，便办了份《明报》。

记者：从什么时候开始，你有意识地把武侠小说变成文学作品？

金庸：我想，我与梁羽生两人的修养比较高，一写就把它写好了。

记者：受过高等教育？

金庸：是呀！所以一写就写好了。对我们是很自然的事，我们是优秀报纸的编辑，水平一定会高的。

记者：（哈哈！）很自信。有否觉得从哪一年开始，自己便有意识地去提升文学地位？

金庸：不是从哪一年开始，是写着写着，就写得好一点、高一点，是逐步形成。所以我的小说是前面几部写得不太好，后面几部慢慢进步了。梁羽生也这样，前面几部写得不太好，后面写好了，我们两人同时在进步。

记者：采访中你多次主动提起梁羽生，你们是好朋友，你总提起他。

金庸：是，他人很好的。

显然，两位武林前辈也像他们笔下的许多盖世英雄一样，实为心胸磊落之人。但至于别人如何评价，那都不是他们自己的事了。

第七章

饱览山水

长屋风情

梁羽生说自己平生共四大爱好，一是读书，二是写作，三是下棋，四是旅游。

有一次到猎头族人房中参观，抬头向上一望，差一点没叫出声：原来就在房梁上，挂着七八个用药水处理过的人头。梁羽生虽然在武侠小说中创造了那么多天不怕地不怕的英雄豪杰，但现在也有魂飞魄散之感。

出生在蒙山山水之间的梁羽生似乎也秉承了山水的灵性，所以养成了儒雅风流的名士态度，而正是因为这种态度，使他对纵情山水情有独钟。在桂林读书时他就经常或邀请二三同学，或独身一人率性出游，在山水甲天下的桂林的这三年，可以说进一步促进了他对旅游和山水的热爱。梁羽生看山赏水，不是纯粹欣赏历史风物、自然美景，他要从天籁中捕捉与自己性灵吻合的美感，进而陶冶自己已经儒雅的性情。

梁羽生毫不隐瞒自己对旅游的兴趣，他说自己平生共四大爱好，一是读书，二是写作，三是下棋，四是旅游。到了香港后，虽然最初因为要站稳脚跟，需努力工作，所以外出旅游的机会少之又少，但后来他写武侠小说出名之后，特别是他辞去报馆编辑职务，专任报社撰写员后，时间基本上就由他来决定，所以到了70年代后，他的足迹不但踏遍中国大陆各著名风景名胜地和历史文化名城，而且也曾随同旅游团到过世界上不少国家，大大开阔了眼界。每到一处，梁羽生必先了解当地的历史民俗，掌故传说，并随即写成迥异于他的武侠小说，但也同样会饶有趣味的游记散文。如他在游览过中国三大名城杭州、昆明、大理后写了一篇散文，比较了三处的异同：他认为西湖就似"淡妆浓抹总相宜"的华贵少妇；昆明则似"荆钗裙布惹人怜"的小家碧玉；大理则像"粗头乱服亦倾城"的天真无邪的乡野村姑。生动的文笔，妙趣横生的比喻，形象地把三地风景的异同表达了出来。

在这篇文章里，他还从气候的角度，将中国几个著名的旅游胜地作了生动的描绘。

杭州历来是作为"杏花春雨江南"的代表，梁羽生曾在不同的季节去过三次，他也熟知古往今来咏叹西湖的名诗、名联。他觉得春天的杭州才不负游人一番美意，因为杭州的春天确实暖风熏人醉，直教人悔没生在杭州，特别是在和煦的春阳下泛舟西湖，那种滋味，绕心三日，袅袅不散；夏天的西湖却很令他失望，因为太热，这可能和他体胖有关，在暴晒下，滋味确也不好受；在秋天的西湖看月，是梁羽生一直津津乐道的享受之一。历来"避月如仇"的杭州人在秋天却"趋月如亲"，梁羽生有幸逢此盛景，其乐融融。

"五岭皆炎热，宜人独桂林"，这是诗圣杜甫咏桂林的名句，不过依梁羽生在桂林住过三年的经历，以及后来多次重游的感受，他觉得自己看到的桂林可能与杜甫生活时代的桂林不同，因为这里的山水虽好，但气候却不尽如人意，特别是夏天的晚上，一阵阵热气从地下冒出来，相当难受；桂林的冬天也似乎太冷了点。

春城昆明，四季如春，气候宜人，天下皆知，所谓"沾衣欲湿杏花雨，吹面不寒杨柳风"，说的就是昆明宜人的气候。游人游览，不必担心下雨忘带雨伞，即使下雨，也不过是像杏花落在身上，有雨相而实无雨带给人的烦恼，转眼就干了。梁羽生在昆明游玩，就从没带过雨伞，轻雨落下，游人不但不以为恼，反而游兴更浓。

但梁羽生最喜欢大理的天气，喜欢那里更接近泥土的自然气息。他去大理是在春天，正是春寒料峭的时节，早晨或晚上还能感觉到一点冷，但也正因为这一点冷，而使空气显得更清爽，也使人不必走到田野就能在空气中嗅到一丝泥土的味道。梁羽生在文章中引用了几首前人咏大理的"竹枝词"来说明自己对大理的这种感觉是有史可证的，其中一首是："五月滇南烟景别，清凉国里无烦热。双鹤桥边人卖雪，冰碗啜，调梅点蜜和琼屑。"在大理时，梁羽生另一个强烈的感觉是大理之美与大理的蝴蝶之美是分不开的，因为大理的春天美，所以不但来自世界各地的游人流连忘返，就连蝴蝶好像也被这里的美景吸引，不远万里，从世界各地齐来大理会合，在这春天的芬芳中展览蝴蝶的盛会。特别是每年的四月，在大理的蝴蝶泉会聚集各色各样的蝴蝶，绕树盘旋，让人叹为观止。可惜这些都是梁羽生从书上看来的或听人讲的，他到大理的时间稍微早了点，蝴蝶是看到了，却没能看到如此的蝴蝶盛会，后来每忆及此，都不胜惋惜，发誓一定再游大理，弥补此遗憾。不知现在此愿是否已实现。

1978 年 11 月，第七届亚洲象棋赛在马来西亚的古晋举行，梁羽生以中国香港象棋队顾问身份应邀参加，听说武侠大师梁羽生来了，象棋比赛场成了"武场"，前来找他切磋"武艺"的人络绎不绝，真是旧友未断，新友又来，梁羽生大有应接不暇之感。

在来访的新友中，有一个人的名字引起了他的注意，他叫郑宪文，是古晋《国际时报》的总经理兼总编辑。他和梁羽生可以说既是老熟人，又完全是陌生人。说是老熟人，因为两人神交已久，耳熟能详，对方性格、典故可以娓娓道来；说完全陌生，是因为两人从来只是文字之交，一直未能谋面。10 年前，《国际时报》筹办之际，郑宪文给梁羽生写信，请他为该报写武侠小说，并索贺词一首。本来郑宪文以为自己和梁羽生素不相识，现在贸然去求他写武侠小说，已显唐突，而自己竟要索要贺词，更是"不知天高地厚"，所以信寄出后，一直忐忑不安。不曾想此后不久他就收到了梁羽生的贺词《菩萨蛮》，以示祝贺。词曰：

> 当今国际风雷激，天南要仗如椽笔。描画好江山，雄文万众看。时评多卓识，报道夸详实。公正自撑持，风行信可期。

郑宪文喜出望外，对梁羽生可谓是"未见钟情"。这次梁羽生来到古晋，郑宪文又是个喜出望外，神交十年的朋友，如今就在自己面前，畅谈无忌，回顾《国际时报》10 年来的风风雨雨，两人同声唏嘘。随即，郑宪文就在自己的报纸上发表一篇欢迎文章《神交十载的梁羽生》，并附赠诗一首。

除了《国际时报》，世界各地报刊记者也纷纷闻"生"而至，访问梁羽生，把个象棋赛变成了梁羽生访问赛，大有喧宾夺主之势。

这次亚洲象棋锦标赛结束后，各地棋会组织成立了"亚洲象棋联合会"，于 1978 年 11 月 25 日在古晋成立。联会特意邀请梁羽生为该会撰写会歌。梁羽生欣然从命，挥毫而就，歌词是：

小小棋盘，妙趣无穷。

这是亚洲人民的智慧创造，

这古老的东方艺术啊，

历时千百载，

今日更繁荣。

飞车跃马争雄

平和竞赛乐融融，

友谊花开遍西东，

交流文化拓心胸。

啊，请把这艺术之花遍栽世界，

这是我们的衷心愿望啊，

五洲四海一枰通！

　　不过，对梁羽生来说，这次古晋之行最大的收获是满足了自己的探险欲望。梁羽生不但喜欢自然的美景，对具有传奇色彩，甚至恐怖意味的旅游也很感兴趣。这次古晋之行，除了过足棋瘾外，他还有一个意外的收获，那就是充分领略了当地达雅人充满神秘色彩的"猎头"奇观，当然，这不是说梁羽生目睹了这个民族是怎样猎头的，而是他从现在的达雅文化中体味到过去的达雅人是如何既野蛮但又充满生命活力的一种精神力量。

　　猎头族所居之地称长屋，当地特有的风土人情通称"长屋风情"。

　　那天早上 10 点左右，梁羽生以及其他对此感兴趣的游客一起从古晋乘车，中间稍作停留，于当天晚上 7：30 分到达长屋。在黑漆漆的夜晚，因为已经对这里居民的历史有大致了解，所以游人难免心里有点紧张。正在这时，忽听得清脆的几声枪响，大家正感到毛骨悚然，又传来热闹的锣鼓声，大家才松了一口气，原来这是达族人欢迎客人的方式。

　　入乡随俗，但随俗需要勇气和胆量。一进入长屋，沿途都要过几道坎。第一道坎是敬酒，每个客人都会遇到好多敬酒的达族人，会喝的当然没问题，不会喝的也不能拒绝，不论男女，都得这样。若在过去，拒绝喝酒者的头自然会被敬酒者猎去，现在当然不会猎头了，但拒绝就是犯了当地的大忌，是会受到冷落的。所以，后来达族人也了解到这世界上还有不会喝酒的人，于是就允许客人采取一种折中的办法，只要客人将嘴在酒杯上略微沾一沾，也就算过了这道关。

第二道关是敬烟，这种烟是当地特有的，味道辛辣刺激，相比第一道关，这第二道关更加容易过，只要客人做个手势，也就可以了。

第三道关是达族女性邀你跳舞，这是当地最大的禁忌，不管对方是老是少，是丑是漂亮，只要她们相邀，你就必须接受邀请，在过去，就有人因为拒绝而头被猎去。现在当然不会这样，但也是属于大不敬的行为。

梁羽生轻松过了这三关，就和朋友一起下棋观舞了。下着下着，梁羽生忽然意识到自己来看的是猎头族，怎么至今还未见到一个人头？未免太扫兴。他试探着问问同行的朋友，大家有的说现在事过境迁，达族人已经进化文明，早已经不会有什么人头了；但也有的人坚持认为这个地方之所以成为旅游胜地，一定是因为当地还保留着古代遗风，或至少在某些方面保留着。最后大家派一个胆子比较大的去问一个达族人，待明白了这些好奇的游客的意思后，那个达族人做个手势，让他们跟自己走。

一行人随着那个达族人来到一所房子里，达族人抬手向上一指，梁羽生等抬头向上一望，差一点没叫出声：原来就在房梁上，挂着七八个用药水处理过的人头。大家思前想后，一股股凉气从脚心直往上冒，梁羽生虽然在武侠小说中创造了那么多天不怕地不怕的英雄豪杰，但现在也有魂飞魄散之感。

原来，达族人虽然现在不再动不动就猎人头，但过去猎过的人头都还保留着，因为这代表了这些人头的主人的地位和力量，是赢得族人的尊敬和姑娘青睐的充分必要条件。当然。达族人猎头风俗的形成并非因为他们天生嗜杀，而是因为迷信，对人头的迷信，他们相信人头能够给他们带来好运，带来五谷丰登，人畜兴旺。特别是年轻人，猎取的人头越多，越能得到族中姑娘的爱情，久而久之，人头就失去了恐怖感，而成了一种装饰品，成了力量美的象征。这种习俗直到第二次世界大战后才在各种力量的作用下灭绝。

真是不入长屋，焉得人头。有了这一次经历，梁羽生也算不虚此行。但若问他还会不会第二次来看人头，那答案可能就不那么肯定了。

卢浮宫与法国香水

导游宣布：参观卢浮宫的时间为半小时！梁羽生以火箭升空的速度奔到《蒙娜丽莎》身边，甚至连她怎么微笑都没看清楚，就又以火箭坠地的速度下楼。

当导游宣布买法国香水的时间为两个半小时时，全车响起一阵女人的欢呼声。

梁羽生更加失落了。

梁羽生的世界之游有时也会出现一些让他深觉遗憾、让听者感到好笑的事。巴黎之游就是一例。

巴黎这个世界艺术之都对梁羽生一直有很深的吸引力。有一年，梁羽生终于有机会随一个旅游团抵达巴黎，高耸入云的埃菲尔铁塔，庄严巍峨的巴黎圣母院，风流俊逸的香榭丽舍大道，令这位来自另一个艺术国度的游客流连忘返，抚今追昔。但最让他激动的，是这些项目之后，就要游览举世闻名的卢浮宫。

根据游览团的计划，游览卢浮宫是最后一个安排。梁羽生看看表，已经下午三点多了，不禁有点遗憾：用这点时间游览珍藏着数不胜数的艺术品的卢浮宫，难免会走马观花，意兴难尽，但因为整个旅游时间都很紧张，有这 3 小时，也该满足了。

正当他跃跃欲试，满怀憧憬时，导游突然发出一个惊人命令："各位游客，请大家现在去游览闻名世界的卢浮宫，但因另有安排，所以请大家掌握好时间，半小时后回到车上，过时不候！"

梁羽生以为自己听错了，就忙追问了一句："只游多长时间？"

"半小时！"导游一副不容置疑的口气。

一些与梁羽生一样抱着观赏卢浮宫的热望来的游客也表示反对："半小时，看一个展区都不够，怎么能够尽兴？我们此次来巴黎主要就是为了看卢浮宫，这样安排未免太不近情理了吧！"

"先生们，你们自然有你们的道理，但我们是旅游团集体出游，所以旅游路线必须根据大多数人的愿望安排，所以只好委屈你们一下，"说到这里，导游抬手看了一下表："现在已经过去了五分钟。"

在导游解释的同时，旅游团的女士们纷纷附和。梁羽生等一看众怒难犯，只好乖乖从命，现在听导游这样一说，知道已经无可挽回，就急急忙忙去观赏这座令他们仰慕已久的艺术之宫。走到售票处一看，不禁大跌眼镜。原来卢浮宫有个规定，除了星期天不用买票外，其他时间必须买票才能进去，而这天买票的人又特别多，在梁羽生们看来更是多，他们排了二十多分钟的长队，才买到票，一拿到票一看：哇！只剩下十分钟了！普遍撒网已经不可能了，只有直奔重点了！他们不顾一切朝三楼奔去。原来，在游览前，同游者中有游览过卢浮宫的人，看到他们这帮人确实太可怜，就好心地提醒他们：时间有限，最好抓重点。卢浮宫最出名的艺术品是《蒙娜丽莎》，这幅画在三楼，不用找，只要看哪幅画下人最多，那一定就是《蒙娜丽莎》。

他们以火箭升空的速度奔上三楼，果然蒙娜丽莎下面人最多，他们挤不进去，只有抻长脖子，匆匆看了一眼蒙娜丽莎，甚至连她怎么微笑都没看清楚，更不用说看清微笑的神秘性在哪里，约定的时间已到，于是他们又以火箭落地的速度往楼下奔去，途中买了一幅《蒙娜丽莎》的复制品，好回到车上仔细研究蒙娜丽莎微笑的魅力在哪里了。

车子往前开去，梁羽生等人一副闷闷不乐的样子，而女士们却越来越兴奋起来，一车子都是她们压抑不住的欢快笑声。梁羽生知道，女士们来巴黎很多是为了这里的时装和香水，所以他推测，前面要去的不是时装店就是香水店。

果然，当车子停下后，导游宣布："各位女士，现在你们看到的是巴黎最著名的一家香水店，你们可以尽情选择自己喜欢的香水，时间为两个半小时。"

顿时一派娇声的欢呼声，导游得此赞许，胆气也壮起来，不禁得意地看了梁羽生等人一眼。

尽管事先已经预料到这个结局，但一听购香水的时间为两个半小时，梁羽生还是难免惊讶：在导游的眼里，原来卢浮宫的价值还不如香水，而在大多数游览者眼里，法国香水的魅力看来也超过卢浮宫里的艺术珍品的价值。

后来在别的国家游览时，梁羽生也遇到过类似的情形。有一次到同样闻名世界的意大利的佛罗伦萨。这里的闻名，一是因为这里曾是文艺复兴的发源地，另一个原因是当地的皮革制品出名。梁羽生当时随着一个旅游团从威尼斯去罗马，中途经过佛罗伦萨，并在那里吃午饭，期间也安排了一个旅游项目，但只是参观一家皮革厂，用了两小时。三天后他们从罗马赴日内瓦，中途又经过佛罗伦萨，这次呆的时间较长，而且要在这里过夜，游览时间则有半天，已是难得的奢侈，结果又用了两个小时参观皮革厂，说是参观，实际上就是购物。梁羽生等几个喜欢观光的游客只能抽时间匆匆参观了当地的天主教大教堂，本希望好好看看教堂顶层的壁画，但当他们爬到顶楼时，已经累得气喘吁吁，哪里还有情绪仔细观赏壁画？同样是走马观花般一瞥，算是欣赏过了。

"武侠小说是成年人的童话"

1979年8月下旬，梁羽生与数学大师华罗庚在英国北部的伯明翰相遇，"武侠小说是成年人的童话"这句对武侠小说的经典评语也就在这次相遇中诞生。

梁羽生曾多次到英国旅行。1979年8月下旬，他到位于英国北部的伯明翰旅行，从而与闻名世界的数学大师华罗庚相遇，而"武侠小说是成年人的童话"这句对武侠小说的经典评语也就在这次相遇中诞生。

华罗庚这次是应邀来伯明翰参加世界解析数论大会的，会议从当年五月开始。这是华罗庚首次出现在国际数学会议上，所以引起了很大的轰动。梁羽生抵达伯明翰不久，正好当地一名华侨宴请华罗庚，梁羽生亦作为贵宾应邀出席，在席上与华罗庚一见如故，谈武论"数"，相交甚欢。

梁羽生对数学本来就感兴趣，而且还挺有研究。早在写"三剑楼随笔"时，他就写了一篇《数学与逻辑》，其中在谈到数学的重要性时就这样说道："数学是一门很重要的科学，又是很有趣的科学。数学在科学的领域里，被称为'纯科学'，意思是'纯理论'的科学。可是一切技术科学，都要以数学为基础。甚至某些社会科学，到深入研究时，也需要良好的数学做基础，如经济学就是一个例子，所以有人说：哲学是一切社会科学之母，而数学则是一切自然科学之母。"

华罗庚对梁羽生的武侠小说是了解的，但至于梁羽生对数学也如此感兴趣，而且还素有研究，却是今天第一次领教，两人的谈兴自然越来越浓，从历史谈到小说，从小说谈到数学，到宴席结束时，两人仍感到意犹未尽，遂相约明天到华罗庚下榻的房间继续谈。第二天。梁羽生如约前来，两人又整整谈了一下午。

华罗庚这次来到伯明翰引起了轰动，没想到这次他又出现在国际会议上，许多读过他的著作、受过他的影响的与会者甚至喜极而泣。就在这次会议期间，他已先后收到西德、法国、荷兰、美国、加拿大等国许多著名大学的邀请，前去讲学。他对梁羽生说自己准备接受这些邀请，讲学不敢当，主要是以学为主，并把自己的观点亮出来。梁羽生问他对自己的讲学之旅是怎样安排的，华罗庚微笑着说："我准备弄斧必到班门！我准备了十个数学题，包括代数、多复变函数论、偏微分方程、矩阵几何、优选法等。"他的计划是：如果这个大学以代数著名，他就在这所大学讲代数；如果这个大学以优选法出名，那他就在这所大学讲优选法，总之，他不像一些学者那样，到处演讲同一个题目，而且还是自己最拿手的领域，这就是他所谓的"弄斧必到班门"。真是艺高人胆大，但也主要是因为他是抱着虚心学习的态度来的。他对梁羽生说中国人一向主张不要班门弄斧，但不到班门弄斧，又如何学到真正的本领呢？若只对不懂自己所讲的东西的人炫耀学问，那对人对己都没有好处，而且这样的演讲也毫无价值，只有找上班门，在明师面前献技，才能表现出自己的长处和短处，才能得到大师的指点，才会进步；而如果我们的表现还能得到鲁班的赞许，那对我们自己国家的科学的发展，也是极有帮助的。梁羽生点头称是，并联想到自己小说中的武林世界，一个高手的成功，绝不是闭门造车式的，而是不断在江湖中闯荡，不断与高手过招，在不断的失败中不断总结自己的长处与短处，再进而摸索苦练，最后自己才能成为一代高手。这和华罗庚所讲的"弄斧必到班门"的意思显然是一样的，这可比害怕到班门弄斧的人境界高得多了。

在谈到"文化大革命"时，华罗庚没有多谈自己受到的冲击和迫害，而是给梁羽生谈了一个笑话。笑话是：1973年，局势稍微好转，他也得到允许到各地讲优选法。在文化和科学受到多年摧残后，清醒过来的中国人迫切渴望科学的复兴，需要精神和文化的滋养，所以他的演讲到处都受到热烈欢迎，听众最多的一次是在武汉，人数竟多达六十万人。主办者也有先见之明，知道任何一个会场也不会容纳下可能涌来的听众，所以安排用广播播放华罗庚的演讲！这种庞大的声势令"四人帮"胆战心惊，就想方设法阻碍，谁能想到他们加到华罗庚身上的罪名竟是华罗庚以讲数学为借口到处游山玩水。周恩来知道这个消息后极力支持华罗庚，还亲自支持把华罗庚的演讲拍成电影广泛宣传。张春桥也看了这部电影，看完之后却说什么："把优选法拍成电影给青年人看实质上就是引导青年走资产阶级道路。"姚文远则更直截了当："优选法根本不是科学！"这些人只知道整人斗人，连什么是科学都不懂，竟然敢断言优选法不是科学，"这不是天大的笑话吗？"华罗庚一脸讥笑地对梁羽生说。

　　事实上，在"四人帮"的胡搅蛮缠下，科学要获得真正的发展需要付出巨大的代价，实际上也不可能真正得到进步。只有在粉碎了"四人帮"后，科学迎来了第二个春天，华罗庚也迎来了自己的第二个春天，在科学研究上呕心沥血。当时有人以曹操的诗鼓励他：老骥伏枥，志在千里。烈士暮年，壮心不已。华罗庚也应和了一首诗："老骥耻伏枥，愿随千里驹；烈士重暮年，实干永不虚。"梁羽生听华罗庚吟出这几句诗，不禁为眼前这位世界杰出科学家的热情和雄心而叹服。

　　谈完数学，两人的话题转到武侠小说方面。当时华罗庚刚刚看完梁羽生的《云海玉弓缘》，很感兴趣。他认为，作为通俗文学的武侠小说，因为故事情节奇诡曲折，引人入胜，因此普遍受到读者欢迎也是正常的。只要内容不是反动的或诲淫诲盗的，就该容许它存在下去。他对梁羽生说："我们不应该象条件反射一样，一看见武侠小说就认为是坏东西。"梁羽生点头同意："虽然有些武侠小说确实起到坏作用，但不能认为所有的武侠小说都是坏东西。"

　　"对，如果内容不好，别的小说也可以是坏作品，历史小说也可以有坏内容的。只看形式不看内容，贴一个标签，这不是一种科学方法。"华罗庚不愧是科学家，谈到这个问题时也是从科学的角度看问题。

"对，看武侠小说也要具体问题具体分析，"梁羽生接着说："自然，武侠小说中确也有很多武而不侠、随意胡编乱造、迎合低级趣味的浅薄、庸俗、宣扬封建的、不科学的甚至愚昧的东西的低劣之作，但是总不能因为有了这些劣作而就全盘否定所有的武侠小说。胡编乱造，以赢利为目的的作品并非只有武侠小说才有，不少号称纯文学的作品，也充斥着这类东西。"

华罗庚稍微沉思了一下说："事实上很多标榜是武侠小说的小说是不能算是武侠小说的，它们不过是借武侠小说的形式而为自己赢利。很多人认为武侠小说不是文艺作品，就是根据这些作品做出的结论。"

梁羽生深有感触："现在还有很多人持这种观点，这是因为有很多武侠小说确实不是武侠小说，因为它们根本没有侠义，有的只是离奇怪诞的故事，甚至没有武，只有神，根本没有侠；有的所谓武侠小说，只是拳头加枕头，变成低级趣味。这种故事实在不能算是武侠小说。港台有很多自称是文艺小说的小说实际上也不能称是文艺小说，它们传播灰色的人生观，或者是黄色的黑色的。这些所谓文艺小说，放在榨果机里，也榨不出几点'文艺'出来。"

"是这样的"。华罗庚说："即使过去大部分武侠小说都不好，也不能说武侠小说都不好，也不能说武侠小说是低级趣味，不是文艺。武侠小说是成年人的童话，是有它存在的正当理由的。"

华罗庚的这句话从此成了为武侠小说正名的经典评价。

梁羽生与华罗庚的这次会面对武侠小说来讲是具有历史性意义的，一个举世闻名的科学家为武侠小说正名，使许多污蔑之词知难而退，也使武侠小说获得了越来越多人的支持。

月是故乡明

阔别家乡数十年的游子终于回到了家乡。回到家乡的感觉一切都是新的。

梁羽生对家乡变化的印象是："从纵的方面讲，进步确实很大，但若从横的方面讲，差距也很大。"

梁羽生自从广州到香港之后，虽然家乡的山水和人情时时涌上心头，但毕竟因各种各样的原因无法亲自回去，就连父兄去世的消息，都是通过朋友打听到的。每当梁羽生在小说中写到人物活动的背景时，故乡的山，故乡的云，就不时在他眼前飘过。他多想再回到昔日游戏过的大地上，重温一下久别的亲情和乡音啊！

1987年春，这个愿望终于变成了现实。

这是一别家乡数十年后首次回到故里，沿途所见所闻都令这个思乡的游子心潮起伏，浮想联翩。在途经梧州游览白云山时，梁羽生难抑兴奋，才思奔涌，遂口占一绝：

四十二年归故里，白云犹是汉时秋。

历劫沧桑人事改，江山无恙我旧游。

回到家乡的感觉一切都是新的。当初离开家乡时，这里还只是穷乡僻壤，连电灯都没有，但现在却家家都通电，户户有电灯；交通也方便得多了，过去梁羽生从家里到外祖父家要用一天时间，要翻过一座山，走七十多里山路，现在乘车只不过半小时。

蒙山县委知道梁羽生回来，也特地请他参加一个座谈会，并谈谈对家乡变化的印象。梁羽生非常坦率地说："从纵的方面讲，进步确实很大，但若从横的方面讲，差距也很大。"

在家乡的这3天，梁羽生还特意到蒙山县立中学走访。他发觉家乡的教育事业真是变化多多。当初自己在这所学校读书时，学校还只有初中，学生也只有一百多人，现在则是"完全中学"了，除了初中，还有了高中，学生有好几百人，而且学校还有丰富的藏书，比自己当时想学也没书看的窘境，真是一个天上一个地下。

这次回乡，梁羽生还参加了蒙山文笔塔重建竣工典礼，并应乡亲盛邀，为该塔题写了一联一诗。联为：

文光映日，到最高处开阔心胸，看乡邦又翻新页；

笔势凌云，是真人才自有眼界，望来者更胜前贤。

其中"是真人才自有眼界"引自黄鹤楼中的一联。文笔塔建于清乾隆二十七年，供奉的是"奎星"，亦称"魁星"，是天文学中的二十八宿之一，负责文章胜衰，主管文人的官运，乡人供奉，过去当然是出于迷信心理，现在则是因为它是古迹。梁羽生这副对联的妙处就在于反其意而用之，暗示热衷于功名利禄的不是真正的人才。

梁羽生所题的诗为：

蒙豁虑消天地广，山环水绕家雄奇。

文人骚客登临处，笔健诗豪立志时。

杜甫有"忧来豁蒙蔽"诗句，梁羽生诗的首句反用了杜甫的这句诗。杜甫诗句的意思是说，人人皆有忧，而之所以忧，从内因来说，多属于事理未能通达，因"蒙蔽"而起的障；从外在因素讲，也可能是受了"蒙蔽"。而梁羽生则借自己的诗表示，不论是外因导致的"蒙蔽"，还是内因导致的"蒙蔽"，只要"蒙豁"自能"虑消"。该诗用到供奉文曲星的文笔塔上，也有提倡教化、开启民智之意。

第八章

封笔挂刀

退出武林

谢绝了许多朋友的挽留，放弃了触目可及的利益，梁羽生毅然宣布退出"武林"。

梁羽生笑着说："江山代有才人出，自我去后自有人。我已经写了那么多年，自己都感觉腻了，再写恐怕也很难出新意。"

1983 年 8 月 2 日，《武林一剑》在香港《大公报》连载完最后一段文字。这已是梁羽生的第 35 部武侠小说，至此梁羽生宣布：自己将挂刀封笔，退出"武林"。

许多朋友劝他："武侠小说名利双收，而且你现在已有了一大批读者，若你真的不写武侠小说了，我们答应，恐怕读者也不会答应。"梁羽生笑笑回答说："江山代有才人出，自我去后自有人。我已经写了那么多年，自己都感觉腻了，再写恐怕也很难出新意。退出武林是我早就有的愿望，相信读者也会理解的。"

朋友们这才知道他这是蓄意已久，也就不再劝他了。

实际上，早在 1981 年梁羽生就已经萌生了退意。本来写武侠小说也非其所愿，若非罗孚怂恿和"逼迫"，恐怕他现在也不会想到要写武侠小说；另外。通过写武侠小说，他觉得有一项素质是写武侠小说的人所必需的，那就是要有丰富的想象力，而人过五十，想象力自然比不过二十岁，而他又不是一个为名利而强迫自己做非己所愿的事，所以在给友人的一封应答文中，他借龚自珍的一首诗表达无奈闯入武林的苦恼，透露了想归隐山林，做自己想做之事的想法。这首诗是这样的：

> 少小无端爱令名，也无学术误苍生。
> 白云一笑懒如此，忽遇天风吹便行。

当时就有朋友也以龚自珍的两句诗相赠，以示挽留之意，"且莫空山听雨去，江湖侠骨恐无多"，感友盛意，梁羽生才继续写了两年，凑够 30 年的整数，这才坚决封笔不写。因为他感觉去日太多，来日却怕无多，而他自己内心最想做的事情却还没有很好地做，他要留下时间做自己真正喜欢做的事。当然这样说并不表明他不喜欢自己写的武侠小说，而是他觉得武侠小说毕竟只是自己兴趣的一个方面，还不足以称作自己圆满的人生。

封笔之后他最紧要的事是把自己以前的武侠小说认真修改。作为最初在报纸上连载的武侠小说，不管作者的主观动机是多么好，多么纯洁，但在实际操作层面却难免受到报纸作为宣传媒介、大众媒介这种特殊性的制约，吸引读者无疑也就成了创作者不得不当作第一位的目的。当武侠小说家功成名就，可以不受商业价值的驱动而开始以文艺的角度重新审视自己的作品时，他们就情不自禁地要大刀阔斧地重新从更高的角度修改自己的文学作品，不但梁羽生是这样，金庸也曾用整整十年时间做这项工作。这种修改的好处是进一步提高了作品的思想性和艺术性，使原先应急而写的粗糙疏漏处能得到弥合；不好之处在于失去了原创时作者特有的那种激情和想象力，这不但是修改武侠小说必然带来的后果，也是其他类型的作品都会遇到的不尽人意的地方。但总的来说，新派武侠小说之所以能得到如今这样的地位，与梁羽生、金庸等潜心修改之功是密切相关的。

梁羽生的小说刚开始面世时都难免青涩。因为作为新的道路的开拓者，一切都要自己摸索，而且是随写随交出去，有时是同时为几家报纸写稿，在内容和质量上就难免疏漏和差强人意；另外，因为这些作品是梁羽生年轻时创作的，所以充满激情，具有丰富的想象力，但有利的一面往往也就是不利的方面，作品在技巧上就显得幼稚，文字功夫显然也差火候；到了中晚期作品，梁羽生驾驭文字的能力已经臻于成熟，技巧也堪称圆熟，但想象力开始衰退，而且犯了上年纪的人最常犯的错误，那就是行文开始啰唆，情节开始拖沓起来，如每当写到武打场面，基本上会让人物毫无必要地多打上一阵，这样势必使得整部小说的情节前后不衔接。

梁羽生修改自己小说的工作量是很大的，因为他几乎将自己所有的小说都重新修改了一遍，有的修改的幅度还很大，不但文字上改，结构上改了，甚至连人物也改了，而这必然导致整个小说情节的改动，这就像滚雪球，越滚越大。等梁羽生基本满意了自己的小说，从桌子上抬起身来时，他才恍然明白：自从决定修改自己的武侠小说至今，已将近十年过去了！其中所费心血，绝对不比当初创作时少。

梁羽生虽然封刀退出武林，但他开创的这一门派却依然年轻而充满活力。武侠小说这一文坛奇葩的鲜艳绽放，梁羽生具有首植之功。这对千万个武侠小说迷来说，怎一个"谢"字了得！

以武侠小说为史

在新派武侠小说家中，梁羽生首先开创了将历史与传奇结合起来的写作方法，金庸等只是后继者；梁羽生也是始终坚持这一创作方法的唯一的新派武侠小说家，金庸有很多没有历史背景的小说，而古龙最后干脆抛弃了小说的历史背景。

新派武侠小说区别于传统武侠小说的一个重要环节，就是往往都很重视小说的真实感和历史感，常常以历史上的一些真实人物以及真实的历史背景，为自己的小说增加真实度。这些人物大都是正史上有的，而围绕着他们发生的曲折离奇的故事情节，则往往来自野史或传闻，可靠性不大，但也因此使小说亦真亦幻，似假又真，真真假假，魅力四射。梁羽生的小说一向被誉为兼有历史小说之长，他的武侠小说有很多直接以历史人物为主人公，如《七剑下天山》中的神医国手傅青主，其他像纳兰容若，历史上就实有其人。

在新派武侠小说家中，梁羽生首先开创了将历史与传奇结合起来的写作方法，金庸等只是后继者。另外，梁羽生也是始终坚持这一创作方法的唯一的新派武侠小说家，金庸是在创作过程中也写了很多没有历史背景的小说，而像古龙到最后则干脆抛弃了历史背景。

梁羽生的大多数作品都有史实作基础，他作品涉及的时代包括从隋唐到近代，他作品中的主要人物和重要事件也都是这一历史时期中所存在和发生过的。而且他尤其喜欢选择社会动荡时期的历史为背景，像唐朝的"安史之乱"，明朝的"土木堡之变"。可以说，他是以文学形式来表现这一时期的历史。

刚开始写武侠小说时，他也像大多数人一样，认为武侠小说不能算是文艺小说，后来就是因为意识到武侠小说也可以有历史小说的特长和功能，所以才坚定了自己创作武侠小说的信念。

既然武侠小说可以当作历史小说来写，那么写武侠小说的作者应该具备什么样的素质和知识要求？梁羽生认为，写武侠小说的作者，知识面越广越好，他不一定专，但一定要广，也就是说，十八般武艺不是要你样样精通，但起码要懂得三招两式，懂得越多当然越好。写武侠小说，这是属于古代的东西，也必然涉及过去的人和事，那就要求作者多少要懂得一点历史。写爱情小说不一定要懂得历史，但若你写的是中国古代小说，那一点都不懂历史可就糟了。比如写武则天，就必须看一点历史，才能知道在一个男权中心的社会，一个女子是如何取得政权的，又是如何将天下治理得井井有条、太平繁荣的。又比如，关于武则天，历史上有过各种各样不同的评价，而对她的谴责远远超过赞扬，特别是对她的情感生活，更是说得污浊不堪。这样，要想写出一个真实的武则天，就必须在广泛了解当时历史基础上做出自己的判断。梁羽生的《女帝奇英传》写的就是武则天的故事，他从人的立场，从客观的历史立场，重新评价了武则天这个有争议的历史人物，把她还原为一个杰出的女政治家，一个有血有肉的真实女性，同时也写出了她的寂寞和无助，写出了她不但得到了天下，而且把天下治理得很好，但在封建时代，又有几人真能理解她的历史功绩呢？

若没有对唐朝历史的全面理解，若没有对武则天这个人物内心的深刻把握，梁羽生又怎能写出这样一个形象鲜明、血肉丰满的历史人物呢？

除此之外，梁羽生还写过纳兰性德和魏忠贤等一大批历史人物。在写这些人物时，他采取了历史事实和虚构的事件相结合的手法，使人物既真实可信，又具有一定的传奇性。像魏忠贤在他笔下竟有个私生女客娉婷，而后者刚开始并不知道魏忠贤原来是自己的父亲。她本来生活在宫中，荣华富贵，但她却对自己周围的一切反感至极，她一直劝母亲和自己一起离开宫廷，当她意识到母亲不但与魏忠贤有私情，而且与皇帝也有关系时，她既感到困惑，又觉得痛苦。她没有想到魏忠贤这个千夫所指的奸臣竟是自己的父亲，此时，她"恨不得有个地洞钻下去，从此永不见人。她掩着脸孔几乎哭出声来，无心再听，转身便跑"。她没有从亲情的角度袒护历史的罪人，而是从自己内心的道德观和正义观，看待魏忠贤及其党羽的罪恶，最后随玉罗刹出走江湖，完成了对父亲的彻底反叛。不过，梁羽生对这个女性的描写有点概念化，她对魏忠贤的决绝，虽然符合人间正义，却不符合人之常情，这也是梁羽生武侠小说中人物的通病。

总的来看，梁羽生笔下的历史，一般是民族冲突、朝代兴亡史，这和梁羽生要借历史兴衰的教训来浇自己胸中块垒的创作动机有关。他身逢中国遭受外敌侵略的悲痛时代，心中充满家仇国恨，如何摆脱外敌的侮辱，消除本民族的弊端，是他一直在探究的问题。他想通过自己的小说，以史为鉴，找到这样一条强国之路。另外，他的历史观主要体现为朴素的民间正义观和忠奸观，所以他笔下的冲突往往是截然对立的两方的冲突，一般没有一个缓冲的中间层，像"官"一定与"民"对立，"官"一定是残暴无耻，压榨人民，老百姓一定要与官府对抗；"民"代表的一定是正义，"官"代表的一定是邪恶；汉族一定与外族对立，外族一定是侵略者，汉族一定是奋起抗争的可歌可泣者……这样描写虽然使人感奋，符合大众的阅读趣味，但却忽视了历史发展本身的复杂性以及人性的复杂性，从而忽略了本是丰富多彩的历史细节描写。

梁羽生是把用武侠小说反映时代的真实放在第一位的，也因此他的小说主题往往充满历史的沧桑感。当然，他笔下的历史真实只是一种精神上的真实，而不是史学或历史传记式的真实。

总之，在"史"的方面，梁羽生在港台武侠小说家中的成就是有目共睹的，他的35部小说，差不多都是以一定的历史时代为背景的，他对于史实的熟悉，自不待言。

诗情画意

梁羽生小说回目多采用前人的诗词或自创的诗词，而且善于锤炼意境，这使得他的小说充满诗情画意，余味无穷，有时使人忘了自己在读武侠小说，而是在读经典的爱情小说。

诗意是梁羽生小说区别于其他新派武侠小说的最突出的特点之一，而这种诗意的形成，则是因为作者出于对人生百态和人情世故的深切理解，并用艺术的手法和自己内在的情感表现出来。梁羽生武侠小说的独特诗意的形成，主要源于以下几个方面。

一是小说的回目多采用前人的诗词或自创的诗词，像：

剑气珠光，不觉望行皆梦梦；
琴声笛韵，无端啼笑尽非非。

剑胆琴心，似真似嗔同命鸟；
雪泥鸿爪，亦真亦幻异乡人。
——《七剑下天山》

壮志欲酬湖海愿，
知音谁识坎坷人。

望极遥天愁黯黯，
眼中蓬岛路漫漫。
——《云海玉弓缘》

这些对联式的回目，不但对仗工整，而且诗意盎然，与小说所要表达的感情和意境非常吻合，若非将感情投入小说中，而且自己也深知词中三昧的人，是很难达到如此境界的。

梁羽生在小说中很喜欢引用古典诗词。中国文学史上浩如烟海的诗词，只要梁羽生认为合适，就会信手拈来，为他所用，为营造小说的诗情画意服务。如《萍踪侠影录》中的张丹枫，论身份是名士型的侠客，这种背景就使梁羽生完全可以不避嫌地让他出口成章，满嘴诗词，一派儒雅风度。他的出场亮相就是一个狂醉书生形象：

> 书生服饰华贵，似乎是富家公子，他独自饮酒，一杯又复一杯，身子摇摇晃晃，颇似有了酒意。忽而高声吟道："天生我材必有用，千斤散尽还复来。烹羊宰牛且为乐，会须一饮三百杯。"摇头晃脑，醉态可掬。

这时他第一次见到云蕾。云蕾是个仙女般的少女：

> 忽见繁花如海之中，突然多了一个少女，白色衣裙，衣袂飘飘，雅丽如仙……那少女又从树上跳下，长袖挥舞，翩之如仙，过了些时，只见树枝簌簌抖动，似给春风吹拂一般，树上桃花，纷纷落下。少女一声长笑，双袖一卷，把落下的花朵，又卷入袖中。悠悠闲闲地倚着桃树，美目含笑，顾盼生姿……

他对云蕾一见钟情，自己是骚客，自然要借诗抒情。所以接着他就吟什么"抽刀断水水更流，举杯浇愁愁更愁。人生在世不称意，明朝散发弄扁舟"。综观整部小说，凡是他出现的地方，总伴随着吟诗声、诵词声，声声入耳。失意时他会唱柳永的艳词，面对西湖胜景，看眼前春光无限，莺声燕语，心中阴霾顿时一扫而光；豪情勃发时他则唱什么"中州风雨我归来，但愿江山出霸才，倘得涛平波静日，与君同上集贤台"，什么"堪笑世人多白眼，莲花原是出污泥"，把一腔济世救国的热情壮志挥洒无遗。

与云蕾产生爱情后，张丹枫更是诗兴大发，对云蕾的思念也真使他"辗转反侧，寤寐思服"。但云蕾与他有血海深仇，所以总是"在水一方"，两人要结合一起的希望显然是非常渺茫的。但张丹枫明知如此，仍苦苦追求，其中苦衷与深情，他就借助很多前人诗词来表达。

一次张丹枫和云蕾在中秋月下策马同行，双方都拿苏轼的咏月词诉说衷情，也用得十分巧妙、贴切：

张丹枫索性在马背上回转头来，见云蕾似喜似嗔，也不觉心神如醉，一霎时间，许多吟咏中秋的清词丽句，都涌上心头。云蕾道："大哥，你傻了么？"张丹枫一指明月，曼声吟道："但愿人长久，千里共婵娟"。这是苏东坡《水调歌头》词中名句。云蕾接着吟道："人有悲欢离合，月有阴晴圆缺，此事古难全。大哥，你别只记得最后两句，而不记得这几句呵！"说了之后，神色黯然。

张丹枫本是借词寄意，"但愿人长久，千里共婵娟。"希望能和云蕾白头偕老，长对月华。云蕾心中虽然感动，却记起了哥哥的话（指云蕾之兄云重不许她与张丹枫结成夫妇），所以也借词寄意："人有悲欢离合，月有阴晴圆缺，此事古难全。"暗示前途茫茫，未可预料，只恐良辰美景，赏心悦事，自古难全。云蕾本是多愁善感的人，说了之后，自己又觉难过，悲从中来，不可断绝。

这里把苏轼的词颠倒过来用，把两人的心境描写得非常准确，各自内心那种欲说还休的无奈和痛苦，和苏轼此词本身表达的意境和心境也非常吻合。

除了引用前人诗词外，梁羽生还根据小说背景和人物性格及命运，独创了很多同样优美绝伦的诗词，为小说添色不少，他笔下也因此颇多能武善诗之辈。

在《散花女侠》中，铁镜心给心中的情人于承珠写了一首词《浣溪纱》：

> 望里青山接翠绿，无情风自送潮归，钱塘江上怅斜辉。
> 我似江潮来又去，君如鸥鹭逐波飞，人生知己总相违。

没想到，这首词于承珠没有看到，反而被倾心铁镜心多时的少女沐燕看到了。沐燕以为铁镜心是为自己写的这首词，不禁喜出望外，也回了一首《浣溪纱》：

> 酒冷诗残梦未残，似心明月倚栏杆，思君悠悠锦琴寒。
> 咫尺天涯凭梦接，忆来唯把旧诗看，几时携手入长安。

这两首词本是误会而生，但却成了千里牵姻缘的红线，使两个本来隔膜的男女从此相亲相爱。这种奇妙的感情结局就如小说最后一首词所概括的，这又是一首《浣溪纱》：

惆怅晓莺残月梦，梦中长记误随东，此中情意总堪嗟。

大树凌云抗风雪，江南玫瑰簇朝霞，各随缘分别天涯。

以诗词抒发情怀在梁羽生的小说中可以说是比比皆是，如《白发魔女传》中写卓一航与白发魔女彼此相爱，但因为两人一个属于名门正宗，一个属于魔道，江湖伦理不允许他们结合，加上彼此多次发生误会，所以始终是好梦难圆，但却彼此都在内心深深思念着对方。卓一航曾托罗铁臂带了三首小诗交给玉罗刹：

蝶舞莺飞又一年，花开花落每凄然，

此情早付东流水，却趁春潮到眼前。

浮沉道力未能坚，慧剑难挥只自怜，

赢得月明长下拜，心随明月逐裙边。

补天无计空垂泪，恨海难填有怨禽，

但愿故人能谅我，不须言语表深心。

随后他又在石壁上刻了一首小令：

秋夜静，独自对残灯，啼笑非非谁识我，坐行梦梦尽缘君，何所慰消沉。

风卷雨，雨复卷侬心，心似欲随风雨去，茫茫大海任浮沉，无爱亦无憎。

卓一航是世家子弟，对于填词作诗当然比较拿手，这几首诗词写得确实是令人感泣，连粗通文墨的玉罗刹都看得潸然泪下。

无奈情海波折，直至小说结束，两人仍没有成就眷属。小说结尾，卓一航独立天山驼峰，凄然南望白发魔女所居的南高峰，不禁悲从中来，用剑在石壁上刻下一首律诗：

> 别后音书两不闻，预知谣诼必纷纭。
> 知缘海内存知己，始信天涯若比邻。
> 历劫了无生死念，经霜方显傲寒心。
> 冬风尽折花千树，尚有幽香放上林。

从格律来看，此诗一般，但在表情达意方面，却是非常贴切的。

除了诗词之作，因为梁羽生喜欢谈诗论词，所以他的小说中的人物往往也有喜欢谈诗论词的儒雅之士，如《七剑下天山》中的纳兰容若和冒浣莲一边品茗，一边谈诗，就很是充满诗情画意。另外，该书中多次引用纳兰容若的词，也颇能与人物的感情、性格融合为一体。但任何东西若泛滥，不加控制，本来好的东西也往往会变成让人生厌的东西，像《广陵剑》，谈诗论词的内容就写得太多太滥，侠客英雄一见面就满口诗词，使人觉得气闷，即使懂得诗词的读者读了也会觉得没趣，那些不懂得诗词的读者看了，就更会觉得索然无味了。

梁羽生小说的开头结尾，往往也用诗词，而且其中还很有一些杰作。这些诗词单独看具有美感，与整部小说作为一个整体看，又起到提纲挈领式的效果，概括了整部小说的审美价值，不可缺少，也不可不看。像《龙虎斗京华》开篇是他自作的《踏莎行》：

> 弱水萍飘，莲台叶雾，卅年心事凭谁诉？剑光刀影烛摇红，禅心未许沾泥絮！绛草凝珠，昙花隔雾，江湖儿女缘多误。前尘回首不胜情，龙争虎斗京华暮。

《七剑下天山》，开篇词是《八声甘州》：

> 笑江湖浪迹十年游，空负少年头。对铜驼巷陌，吟情渺渺，心事悠悠！酒冷诗残梦断，南国正清愁。把剑凄然望，无处招归舟。
>
> 明月天涯路远，问谁留楚佩，弄影中州？数英雄儿女，俯仰古今愁。难消受灯昏罗帐，怅昙花一现恨难休！飘零惯，金戈铁马，拼葬荒丘！

此词苍凉豪迈，颇能写出江湖侠士缠绵悲壮的心境。

结尾词为《浣溪纱》：

> 已惯江湖作浪游，且将恩怨说从头，如潮爱恨总难休。
>
> 瀚海云烟迷望眼，天山剑气荡寒秋，峨眉绝塞有人愁。

该词则总结了江湖上的恩怨，英雄们之间的爱恨，令人回味无穷。

梁羽生小说的诗情画意还体现在他刻意为小说创造一种整体的意境和诗意，他小说的每一章节、每一回目、每一人物都自觉服从于这一美学追求，使小说通体流淌着一股不息的感情激流和诗意的色彩。像《牧野流星》和《冰河洗剑录》，书名就引人生发无限的联想，而其实该书名就是从《七剑下天山》的第一个回目对联"牧野流星，碧血金戈千古恨；冰河洗剑，青蓑铁马一生愁"得来的；而他的一些小说，其中的感情波折，人生坎坷，也都堪称一首首优美绝伦、婉转曲折的抒情诗，是一首首感叹人生之多艰、命运之莫测、心愿之难偿、恩怨之难了、尘缘之难断、情孽之难消的诗：《白发魔女传》中卓一航与练霓裳有情人终无法成眷属的悲情；《七剑下天山》中凌未风、刘郁芳因心心相印反日渐疏远的天老地荒之遗憾；《云海玉弓缘》中的金世遗与厉胜男多情反似近无情的一腔惆怅，都令人有一咏三叹、意犹未尽之感。

除了直接引用或创造诗词来创造小说的诗意外，梁羽生小说的诗意境界还来自他富含诗质的语言，和看似随意、实则精心安排的诗意的情节，如《鸣镝风云录》第二十四回写辛十四姑内心蕴含着一丝暖暖的爱情，但却没有采取武侠中人常用的方式表达，而是弹奏了一曲《诗经·小雅》中的《白驹篇》：

皎皎白驹，食我场苗。絷之维之，以永今朝。所谓伊人，于焉逍遥。

皎皎白驹，在彼空谷。生刍一束，其人如玉，毋金玉尔音，而有遐心！

情因景生，以景衬情，梁羽生小说中的诗意不是表现在某个具体情节、具体人物身上，而是作为一个整体、作为一种笼罩整部小说的情调和意境存在的，而这种诗意的形成，则是因为作者随时随地在有意识地创造着诗意，从任何具体的细节、具体的人物的塑造和安排上都寻找诗意的结果，随便举几个例子：

景物描写：

不一刻，云中白光闪法，东方天色由朦胧逐渐变红，一轮血红的旭日突然从雾中露了出来，彩霞满天，与光相映，更显得美艳无俦！不知从哪里飞来了许多彩色的蝴蝶，群集在花树上，忽而又绕树穿花。方庆虽是武夫，也觉得神怡目夺。

——《萍踪侠影录》

这样的段落绝无矫揉造作之感，而是像小河流水，自然而然地从梁羽生的内在性情中潺潺流淌出来的，是无法压抑的一种雅致之韵，清新之味，有佳人，有美景，情景交融，自然融会成一幅幅不是人间又是人间的仙境，此情此景，非真性情者写不出，非有真性情者也看不出，所以，在某种程度上说，梁羽生的小说不是为大众写的，而是为雅人、骚客写的。

除了这样优美的环境描写之外，梁羽生还自觉打破了传统武侠小说的窠臼，以新文艺的精髓融入自己的武侠小说，以西方文艺小说的精神贯穿自己的小说，在中国人习以为常的小说模式中创造出一种新的意境，一种新的武侠小说美学。就拿传统武侠小说最不擅长，也可能是最不重视的心理描写来说，梁羽生就决不等闲视之，而是精心雕刻，细心斟酌，出于自然，还于自然，如行云流水，不着一字，尽得风流。且看很多人都曾击节赞赏过的《散花女侠》第十五回"拍岸惊涛，芳心随逝水；冲波海燕，壮志欲凌云"中的一段：

> 张丹枫、铁镜心、毕擎天的影子又一次从她脑海中飘过，自从来到义军
> 军中之后，她和铁、毕二人朝夕相伴，已是不止一次的将他们二人与自己的
> 师父比较，又将他们二人比较，越来越有这样的感觉：如果把张丹枫比作碧
> 海澄波，则铁镜心不过是一湖死水，纵许湖光激滟，也能令人心旷神怡，便
> 怎能比得大海的令人胸襟广阔；而毕擎天呢？那是从高山上冲下来的瀑布，
> 有一股开山裂石的气概，这股瀑布也许能冲到大海，也许只流入湖中，就变
> 作了没有源头的死水，有人也许会喜欢瀑布，但却不是她。

没读过这部书的人，一定看不出这段心理描写有多么妙。这里写的是一个情
愫暗生的十七岁少女于承珠对自己身边的几个男人的比较，读者且不难看出她爱
的是自己的师父张丹枫，而且因此也看不上实际上也很不错的另两个男人，可通
观全段，却没有一个字写她对师父是多么爱怜，甚至连她自己可能都不知道。这
是典型的少女之心，而且是绝对真实的初恋。另外，这段描写的妙处还在于将姑
娘的心理与身边的大海联系起来，而以大海、湖水、瀑布比喻三个男人的性格，
又是非常自然生动，贴切感人的。这已经是上乘的心理描写方法，非功力深厚者
所不敢为也，也不会为也。

梁羽生小说的诗意还体现为通过独创的意境，创造一种朦胧美，这要归功于
梁羽生对现代西方心理学的领悟和妙用，特别是对弗洛伊德梦的理论和无意识理
论的运用，其中最成功的运用是对青年男女情感的描写，似有却无，似无实有，
天高云淡，又意蕴深远，实是不可多得的妙笔。如《联剑风云录》中写到张玉虎
与龙剑虹本是一见钟情，却又以相互争吵为见面礼，但内心其实都已经是情波泛
滥，激情难抑，小说写道：

> 心念方动，忽觉一股幽香，沁入鼻观，却原来是那位龙小姐也躲到神像
> 背后来了。庙中这个神像虽不算小，但两个大人藏在它的背后，究竟不免耳
> 鬓厮磨，张玉虎心头一荡，面上一热，稍稍移开几寸，……

四掌相触，连击三下，张玉虎但觉好似有一股暖流似的，从她的掌心流遍自己全身，禁不住心中为之一荡！

读者读到这里，也会禁不住心中为之一荡。一对偶然相遇的到青年男女，因爱心初动而引发的微妙的心灵激荡，无疑是人间最让人神往，也最让人心神不宁的生命现象，而这种萦绕不去的感情潮流，自然就汇成暖暖的诗意。

宁可无武，不可无侠

"我认为，武是一种手段，侠是一个目的，通过武力的手段去达到侠义的目的，所以，侠是最重要的，武是次要的，这是我的看法。一个人可以完全没有武功，但是不可以没有侠。"

梁羽生的小说，完全遵循了自己的原则，其优其劣，皆源于此。

在谈到武侠的特性时梁羽生曾这样说道：

"武侠小说，有武有侠。我认为，武是一种手段，侠是一个目的，通过武力的手段去达到侠义的目的，所以，侠是最重要的，武是次要的，这是我的看法。一个人可以完全没有武功，但是不可以没有侠。那么，什么叫作侠，这有很多不同的见解。我的看法是，侠就是正义的行为。什么叫作正义的行为呢？也有很多的看法，我认为对大多数人有利的就是正义的行为。"

梁羽生坚持的基本上还是传统的侠义观念，但却不是传统观念的简单演绎，也不完全等同于"忠、孝、节、义"之类的观念，而是坚持真正的侠义行为应该是为大多数人的利益而服务的，既不是对一家一姓的封建王朝的效忠，也不是"桃园结义"式的兄弟之义，而是胸中时刻想着广大人民，装着整个国家的侠之大者，是代表着整个民族利益的民族英雄，体现着历史的正确发展方向，代表了人民意志和理想的先进人物，他们集中了下层人物的优良品质，是智慧、力量、正义的化身，是带领人民与封建统治阶级和外族入侵者进行针锋相对斗争的急先锋。他小说中的主人公，绝大多数都是这样的英雄，是为大多数人民谋利益的侠之大者，从柳剑吟、丁晓、岳明珂、杨云骢、凌未风、飞红巾，到张丹枫、云蕾、于承珠、南霁云、铁摩勒、段克邪、褚葆龄、刘芒、华谷函、檀羽冲、柳清瑶、霍云天、蓝玉荣，等等，无不贯穿了梁羽生的这种侠义观念。最典型地体现梁羽生"宁可无武，不可无侠"观念的是《大唐游侠传》中的史逸如夫妇，其中丈夫是大唐的进士，又是隐士，妻子则是普通的大家闺秀，家庭妇女，两人都不会武功，但当面临国家命运和个人生死的冲突时，他们却毫不犹豫地表现出惊天地、泣鬼神的大义凛然之举：丈夫为了不给朋友添麻烦自尽，妻子则卧薪尝胆，苦心孤诣，坚持留在安史之乱的敌后，精心策划让安禄山自取灭亡的大计，最后计划完成，自己则含笑赴死。

当然，武侠小说可以无武，但要做到绝对无武却是根本不可能的，要想成为真正的优秀武侠小说也基本上是不大可能的，而实际上梁羽生也并不是真正摒除武功描写的，而且在新派武侠小说中，梁羽生的武功描写也是仅次于金庸，他所独创的一些武功招数，像"须弥芥子功""飞花摘叶术""天山剑法"等，也是精彩绝伦的。像《白发魔女传》中玉罗刹与岳明珂之间的一番交手，就是一个典型例子。玉罗刹的师父本是岳明珂师父的妻子，但后来两人斗气，妻子一气之下离开丈夫，并且独创了一套与丈夫完全相反的武功，不想走火入魔，将绝世武功留待玉罗刹来发扬壮大。玉罗刹就像酒鬼迷恋酒一样迷恋武艺，可惜平时曲高和寡，难遇对手，若好不容易遇到一个武功相当的对手，一定会死缠硬打，不比出个高低就决不罢手。现在遇到自己师父的丈夫的徒弟，正是棋逢对手，将遇良才，打得自然是不亦乐乎：

岳明珂与玉罗刹相对而立，全神贯注对方，久久不动。突然间岳明珂剑锋一颤，喝道："留神！"剑尖吐出凛凛寒光，倏地向玉罗刹肩头刺去，玉罗刹长剑一引，剑势分明向左，却突然在半途转个圆圈，剑锋反削向右。岳明珂呼的一个转身，宝剑"盘龙疾转"。玉罗刹一剑从他头顶削过，而他的剑招也到得恰是时候，一转过身，剑锋恰对着玉罗刹的胸膛，卓一航骇然震惊。只见那玉罗刹出手如电，宝剑突然往下一拖，化解了岳明珂的来势，剑把一抖，剑身一颤，反刺上来，剑尖抖动，竟然上刺岳明珂双目。卓一航又是一惊。不料那岳明珂变招快捷，真是难以形容，横剑一推，又把玉罗刹的剑封了出去。……

这一段打斗写得精彩之极，但却没分出高低，于是约定十年后再比。当十年后两人再相遇时，一个成了白发魔女，一个成了晦明禅师，但两人比试的描写同样精彩，这次比赛玉罗刹在剑术上略占下风，于是她一言不发，飞身便走，并留下一句话："还是二十年后再比吧！"

二十年后的比赛一定同样精彩。

而这样精彩的武打描写在梁羽生的小说中却比比皆是！

如《云海玉弓缘》中好玩使性、天真烂漫的冯琳与赞密法师的比武：

冯琳坐的是一棵茶树，见赞密法师坐定之后，便即笑道："法师，我借花献佛，请法师哂纳！"

一朵大红茶花向赞密法师飞去，赞密法师低眉合计，这时忽地仰头道声："多谢。"说也奇怪，那朵花去势本来极急，到了他的头顶，却似乎是在闭塞中停留了一刹那，这才缓缓落下，接着的两朵也是如此，三朵茶花端端正正排列在他的铺平的袈裟上。小一辈的名派弟子尚未悉其中奥妙，长一辈的武学行家已耸然动容，要知冯琳使的正是"飞花摘叶，伤人立死"的上乘武功……

冯琳笑道："红花还要绿叶相配。"摘了一把树叶，顺风一撒，片片树叶，随风飞舞，从四面八方向赞密法师吹来，用的正是"天女散花"的暗器手法，但经冯琳以数十年的内家功力发出，每一片树叶都要比普通的暗器厉害多了。若在平地，或者还可以躲开，但赞密法师是坐在树枝之上，根本就没有回旋的余地，即算他的内功再强也不能一口气吹散四面八方飞来的树叶，众人都睁大眼睛，看他如何应付。

《七剑下天山》中也处处充满精彩的武功描写，如易兰珠与桂仲明的试招：

两人越斗越快，桂仲明舞到沉醉淋漓之际，腾蛟宝剑，随意由之，忽疾忽徐，一举手一投足，便觉剑光缭绕，有风飒然。易兰珠衣袂飘飘，随着桂仲明的剑锋滴溜溜地转，无论桂仲明的剑招如何怪异，她总能拿捏时候，不差毫发，挡在头里。不知不觉之间，桂仲明的达摩剑法快将用完，还是刚刚打成平手。易兰珠娇叱一声，剑招忽紧，身如星丸跳掷，一口短剑徊环飞舞，霍霍迫来。桂仲明……心念一动，把昨晚冥思苦想的心得，全用出来，不按达摩剑法次序，随意拆散开来，加上五禽剑中原有的精妙招数，创成了独具一格的上乘剑法，带守带攻，把易兰珠挡住，又是斗了个半斤八两，铢两悉敌。一口长剑，一口短剑，如玉龙天娇，半空相斗。韩志邦在旁边看来，只见万点银星从剑端飞舞而出，又像万朵梨花，从空撒下，遍体笼罩，哪里还分得哪个是桂仲明，哪个是易兰珠，余势所及，周围的白草黄沙，都随风颤动飞扬，草上的积雪，也给震得纷纷飞舞，盘旋天空，雪花剑花满空交织，幻成奇彩。到了后来，连两人头上缤纷飞舞的是剑花？是雪花？也分辨不出了。刚叫得一声"好"字，忽听得"当当"两声，火花乱射，倏地两道白光迎面射来，韩志邦一矮身时，已是风定声寂。桂仲明和易兰珠敛手站在自己的面前。笑嘻嘻道："我们斗得忘形，吓着了韩叔叔了。"

这是在比武，也是在"比舞"，年轻人的好胜性情以及冰雪聪明，都在这虽无实招却同样让人紧张得喘不过气来的场面中表露无遗。

将武功描写到这种程度，虽然与后来的金庸稍显逊色，但我们不要忘记，当梁羽生拿起笔将武侠小说开辟了一个新天地时，他做的可是一种筚路蓝缕的工作，关于新派武侠小说中的武功如何来写，是根本没有什么规矩可循。所以，梁羽生能将武功融汇为自己小说内在的一部分，并且当作一种自觉的追求，一点点地边写边摸索，虽然闹过笑话，但最终形成自己独特的武功描写套数，为后来者将武功描写与人物个性完美结合，将武功提升到一定的文化哲学层次，打下了坚实的基础，拓宽了武侠小说的艺术空间。

然而，对"宁可无武，不可无侠"的坚持，在形成梁羽生武侠小说特色的同时，也不可避免地造成了一些弊端，其中最主要的是人物的格式化、概念化，他笔下的侠客都是怀着为国家人民谋利益的简单信念在行动、在生活，甚至赴汤蹈火也在所不惜，而他们所坚持的信念确实也是多数民众的信念，也是多数读者的信念，所以自然很容易为大家认同，也很容易引起读者的共鸣，但将好坏、善恶、敌我、官民截然区分的教训我们已经经历过太多太多。无数的事实证明，人性的复杂性是无法用简单的二元对立的公式来解决的，当梁羽生将自己的这种来自民间的朴素伦理观念——灌输到自己人物身上时，他忽视了或者说顾不得人性的复杂性了，如他写正面人物，一定要把这个人物写得十全十美，绝不允许出现有损于英雄形象的"败笔"。他毫不否认这一点，如在谈到《塞外奇侠传》时他就这样说过："我在书中把这一段写成飞红巾的初恋，是幼稚的。叛徒押不卢被压到最配角最配角的地位。最后女英雄挥短剑刃叛徒，大是大非，一清二楚。人物形象就站高了许多。"殊不知现实生活中是根本不可能一清二楚的。还如梁羽生认为官府与江湖是截然有别的，官府代表着丑恶和阴险，江湖代表着淳朴和真诚，他从没写过一个好的官吏，也没写过一个做官的侠客，而这显然也是过于简单的区分。在写到男女爱情时，梁羽生有时也会这样做，一对男女本来倾心相爱，但后来听说对方是异族或仇家的儿女，就马上大义凛然，斩断情丝，自觉服从本民族或家族利益的需要，就没有出现过一对中国的罗密欧与朱丽叶。

　　这样写的结果，使得梁羽生笔下的英雄人物大多苍白无力，虽然他们南征北战，呕心沥血，一心为民，我们却总觉得那是小说中的人和事，离我们很远很远。如此以来，虽然他的英雄人物成为正义、智慧、力量的化身，健全、理想的人格力量里激扬着民族之魂，正面英雄形象是突出了，但也难免造成人物形象的概念化，人物性格的单一化、虚假化，缺乏对人性的深入探究。其人物形象虽高大光辉，却不够真实感人。但这样说并非完全否定梁羽生在塑造典型人物方面的成就，实际上他是一直在有意识地塑造典型环境中的典型性格的，至于结果好坏则是另一回事，这种清醒的意识使他在塑造人物时又往往将他们放在动荡而充满矛盾的历史环境中去描写，注重社会环境对人物的影响，充实人物的社会内涵，这样也就能创造出一些成功的典型人物。当然，梁羽生小说中英雄人物的模式化弊病只是相对而言，并不是我们想象中的那种简单划一的概念化符号或标签。他也在一定程度上突破了自己设置的模式，而创造出有血有肉、栩栩如生的典型人物，只不过他对这些人物的社会性的一面刻画得多些，而对他们人性的一面注重得相对较少而已。

情山恨海，摇曳多姿

梁羽生的武侠小说每一部都以爱情为主线，几乎每一个主人公都必须在情感世界做出选择并确定自己的情感本质。

美国黑人音乐"布鲁斯"歌曲以旋律忧伤著称，而梁羽生小说的情就是一首首悲伤的布鲁斯之歌。

梁羽生的武侠小说总是将人物置于尖锐紧张的矛盾冲突之中，而这些武林中人又多是具有强烈浪漫情怀的名士型侠客，又总是身处中国历史上的朝代兴亡和权力争夺的旋涡之间，面对爱情与阴谋、爱情与民族仇恨、爱情与世俗观念、爱与家族时代恩怨的矛盾，他们不得不通过自己的主动或被动的选择，来体现自己作为侠之大者的精神世界，选择自己的人生命运。

爱情自古就是人类不朽的主题，历史上咒骂者有之，赞扬者有之，但谁都无法回避它。

几乎没有任何一部小说没有爱情，否则很难说那还是不是真正的小说。

梁羽生的武侠小说每一部都以爱情为主线，几乎每一个主人公都必须在情感世界做出选择并确定自己的情感本质。

美国黑人音乐"布鲁斯"歌曲以旋律忧伤著称，而梁羽生小说的情就是一首首悲伤的布鲁斯之歌。

几乎无情不孽，无情不怨，无情不苦，无情不令人扼腕叹息。

当然也有纯情，有让人惊羡的完美。

即使写情苦，也总让人想起与爱相关的许多美丽的故事和传说。

在这一点上梁羽生和金庸对爱情的看法似乎不同。金庸把爱情看作是外表美丽、内在苦涩甚至有毒的果子。对这一爱情理论的最好阐释在《神雕侠侣》中的"绝情幽谷"一回。杨过看见公孙绿萼在吃一种花，于是也就学她的样"也吃了几瓣，入口香甜，芳香似蜜，更微有醺醺然的酒气，正感心神俱畅，但嚼了几下，却有一股苦涩的味道，要待吐出，似觉不舍，要吞入肚内，又有点难以下咽。他细看花树见枝叶上生满小刺，花瓣的颜色却是娇艳无比，似芙蓉而更香，如山茶而增艳"。这种花叫作情花，花上生满小刺，若被小刺刺伤，十二个时辰之内不能动相思之念，否则就苦楚难当，情之为物，本也是如此，入口甘甜回味苦涩，而且遍身是刺，你就算小心万分，也不免为其所伤。更让人难以理解的是，如此漂亮的花结出的果实却"或青或红，有的青红相杂，还生着茸茸细毛，就如毛虫一般"，难看之极。这样的果实是吃不得的，"有的酸，有的辣，有的更加臭气难闻，使人欲呕"。

当然金庸小说中的爱情并非全部如此，他笔下的爱情世界是万千变化、蔚为大观的。

但梁羽生笔下则从来没有出现过后果奇臭无比的爱情，而是带着一种希望和幻想，把爱情，哪怕是苦涩的爱情，写得充满美丽的回味。

他也拿花比喻过爱情，但要比金庸的单纯明快、浪漫美好得多，也许这与他强调用武侠小说表现下层人民的美德和智慧的创作宗旨有关。

这种花叫优昙花，生长在天山绝壁，据说要六十年才开一次花，有红、白两种颜色。只要把这两种颜色的花汁与冰水一块服下，就可以使人返老还童。据说有一个汉族青年历尽苦难，得到了一红一白两朵优昙花，想送给他心爱的姑娘，但姑娘因心灵的伤痕，不愿意见他，最后经过了种种的磨难，他们终于重逢，但姑娘的两鬓已经变白，她吞下小伙子带来的花，很快就满头青丝，幸福的一对携手驰骋在天山上。

梁羽生笔下的爱情很少像金庸将哲学的思考也灌注到情感中去，但也有例外，如《白发魔女传》中卓一航与玉罗刹的一次见面：

　　玉罗刹见他垂首沉思，久久不语；哪知他的心中正如大海潮翻，已涌过好几重思想的波浪！玉罗刹低眉一笑，牵着他的手问道："傻孩子，你想些什么呀！"卓一航抬起了头，慢慢说道："练姐姐，我何尝不想得一知己，结庐名山，只是，只是……"玉罗刹道："只是什么？"卓一航心中一酸，半晌说道："还是过几年再说吧！"玉罗刹好生失望，随手摘下一朵山谷上的野花，默然无语。卓一航搭讪道："这花真美，我说错啦，姐姐，你比这花还美！"玉罗刹凄然一笑，把花掷下山谷，道："这花虽然好看，但春光一去，花便飘零，不过好花谢了，明年还可重开；人呢，过了几年，再过几年，又过几年，那时满头白发，多美也要变成丑怪了！"卓一航心神动荡，知她此言正是为自己所说的"再等几年"而发，想起"如花美眷，似水流年"这两句话，不觉悲从中来，难以断绝！

这就是爱，而爱就是无奈。

《女帝奇英传》中的爱情悲剧是由政治悲剧造成的。皇室后代李逸无法容忍武则天当政，就流落江湖，联结会党，力谋恢复李家天下，却屡屡失败，而在这个奋斗的过程中产生的爱情，也因人为的政治斗争而烟消云灭。他本与上官婉儿心心相印，但上官婉儿却追随武则天，政见不同导致两个有情人"盈盈一水间，默默不得语"；武玄霜是武氏女儿，却偏偏爱上了仇家李逸，这桩从一开始就注定不会有好结局的爱情最终也只能劳燕分飞，但爱情的魔力使武玄霜明知眼前是一杯苦酒也无法不饮，最终孤身一人，陪伴李逸的遗孤，终老一生，而上官婉儿则做了武则天的儿媳。

《弹指惊雷》的爱情描写则是多层面的交织融合，读之就如品尝打碎了的五味瓶，酸甜苦辣搅和在一起，使人不知是什么滋味。第一个层面的爱情发生在起义军首领孟元超、美丽少女云紫萝、清廷爪牙杨牧之间，孟元超本来与云紫萝相爱并已怀有孩子，但杨牧偏偏也爱上了云紫萝，于是大造谣言，说孟元超已经战死沙场，云紫萝信以为真，就嫁给了他。从政治的层面讲这三个人物有正邪之分，但若从爱情的角度讲则三人无一例外都是悲剧性的人物。杨牧是动物性的，是欲望的牺牲品，而孟元超和云紫萝则是命运的牺牲品。第二层面是龙灵珠父母的爱情悲剧，这是典型的父母干涉儿女婚姻的悲剧，也是文学史上屡见不鲜的主题。这对倾心相爱的青年男女因为龙灵珠外祖父的反对，结果龙灵珠父亲的腿被打断，最后两人都遭仇家暗算而死。遭此惨变，龙灵珠由一个活泼可爱的姑娘变成一个性格偏激的少女；其他几个层面的爱情悲剧还有冷冰儿与程剑青、冷冰儿与齐世杰、冷冰儿与杨炎之间的情感纠葛，都是欲说还休的人间悲剧。

《白发魔女传》中的岳明珂与铁珊瑚也是一对冤家。岳明珂的师父霍天都是玉罗刹师父凌慕华的丈夫，所以武功与玉罗刹不相上下；铁珊瑚是铁飞龙的独生女儿，因偷学凌慕华的剑谱，被父亲逐出家门，途中遇险，恰遇岳明珂相救，于是结伴赴京，一路上你帮我助，难免情根暗生。玉罗刹看在眼里，一心想成全他们，但方法不当，强要岳明珂娶铁珊瑚，岳明珂怎会听从她的安排，难免出语拒绝，伤了铁珊瑚的少女心，于是一气而走，岳明珂后悔莫及，浪迹江湖，四处寻找，当这对有情人终于再见面时，恰遇一场恶战，铁珊瑚为救他而死。岳明珂因绝望出家，成了晦明禅师。

《萍踪侠影录》里的张丹枫与云蕾的爱情最终以大团圆结局，但这并不是小说合乎逻辑的发展，而是服从于作者一向主张牺牲个人利益服从国家利益，各民族应该和睦相处的创作理念，所谓"盈盈一笑，尽把恩仇了。赶上江南春未杏，春色花容相照。昨宵苦雨连绵，今朝日丽晴天，愁绪都随柳絮，随风化作青烟"。但这是梁羽生小说中的爱情，而不是现实中的爱情。相比之下，小说中另一个女性对张丹枫的爱更加真实，更具有悲剧效果。

她叫脱不花，是蒙古瓦剌太师也先的独生女，从小与张丹枫一块长大，一腔少女情怀，不知不觉就系在了张丹枫身上。在蒙古时张丹枫并未察觉，后来有了云蕾，加上忌惮也先居心不良，竟对她很反感。也先最初也想把张丹枫招为女婿，为己所用，但最后见张丹枫不为所动，就决心将张氏父子一起杀掉。脱不花知道了父亲的阴谋，心急如焚，女扮男装，来到张府，见父亲已带人将张府团团围住，大炮虎视眈眈，只等时辰一到，就将张府炸成平地。脱不花冲上前去，用身体堵住炮口，捻熄了火绳，神色十分可怕。她以为这样一来父亲就会罢手，却没想到为了杀掉自己的心腹大患，也先是连女儿都可以不要的，最后她失声叫道："张哥哥，不是我不救你，我已尽了力了！"接着自杀而死。

这是带有理想色彩的爱情，是为爱牺牲的典型，就如金庸笔下的香香公主，都是人间永远散发着淡淡的生命芳香的美的化身。即使我们知道这可能只是一种理想，但我们也愿意回避这样的推测，而宁愿相信这是真的，因为我们内心，毕竟都还保留着对美和牺牲的向往。

渊博学识，涉笔成趣

梁羽生说："写好武侠小说并不容易，作者只有具备相当的历史、地理、民俗、宗教等等知识并有相当的艺术手段、古文底子，而且还要懂得中国武术的三招两式，才能期望成功。"

梁羽生的小说，完全可以当作一部浅显的百科全书来看。在某些方面堪称达到了专业水平。

梁羽生说："写好武侠小说并不容易，作者只有具备相当的历史、地理、民俗、宗教等等知识并有相当的艺术手段、古文底子，而且还要懂得中国武术的三招两式，才能期望成功。"

这是武侠小说和新文艺小说大不同的地方。文艺小说尽可以只写爱情不写宗教，但武侠小说却是涉及的知识领域越多小说就越好看，内容就越丰富。而要做到这一点又谈何容易，就拿历史来说，武侠小说家就不但要懂得正史，而且还要了解野史、掌故、传说、典章制度，中国历史上的每个朝代的政治特征和使用的兵器都不一样，作者若没有明确的时空观念，难免会有张冠李戴的笑话；而要知地理，不仅要懂得古代的行政建制，而且要了解山川湖泊、沙漠戈壁……的地域特征。中国地大物博，每个地方都有它不同的色彩和特点，如果将太湖的景致搬到西湖去，把桂林的山水移到苏州去，就会贻笑大方。梁羽生在下笔时，若写到自己不曾涉足过的地方，必定要设法找出相关的游记和资料，尽量使自己笔下的地理和实际差不多。

高僧这一形象在武侠小说中历来占有很大的分量，这就要求作者必须对佛教及其他宗教有大致了解，作者本人若对佛经一窍不通，那他写出来的宗教中人一定是干巴巴的，毫无仙风道骨，使人觉得不真实。

梁羽生还多次强调：如果要求更严格的话，武侠小说家对四裔学也必须有所认识。所谓四裔学，是指边疆少数民族的生活状况、风俗习惯、历史变革。少数民族保留了很多具有本民族特色的风俗习惯，这些习惯蕴含着本民族文化的丰富内蕴，透视着该民族的历史渊源。如果对四裔学一无所知，那么在写到少数民族生活时，要么是轻描淡写，蜻蜓点水，要么干脆回避，这样做，就等于使武侠小说自觉失去了一大片完全大有可为的天地，也必然使自己的小说失去了很多光彩。

梁羽生对四裔学稍有研究，所以小说中经常出现少数民族休养生息的地方，或在"天似穹庐、笼盖四野。天苍苍，野茫茫，风吹草低见牛羊"的大草原，或在平沙漫漫黄入天的千里沙漠……在这些地方，他的主人公或者与当地人并肩作战，同生共死，或者载歌载舞，情意绵绵，或者纵情豪饮，"一饮三百杯"，令读者足不出门而尽知异域风光，边塞风情。

梁羽生的小说的确因此生色不少。如他在小说中不止一次写到游牧民族哈萨克族的一种风俗：刁羊赛马。每年在新年或团圆节如八月十五日举行，这实际上是青年男女的一种爱情游戏。他们将羊烤得香气四溢，然后挂在树上，让神射手从远处射下来，小伙子用刀割成一块块，与自己心爱的姑娘分享，但要得到自己心爱的姑娘还要经过一个仪式，叫"姑娘追"，先是由小伙子骑马追自己看中的姑娘，如果姑娘有意，她就会反过来追赶这个小伙子，并用鞭子鞭打他，不要认为这是很难接受的事，小伙子真巴不得有姑娘鞭打自己，当然姑娘也不是真打，那一鞭鞭下去，打在身上的都是姑娘的柔情蜜意，是愿意做你妻子的许诺，这正如一首词所说："秋夜鸣芦管，歌声满草原。姑娘骑骏马，长鞭打所欢。"从民俗学的角度讲，这种"姑娘追"不仅仅是简单的爱情游戏，从中还可看出过去母系氏族社会中女性权威的残留。

梁羽生描写这些少数民族风俗，并非为了满足读者猎奇的愿望，而是与自己描写人物性格和表达时代背景的需要紧密相连，这反过来也使他对少数民族风俗的描写，具有了新的内涵。

再看看梁羽生笔下所涉的地理。随着他的笔触，我们完全可以作一次精神上的不限制时间的游览，"日出江花红胜火，春来江水绿如蓝"的人间天堂江南，"北风卷地白草折，胡天八月即飞雪"的浩瀚萧瑟之塞北；孤魂野鬼出没、人迹罕至的荒山野岭；熙熙攘攘、人来人往、十里长街、店铺林立的繁华闹市；轻歌曼舞、丝竹缓发、名妓闲僧、日夕赏月的西湖、秦淮河；惊涛拍岸、骇浪逼人的茫茫大海……，那一个个熟悉的地名，一处处怡人的美景，无不让我们如身临其境，欲罢不能。

先看梁羽生笔下的江南。在《云海玉弓缘》里，他开篇就说江南：

三月艳阳天，莺声呖溜圆。

问赏心乐事谁家院？

沉醉江南烟境里，

浑忘了那塞北苍茫大草原，

羡无陵公子自翩翩，

可记得那佯狂疯丐尚颠连？

灵云缥缈海凝光，

疑有疑无在哪边？

且听那吴市箫声再唱玉弓缘。

江南的美不仅在于她的自然风光，还在于她以自己的纯洁和美净化着一个个被世俗壅塞了灵魂的人物，并为精神困惑者或灵魂迷失者提供一个正视自己、回复自己的家园。

张丹枫和云蕾有情人却偏偏历经波折磨难，最后在江南梅子黄、榴花初放的时节圆了自己的爱情之梦。

在越来越浮躁和喧嚣的尘世，不知多少人精神上在苦苦挣扎，在向往着这样一个没有虚伪和冷漠的世外桃源。

还有云南美景苍山洱海。云南之美，天下闻名，素有"下关风，上关花，苍山雪，洱海月"的美称。洱海水质清澈，海中还有三岛、四洲、九曲之胜。每当月明风轻，苍山积雪倒映水中，就形成"玉洱银苍"的天下奇观，梁羽生笔下的这一奇观是这样的：

> 但见太阳照过山峰的背影折射在水面上，碧波微漾，形成五彩虹霓般回旋着的层层圈环，辉映着深紫、碧绿、橙黄、鲜红等色光，各种各样奇妙悦目的石卵，嵌在水底，如珍珠、如翡翠、如宝石，堆成了水底的宝藏。

擅长文史诗词的梁羽生，竟然还津津乐道地给我们讲火山的形成和爆发时的真实情景。在《云海玉弓缘》里，我们跟着主人公金世遗就经历了这样的惊人一幕：

> 突然间轰隆一声，浓烟喷出来时已带着火花的亮光，弯弯曲曲的火舌头和上方的火星向四面八方飞开，浓烟聚成了一根灰色的柱子，升上高空，然后四面散开，形状像一个极大的蘑菇！有的驱散了的浓烟，留下一道白热的粉末，同时发出一连串的爆炸声，树林里也着火了！
>
> 岩浆不断的从里面涌出来，形成了几股洪流，卷过之处，连磨盘大的石头也都熔化，冒起了一片夹带着灰垢的烟尘，和密云混合，笼罩整个蛇岛，连阳光也被遮蔽了。黑云低压，云层反射出熔岩黯淡的红光，片刻之前还是阳光耀目的，突然间便好像到了黄昏！也好像到了世界末日！

即使没有见过火山爆发的读者，相信看了这段描写也会对火山爆发有一种身临其境的感受，而能够将之描写得如此真实生动，足见梁羽生知识的广博。

名联谈趣

除了写武侠小说，梁羽生一生写得最多也最感兴趣的是对联。

1983年3月，香港《大公报》副刊盛情邀请梁羽生开一个"联趣"专栏，专谈古今著名的对联，本来约定开一年时间，最后竟开了三年，读者犹意犹未尽。

除了写武侠小说，梁羽生一生写得最多也最感兴趣的是对联。早在童年时期，他就开始跟着外祖父学对对子，不想竟成了终生乐此不疲的爱好。

　　梁羽生不但对对联有浓厚兴趣，而且可以说是一个很有研究的专家。

　　1993年，移居澳大利亚的梁羽生这样谈到自己与对联的渊源以及对对联的独特看法：

　　　　我从事写作，不知不觉，已有半个世纪的时间了。我的作品以武侠小说为主，其次是联语；但我对对联的爱好则比对武侠小说为早。九岁那年，我开始跟外祖父学做对子，从此迷上了这种最具中国特色（陈寅恪语）的对联文学。武侠小说，则是在踏入中学之后才开始阅读的，单论数量，我写的联话虽然不及武侠小说之多，但若说到资料的收集和研究方面，则我所花的时间和精力，恐怕还在对武侠小说之上。

　　1983年3月，在梁羽生正式封刀停写武侠小说前夕，香港《大公报》副刊改版，或许由于编辑知道梁羽生对对联有特殊的爱好，所以就盛情邀请他在副刊上开一个"联趣"专栏，专谈古今著名的对联，专栏每天见报，先约定开一年时间。同月15日，专栏开张，很快引起读者的兴趣，读者反响非常热烈，梁羽生几乎每天都收到读者的来信，既有海外的读者，也有内地的读者，甚至有远在非洲的读者。至于来信的内容，则林林总总，有提供资料的，有补正失误的，有对流传已久的绝对的，还有参加评联的，结果梁羽生是欲罢不能，不知不觉一年时间到了，去问编辑是不是结束。编辑一脸奇怪：结束，哪个专栏也没你的专栏红火，怎么会想到结束？于是梁羽生义不容辞地将这个专栏继续开下去，结果直到1986年7月31日才告结束，屈指一算，这个专栏已开了三年！其中的酸甜苦辣，也只有梁羽生体会得最贴切了，但他不但不以为苦，反而更加意气风发。虽然专栏不开了，但对对联的研究却还要继续进行下去：

　　　　对联虽短，涉及的范围却极广。以挽联来说，就要知道死者的生平，作者和死者的关系，有关的历史背景，联中涉及的故实，还要作文学的分析，包括文字、技巧、布局（如轻重的均衡、虚实的映衬）进而至用典是否得当，对仗是否合乎规律和工整，联中有何特别警句，好在什么地方，不好又在什么地方等等。前人的联话，多偏重于掌故方面，把一副对联的来历交代清楚便算了事。有时甚至只录联语，别无注释，令一般读者求解无从。近代的联话，则比较多一点触及历史的研究和文学的赏析了；但古今名联如此之多，在这方面的工作，似乎还是很不够的。我觉得在对联这个"特殊的文学领域"，大部分还是有待开发的"处女地"，许许多多的名联，还是有待于我们进一步从文史两方面去研究它的。

在这三年零四个月里，梁羽生共向读者介绍了二千二百多副古今对联，类型包括掌故、格言、名胜、祠庙、节庆、哀挽、第宅、赠答等，以晚清至现代为主，内容涉及政界、军界、官场、文坛、景物、艳情，以及述志抒怀、颂扬讽刺、禅理谐嘲、方言民俗，无所不包；从技巧上说，则有嵌字对、集句对、绝对、回文对、人名对、地名对、拆字对、无情对，种种名色；既有长至三百四十字的长联，也有上下总共才六个字的短联。加上梁羽生有渊博的学识，熟悉典故，文笔流畅，挥写自如，或叙述一则耐人寻味的故事，或点出其中隐蔽曲折的含义，或阐明特定的历史背景，或进行艺术的分析评价，遇有用典之处，还不时略作诠释，确是妙趣横生，趣味无穷，使读者在欣赏之余，还能获得知识。其中的乐趣，并不比读他的武侠小说差多少。

我们不妨择其一二妙者、奇者、趣者、益者等，重温梁羽生生命中这段重要时光中的一些奇文妙事。

祠联：郑成功祠联

郑成功是福建南安县石井人，明末率兵收复台湾，成为民族英雄，关于他的故事很多，他死后别人写的挽联也很多。梁羽生仅据台湾郑成功祠的一些对联，谈古论今，将他的历史功绩、家庭悲剧娓娓道来。

郑成功祠建在台南，是台湾最重要的历史古迹之一，祠内楹联佳作很多，其中有一首沈葆桢的对联：

> 开万古得未曾有之奇，洪荒留此山川，作遗民世界；
>
> 极一生无可奈何之遇，缺憾还诸天地，是创格完人。

梁羽生首先介绍沈葆桢，说他是道光进士，曾任江西巡抚、福建船政大臣等要职，后来官至两江总督兼南洋通商大臣，参与经营招商局，对中国的航运事业，做出了很大贡献。梁羽生接着评其联是：此联咏叹郑成功的平生际遇，有史实，有感情，堪称佳构。这样，读者不但据此联了解了郑成功，也同时了解了沈葆桢。

接着他又谈到唐景崧的一副对联：

> 由秀才封王，撑持半壁旧山河，为天下读书人顿生颜色；
>
> 驱外夷出境，开辟千秋新世界，愿中国有志者再鼓雄风。

梁羽生说该联英雄豪气，跃然纸上。文如其人，唯英雄惜英雄。唐景崧本人也是中国历史上的一位著名民族英雄，在清光绪十年（1884）的中法之战中，他曾带兵坚守谅山，大败法军。中日甲午之战（1894）中，他是台湾巡抚，主张坚决抗战，可惜清廷战败，台湾被割让给日本，但他却被台湾绅民拥戴为总统，宣布自立，其后兵败，始渡海回内地。因为与郑成功有相似的经历，所以他咏郑成功的对联自然充满一种沧桑豪迈之气。

梁羽生还提到一联，是清代名臣刘铭传写的：

> 赐国姓家破人亡，永矢孤忠，创基业在山穷水尽；
>
> 复父书辞严义正，千秋大节，享俎豆于舜日尧天。

刘铭传曾任福建、台湾巡抚，这一联是他在任巡抚任内题的，虽然没有沈葆桢、唐景崧两联出名，但却暗含了一段郑成功大义灭亲的故事。

郑成功的父亲郑芝龙在清兵入关之初，本是发誓效忠明室的。顺治二年，他曾拥立明宗室唐王为帝，在福州建立南明隆武政权，不料次年清兵攻入福建后，他就投降了清军，并且劝儿子一起投降。郑成功坚决拒绝，并复信一封，晓以大义，这就是此联中所说的"复父书"的"本事"。

郑成功曾受隆武帝赐姓朱，号国姓爷，联中所说的赐国姓，即指此事。而郑芝龙的下场却很惨，就在郑成功收复台湾那年，他被清廷处死，并且连累满门被抄斩。

在随后的联话中，梁羽生接着又交代了郑成功到台湾后的一些史实。郑成功在收复台湾后第二年就死了，享年不过 39 岁，而他的早死，与他的家变可能也有一点关系。他的次子郑经也是个将才，所以收复台湾后他就任命郑经驻守金门、厦门，但郑经在私生活方面却不太正经，竟和乳母通奸生子，郑成功闻知大怒，曾派人持令箭到金门杀郑经，但郑经很得军心，诸将不肯奉令。这事对郑成功打击很大，不久他就病死了。祸延下代。郑经接替了延平王之位，他和乳母所生儿子郑克臧也渐渐长大了，史称他刚毅果断，有乃祖风，郑经很疼爱他，在出兵大陆时，令他守台，号监国，但他的祖母，即郑成功的夫人董氏认为丈夫是给儿子与乳母生子一事气死的，因而迁怒于他，极力主张立嫡孙郑克塽（郑经次子，正室所生）为世子，后来郑经又短命死了（只活了 38 岁），郑克臧就被祖母所废，自缢而死，郑克塽继承了延平王的王位，不过两年，台湾被清水师提督施琅攻陷，郑克塽降清。台湾人痛惜克臧之死，就在郑成功祠内建有"监国祠"，附祠克臧夫妇（克臧夫人在丈夫自缢后绝食七日而死）。"监国祠"内有陈谟所题一联：

> 惟君克振祖风，乃使骨肉情中，生许多媒蘖；
> 有妇能完夫志，求之须眉对里，恐无此从容。

说的就是这个家庭悲剧。

国民党逃到台湾后，许多国民党的"党政军要人"也为郑成功祠写对联，梁羽生认为这些对联多为附庸风雅之作，大多不值一提，但也有两联写得好的，一是王东原的，联云：

志存明社，力抗虏廷，挈一旅海上纵横，圭土旧提封，遗像清高留浩气；

地辟草莱，诞敷文教，亘三纪荒洲殷阜，河山今复旦，崇祠展拜佩雄图。

王东原曾任国民党政府的湖南省主席；"圭"是中国古代的"守邑符信"；"提封"也就是"堤封"，是古代诸侯的封地，此联将郑成功比作郑成功的封地，虽然不大恰当，但所说的史实，还是足以概括郑成功的生平的，而在郑成功的"武功"之外还兼及他在"文治"方面的功劳，堪称此联的特色。

郑成功是在清顺治十八年（1661）从荷兰侵略者手里收复台湾的，1895年，清廷将台湾割让给日本。1945年抗战胜利，台湾回归祖国。王东原联中的"亘三纪"，指的就是这近三百年的历史。台湾从一片"荒洲"变成"殷阜"，郑成功确是功莫大焉。

更有特色的是孙立人撰的一联：

仁人志士，史不绝书，类皆值民族危亡之际，保民社而莫能，独天留椰雨蕉风之一岛，延永历正朔二十余年，抱箕伯过墟之痛，宏虬髯创业之功，海外奠基，剖符建节，殊迹超于常轨，精忠感召后来，想像旌旗，有谁手转乾坤，扫荡九边弭世乱；

汉武唐宗，威行异域，然并当国家强盛之时，倾国力以从事，惟公提孤臣孽子之偏师，复台湾故土三万方里，断裹粮运械之援，攻坚壁待劳之寇，敌前登陆，张幕受降，遗烈震于千秋，伟迹远逾先例，敬瞻庙貌，自是名垂宇宙，纵横百代仰人豪！

孙立人在抗战后期，曾率师出国作战，是著名的远征军将领之一，初任师长，后任当时知名度最高的全美式装备的新一军的军长，在反攻缅北的战役中，大败日军，打通了中印公路。1950年国民党政府任命他为"陆军总司令"兼"台湾防卫总司令"。他题郑成功祠一联，就是他在这一任职期间的事。

孙立人此联的特点，在于他是以军事家的眼光，从军事观点，论郑成功收复台湾之难能可贵。事实的确如此。清顺治十八年，郑成功在大陆的抗清军事受到挫折，因而想到在海外建立一个抗清基地，最后选定台湾。于是就由厦门、金门两岛发战舰数百艘，将士三万五千人攻入台湾，从荷兰侵略者手中，收复了沦陷三十多年的中国领土。他在进攻台湾时，完全是孤军奋战，既无后援，也无内应，而敌人则是城坚池深，以逸待劳，孙立人所佩服的就是他在这种形势下，能够以"偏师"克敌，"敌前登陆""张幕受降"。此联上联谈史实，下联论军事，都有独到之处，对仗也工整。

此外，梁羽生在联话中还进一步谈到与郑家有关的其他重要人物，以及大陆关于郑成功的对联。由对联而谈史，通过几副对联而将郑成功的历史功绩、家庭悲剧娓娓道来，没有深厚的历史功底，恐怕是难以做到的。

挽联：挽徐志摩联

1931 年 11 月 19 日，一代才子徐志摩在乘飞机返沪途中，因飞机失事而夭折。1926 年他写过一篇散文《想飞》，说自己最大的愿望是飞："是人没有不想飞的，老是在这地面上爬着够多厌烦，不说别的。飞出这圈子，飞出这圈子！到云端里去！哪个心里不成天千百遍的这么想？飞上天空去浮着，看地球这弹丸在太空里滚着，从陆地看到海，从海再看回陆地。凌空去看一个明白——这才是做人的趣味，做人的权威，做人的交代。这皮囊要是太重挪不动，就掷了它，可能的话，飞出这圈子，飞出这圈子，飞出这圈子！"对徐志摩来说，"飞"意味着得到完全的自由，意味着摆脱社会习俗，意味着摆脱庸俗道德。凌空飞翔是他最大的人生理想，不想数年后，他竟真的凌风而飞，该文竟成谶语。据徐志摩好友梁实秋回忆："在那时候，航空事业还不发达，一般人坐不起，同时也视为畏途，志摩飞来飞去，在一般文人眼里可谓开风气之先。但其中也是机缘凑巧。志摩有个朋友在航空公司，知道志摩在平沪两地经常奔波，便送了一张长期免票给他，没想到一番好意竟招致灾祸。"志摩英年早逝，闻者莫不叹息，亲友及各方人士送了很多挽联，其中最引人注目的是他的两个妻子的挽联。

一是他前妻张幼仪送的：

> 万里快鹏飞，独憾翳云悲失路；
> 一朝惊鹤化，我怜弱息去招魂。

联语切合张幼仪的前妻身份，而"翳云""失路"等语，颇有"意在言外"的味道。

张幼仪本出身名门，是张君劢的妹妹，后来徐志摩和她离婚，和陆小曼结婚，不但家里人不满意，亲友也多议论纷纷。据说徐志摩和陆小曼结婚时请梁启超做主婚人，梁是徐志摩的老师，不料在婚礼上这位老师却大骂徐志摩。虽然徐志摩是经过正式离婚手续的，不过他的父亲却声言不承认陆小曼是自己的儿媳，只承认张幼仪。所以徐志摩死后，张幼仪、陆小曼二人都以"未亡人"身份在灵堂答谢亲友，而前往吊唁的亲友也分成张、陆两派，各不相让。张幼仪有挽联，陆小曼自然也少不了，她的挽联是：

> 多少前尘成噩梦，五载哀欢，匆匆永诀，天道复奚论，欲死未能因母老；
> 万千别恨向谁言，一身愁病，渺渺离魂，人间应不久，遗文编就答君心。

上联说他们夫妇"五载哀欢"确是事实；下联表示她要替丈夫将遗作编集的决心。可惜由于种种外界阻力，她至死都未完成这个愿望。

曾因《沉沦》而被徐志摩骂为只知把自己的脓疮揭开给人看的郁达夫，实际上和徐志摩是惺惺相惜的知己，徐志摩死后，他也写了两副挽联肯定了徐志摩在新诗方面的成就。

其一：

> 新诗传宇宙，竟尔乘风飞去，同学同庚，老友如君先宿草；

华表托精灵，何当化鹤归来，一生一死，深闺有妇赋招魂。

其二：

两卷新诗，廿年旧友，相逢同在天涯，只为佳人难再得；
一声河满，九点齐烟，化鹤重归华表，应愁高处不胜寒。

联中的"佳人难再得"，实际上是郁达夫有感而发。徐志摩因陆小曼而与张幼仪离婚，郁达夫则是因为王映霞而与孙荃离婚，所以，两人不但在文坛上有共同语言，在个人生活上也有一致处。两副对联因此写得情真意切。

徐志摩与梅兰芳交情一直很好，他曾答应为梅兰芳编一新剧，可惜未曾动笔，人已惨死。梅兰芳的挽联是：

归神于九霄之间，直看嗫籁成诗，更忆拈花微笑貌；
北来无三日不见，已诺为余编剧，谁怜推枕失声时。

梁羽生认为此联写得极富文采，虽有一两个字对得稍欠工整，但整体而言，仍属佳作。"嗫籁成诗"尤具韵味。"拈花微笑"亦有所本。

徐志摩常在海棠花下作诗作到通宵，梁启超因此赠他一副集词句联，兼叙他陪泰戈尔游西湖，"别有会心"一事，梁启超的对联是：

临流可奈清癯，第四桥边，呼棹过环碧；
此意平生飞动，海棠影下，吹笛到天明。

据此，梅兰芳演《天女散花》一定会有"拈花微笑貌"；徐志摩在海棠花下作诗作个通宵，也应当有"拈花微笑貌"。

徐志摩死时才三十六岁，他是独子，母早亡，父亲还健在，"白发人送黑发人"，父亲悲痛不已，送联曰：

考史诗所载，沉湘捉月，文人横死，各有伤心，尔本超然，岂期邂逅罡风，亦遭惨劫。

自襁褓以来，求学从师，夫妇保持，最怜独子，母今逝矣，忍使凄凉老父，重赋招魂？

"沉湘"是指屈原自沉汨罗江，"捉月"是李白的故事，据说李白是因为酒醉跳下江中捉月而死的，死因不同，但都属横死。这副对联，上联用两大诗人的死事，来与儿子之死作比，用典恰当；下联纯写父母爱子之深，更觉真挚。

名胜联：黄鹤楼名联

梁羽生喜欢旅游，不管手头的事有多忙，他每年都要抽时间到各处走一走，所以，他见过的风景名胜、历史古迹不可谓不多，而每到一处，他最感兴趣的就是对联，逢到好的对联，他必反复诵记，或抄录下来，细细品味。不承想，当他后来写联语时，这些当时偶然记录下来的对联倒成了他一笔很好的财富，加上有对对联所描写的景物的切身体验，所以这些联语写得声情并茂，使人如临其境，如闻其声。

黄鹤楼是武昌的历史名胜，也是闻名世界的旅游胜景。它建于黄鹄矶上，俯瞰江汉，极目千里。至于为什么叫黄鹤楼，有两种说法，一据神话传说，古代有个姓辛的人，在黄鹤矶头设肆卖酒，有个道士常来饮酒，辛始终不问他要酒钱。道士后来要离开这个地方了，临行用橘皮在壁上画一黄鹤，说"酒客至拍手，鹤即下飞舞"。辛因此致富。一年后道士重来，取笛鸣奏，黄鹤下壁，道士遂跨鹤上天，辛即建此楼。另一说法则云黄鹄矶本名黄鹤矶，楼因山得名。黄鹤楼始建于三国时期，至今已一千七百多年，期间屡建屡毁，屡毁屡建，共十次之多。最后一次建于清同治九年，即 1870 年，毁于清光绪十年，即 1884 年。现在大家看到的是历史上的第十一个黄鹤楼，位于古黄鹤楼南面五百米处，基本上以清代造型为蓝本，但比清代黄鹤楼高两层。

黄鹤楼内名联甚多，争奇斗艳。梁羽生择其有代表性者，介绍了几副。

一是彭玉麟联：

心远天地宽，把酒凭栏，听玉笛梅花，此时落否？

我辞江汉去，推窗寄语，问仙人黄鹤，何日归来？

彭玉麟是清代中兴名臣，曾任长江水师提督，坐镇武昌，但他是以文人身份统兵的，而且精于联语，任期内自然没少去黄鹤楼"把酒凭栏"。1883年，他任兵部尚书，正是黄鹤楼被毁的前一年，但"我辞江汉去"是在哪一年，则不详。该联中的"推窗寄语"中的"语"字，也有作"慨"字的。以"推窗寄语"来对"把酒凭栏"，比较有韵味，也更切合彭玉麟"我辞江汉去"的心情。

张之洞1867年任湖北学政时，曾重游黄鹤楼，并题一联：

江汉美中兴，愿诸君努力匡时，莫但赏楼头风月；

輶轩访文献，记早岁放怀游览，曾饱看春暮烟花。

"中兴"之意，是因为张之洞题此联时，已是在太平天国被清廷镇压之后的第四年。以他的身份，当然要称为"中兴"。他十三岁那年，回故乡应童子试，曾游过一次黄鹤楼，所以联中有"记早年放怀游览"句。

1889年，张之洞五十二岁，任湖广总督，又登黄鹤楼，并题一联：

昔贤整顿乾坤，缔造皆从江汉起；

今日交通文轨，登临不觉亚欧遥。

湖广总督是军政要员，比学政身份要显赫得多，因此从联中看他的口气也大多了；另外，他是清末洋务派运动的首领，所以下联也是非常切合他的身份的。

黄鹤楼在武昌，因此清代任湖广总督及湖北巡抚的大官多有在楼上题联者，除了张之洞，另外还有三个督、抚的对联。

一是胡林翼，他于咸丰五年（1855）任湖北巡抚，其联云：

黄鹤飞去且飞去，

白云可留不可留。

二是李鸿章，他于同治八年（1869）任湖广总督，其联云：

数千里奔湍激浪，到此楼前，公暇一凭栏，江汉双流相映照；

十余年人物英雄，恍如梦幻，我来重访鹤，沧桑三度记曾经。

胡与李相比，李的官职高，联语也是他的所长，但梁羽生认为联语好坏不能以官职大小论，胡林翼的对联比李鸿章的要有情致得多。

第三个以督抚身份在黄鹤楼题联的人是于光绪廿七年（1901）做湖北巡抚的端方，其联为：

我辈复登临，昔人已乘黄鹤去；

大江流日夜，此心常与白鸥盟。

这是一副集唐人诗句联，颇有韵味。他任巡抚时，张之洞任湖广总督，而张之洞历来是唯我独尊，端方颇受抑制，后来张调走了，端方始觉扬眉吐气，有人说上联即暗指此事。

张之洞卸任湖广总督时，有人题联表达对他离去的复杂之情，联云：

四顾更无人，昔也哗然今也哭；

两朝曾论相，释之长者柬之才。

张之洞做了十多年的湖广总督，在任时独断专行，多人不满他。但他的继任更加使人不满，因端方善于搜刮民财，民不堪受。上联"四顾更无人"句，意为以前对张哗然，现在则要为他之去而哭了；下联说的"释之"和"柬之"都姓张，前者是汉景帝时的淮南相，后者则是武则天当政晚年的宰相。

端方后来做两江总督时，曾有人作了一副对联讽刺他。联云：

> 卖差，卖缺，卖厘金，端人不若是也！
> 买书，买画，买古董，方子何其多耶？

这是一副嵌名联，讽刺端方横征暴敛、巧设名目，是个"刮地龙""假名士"。
在黄鹤楼诸多对联中，梁羽生最欣赏下面一联，作者是清代文人陈兆庆。联云：

> 一支笔挺起江汉间，到最上头放开肚皮，直吞得八百里洞庭，九百里
> 云梦；
> 千年事幻在沧桑里，是真才人自有眼界，哪管它去早了黄鹤，来迟了
> 青莲。

"一支笔"是以笔喻楼，而黄鹤楼又恰好是和著名的文人崔颢、李白有过文
字因缘的，所以以笔喻楼，颇有双关之妙。此联文气奔放，构想也很新奇。

更有趣的是，黄鹤楼上竟然也有牢骚之作。话说李鸿章做湖广总督不到一年，
就调任直隶总督，接替湖广总督职位的是他的哥哥李瀚章，为当时官场佳话。李瀚
章有个同年（同一年考中拔贡），名叫舒子超，见同年显贵，特地跑到武昌求见，
谁知李瀚章竟然拒见，舒子超满腹牢骚，无处发泄，遂到黄鹤楼上题了一联：

> 同榜贵人多，任他稳坐青牛，也向尘中谈道德；
> 相交知己少，笑我重游黄鹤，枉抛家累学神仙。

骑青牛出函谷关是老子的故事，老子姓李，切合李瀚章之姓。老子著有《道
德经》，上联的"任他稳坐青牛，也向尘中谈道德"，是用老子的典故作反语嘲讽
李瀚章，意即任你稳坐湖广总督宝座，但你也配在世间谈"道德"么？至于下联，
则纯粹是自己发牢骚了。

嘲联之一：讽李鸿章联

中国的对联不但善咏物、善抒情，也善于讽刺一些不合理的社会现象和可笑的人物。梁羽生在自己的联语中用了很多篇幅介绍了这些讽刺性的对联。

李鸿章是安徽合肥人，他官至文华大学士的时候，翁同龢任户部尚书，而翁是江苏常熟人，户部尚书的职位相当于今天的财政部长，古称大司农。有人撰一对联讽刺他们：

> 宰相合肥天下瘦，
> 司农常熟世间荒。

此联把他们的官职和籍贯都写在里面，不但字面对得十分工整，而且上下联都有双关意思，因此成为脍炙人口的名联。

不过梁羽生认为这副对联对翁同龢来说却有点不公平，因为在政治上他实际上是李鸿章的反对派。他是咸丰状元，光绪皇帝的师傅。1884 年中法战争时，他扶植张之洞反对李鸿章；在 1894～1895 年的中日战争中，他又反对李鸿章求和，并支持康有为变法。另外他也不算是贪官，因此为李鸿章"陪斩"，实在是冤枉。

还有一副讽李鸿章的对联则有点不雅，是以李鸿章做了个分咏格的"诗钟"。诗钟的规定是既要对仗工整，而分咏的事物又必须隐藏在联意之内，让读者去猜的。联语是：

> 举世共推和事佬，
> 大家都是过来人。

李鸿章以善于讲和著名，上联"和事佬"云云，当然是作反语嘲讽他的。虽然有点不雅，但也可见当时人们对李鸿章的鄙薄。

嘲联之二：讽慈禧太后联

梁羽生写这篇联语的起因，是看完电影《垂帘听政》之后，心有所感。

慈禧太后生于1835年，1904年农历十月十日，是她七十岁生日。她的七十大寿当然非同小可，各省文武官员都在忙于为她祝寿备办礼物。上海《苏报》在那天刊出一副给她"赠庆"的寿联：

今日幸颐和，明日幸北海，何日再幸古长安，亿万兆膏血全枯，只为一人歌庆有；

五十割交趾，六十割台湾，七十更割辽东地，廿余省版图渐蹙，预期万寿祝疆无。

"颐和"即颐和园。"北海"是清皇室园林，即今日的北海公园。"古长安"即今西安，1900年八国联军进入北京，慈禧逃到西安避难。她五十岁那年发生中法之战，本来中国取得了胜利，但清政府却和法国签订和约，把安南（古称交趾）割让给法国。她六十岁那年，甲午之战爆发，结果清廷战败，把台湾割让给日本。她七十岁那年，日俄之战在中国的土地上爆发，俄国战败，将中国辽东半岛的租借权转让给日本，下联所说即此三事。至于把"万寿无疆"的套语颠倒一字，变成"疆无"，讽刺尤其深刻。据说此联是章太炎写的，也有人说是清末民初的记者林白水写的。

慈禧垂帘听政四十年，也是中国最丧权辱国的四十年，虽然她在世时把一切好听的话都加在自己身上，但她死后，却有不少人写对联骂她，这些对联名为"挽联"，实为讽联。其中一副是：

垂帘廿余年，年年割地；
尊号十六字，字字欺天。

慈禧死时徽号共有十六个字，都是歌功颂德的，可此联却毫不隐晦地将她当政时的腐败、无耻揭露出来，令人痛恨。

佛联：观世音本是男人

梁羽生多次说过，武侠小说家对宗教也应该懂一点，他的小说中也多涉及佛理，而在"联趣"专栏里，他也曾联系还珠楼主的《蜀山剑侠传》，对佛理多有妙悟。除此之外，他还对海内外的佛教圣地的对联进行了精彩的介绍。

在诸位神佛中，观世音是很特别的神，《法华经》云："苦恼众生，一心称名。菩萨即时观其音声，皆得解脱，以是名观世音。""观世音"简称观音，是从唐朝开始的，是为了避李世民的"讳"。严格说来，"观世音"并不单指某一个菩萨，各种佛学经典中就有什么"六观音""七观音""三十三观音"等称号。根据佛经说，观世音为救苦难众生，只要听到人念他的名字，就会寻声去救，并因各种根器不同而显现三十二种应化形象，因此是可作男身，也可作女身的。梁羽生举出《楹联丛话》一副对联，说明这个传说。联云：

> 菩提今菩提，具大神通，忽现千般手眼；
> 自在观自在，是真佛力，总由一念慈悲。

此联中的"千手千眼"，就是观世音的形象之一。

当然，有些关于观世音的对联也会闹出笑话，《楹联丛话》中记载了燕子矶永济寺中的观音大士像楹联云：

> 音亦可观，方信聪明无二用；
> 佛何称士？方知儒释有同源。

该对联显出联作者对佛教经典的无知。他因观世音被称为"大士"而感到奇怪，而且还自作聪明，从"儒释同源"上来寻找答案，岂知观音大士的"士"并不同于儒家的"士"，他本来是阿弥陀佛的"左胁士"。密教经典说，观世音和"大势至菩萨"都在阿弥陀佛左右，观音在左，"势至"在右，所以所谓"胁士"，就是追随在阿弥陀佛左右的侍者。经云："梵号礼忏，则阿弥陀佛之本名为观自在王。观以其本师之名，而自称观自在王。"此即观音既可称为"观音大士"，又可称为"观自在王"的原因。另外，观音虽然可作许多不同形象的化身，但其本体却是男身。据记载，古代没有把观音当作女身看的，至于女相观音始于何时，则各有各的说法，有说大致在唐朝以后，也有说在元朝以后。

第九章

人性悲歌

梁羽生笔下的世界太丰富、太跌宕、太美丽，也太凄怆、太让人不知如何说起。

虽然他的人物，特别是英雄人物多少都有一点概念化的毛病，但瑕不掩瑜，他的人物仍然是丰满多姿，当然，他们人性的健康就更不必说了。

但生逢乱世，他们健康的人性一旦与纷扰的世事交织，就难免生出许多人性悲歌。这种悲歌，当然不是穷途末路者的绝望之歌，而是美学意义上的悲剧英雄，在面对悲剧命运时唱出的不屈又无奈之歌，是啼血的夜莺所唱的歌。

多情魔女白发新

论玉罗刹的武功，显然只有岳明珂与她般配，论她的身份，也只有王照希、李自成堪与之匹配，但卓一航的几句温柔软语，却叫她芳心暗许，情愫顿生。这不是孽缘又是什么？

卓一航何尝不是如此？论身份地位，谈吐文雅、态度大方的何萼华，美丽可爱，纯真可人的何绿华都是合适的人选，也符合本派中人的愿望，但他偏偏对与本派有仇的女魔头念念不忘，其中奥秘，又有几人解得？

在接受尤今采访时，梁羽生承认自己最喜爱的三部小说是《萍踪侠影录》《女帝奇英传》和《云海玉弓缘》，但这三部小说却不是他最畅销的小说。

他最畅销的小说是《白发魔女传》和《七剑下天山》。

《白发魔女传》中的故事发生在明代神宗至崇祯年间，而这一时期恰好是明朝由盛转衰的过渡时期，时局动荡，人心波动，正是需要英雄也产生英雄的时代，而满汉矛盾更将人们置于民族大义的艰难选择的困境，这就像萨特的主人公，每个人都必须在其中做出选择并确定自己的本质。除了民族矛盾外，小说还写了另外两种矛盾。

一是宫廷和官场的权力争斗。这是一个污浊、荒淫、残暴、无耻的世界，不但皇室家族为争夺皇位相互残杀，而且官僚阶层同样充满尔虞我诈，令人不寒而栗。宫廷斗争围绕着宦官魏忠贤展开，以魏忠贤为中心形成一个卖官鬻爵、里通外国、以权谋私的奸臣集团，而与之相对的则是以熊廷弼、顾宪成、杨涟为中心的忠臣集团。这是典型的中国官僚体制的斗争。

另一矛盾就是正史上所谓的阶级斗争，即以李自成为代表的下层人民与上层统治阶级的斗争。小说中的李自成被写成一个高瞻远瞩、光明磊落，既看到本民族内部矛盾，也时刻准备着抵抗外辱的民族英雄，与明朝统治阶级的昏庸无能构成鲜明对比。

就在这重重矛盾中，梁羽生为我们展现了一曲人性的悲歌，这一悲歌的主演是玉罗刹和卓一航。

玉罗刹是个孤儿，由母狼抚育成人，后被凌慕华收养，并传授给她一身绝世的武功。她天真无邪，疾恶如仇、至情至性，却又天生的避俗如仇。小说一开始，她已是闻名陕南的女魔头，占山为王的大盗，却又是绝对的美艳惊人，风情万种。

她就像雨果名剧《欧那尼》里的强盗欧那尼，做强盗只为了与官府作对，只为了替天行道、劫富济贫，但她对官场却不感兴趣，也不愿追随李自成干一番救国救民的伟业，她只想如闲云野鹤，高山流水，过一种逍遥自在的性情生活。

卓一航的父亲是明朝大官，最后蒙冤而死，而他本人又受奸臣迫害，并且亲身经历官场相互残杀的黑暗，这一切促使他走向江湖。否则，他可能走上另一条完全对立的道路。但他身上的名士气，也可以使我们做出大致不错的推论：即使做官，他也会力争做个好官。但在坏官多如过江之鲫、清官寥若晨星的官场，相信他要么很快堕落为一个同流合污者，要么还是走向江湖，而后者的可能性更大一些。

他本来可以顺利地做武当派的掌门，但当遇到玉罗刹后，他却不得不在两者之间做出选择，因为玉罗刹属于魔教，武当派代表人间正义和正统，这种选择，实际上也是在两种道德观念和生存可能之间做出选择。

"金风玉露一相逢，便胜却人间无数"，两人的相遇属于偶然，但却一见钟情。

洞颇深幽，卓一航行到腹地，忽然眼睛一亮，洞中的石板凳上，竟然躺着一个妙龄少女，欺花胜雪，正是在道观中所遇的那个少女。看她海棠春睡，娇态更媚，卓一航是名家子弟，以礼自持，几乎不敢平视。

若不以礼自持，卓一航恐怕眼睛难以从这位少女身上移开。

有缘千里来相会，相逢何必曾相识。而更让人相信两人今生一定有缘的是：卓一航为这位少女起的名字恰就是她的本名：练霓裳。

这不是前世姻缘还能是什么？

论玉罗刹的武功，显然只有岳明珂与她般配，论她的身份，也只有王照希、李自成堪与之匹配，但卓一航的几句温柔软语，却叫她芳心暗许，情愫顿生。这不是孽缘又是什么？

卓一航何尝不是如此？论身份地位，谈吐文雅、态度大方的何萼华，美丽可爱、纯真可人的何绿华都是合适的人选，也符合本派中人的愿望，但他偏偏对与本派有仇的女魔头念念不忘，其中奥秘，又有几人解得？

洞中偶遇不久，卓一航与人一起围攻玉罗刹，发现玉罗刹就是洞中丽人，不仅心生惋惜，而玉罗刹一见卓一航竟是自己的敌人时，忽然脸色惨白，心里难过之极，两颗泪珠忍不住夺眶而出……见卓一航眉头深锁，定睛地看着她，似有情又似无情，恨声说道："你，你……"

再后来武当派同人接卓一航任掌门，恰与玉罗刹相遇，因玉罗刹曾戏弄武当弟子，被视为武当派公敌，所以两方免不得一场打斗，卓一航夹在中间，感到左右为难，碰到玉罗刹射来的目光，他慌忙低下了头，一颗心更跳得扑扑作响。

红云道人眼看就要败于玉罗刹，黄叶道人让卓一航前去相助，但他却是"如痴如呆，目注斗场，手足冰冷"，迟迟不动手。玉罗刹明白了，武当派也明白了。

此后两人的爱情虽遇到了来自各方面的压力，但却越发难以自抑了。

在两人的爱情中，玉罗刹始终处于主动，自从黄龙洞分手后，两人见面的机会并不多，仅有的几次见面，也都是玉罗刹主动促成的，而制造机会的原因，是她也像天下女孩子一样，对卓一航不来见自己起疑。她希望与卓一航一起啸傲山林，但卓一航却一心想着家国大事。一次，她将卓一航从狱中救出，但卓一航不愿与她一起"堕落"绿林为盗，两人之间的一番对话，真实地表现出两人爱情坎坷的本质原因：

> 卓一航忽然叹了口气，心想玉罗刹秀外慧中，有如天生美女，可惜没人带她走入"正途"。玉罗刹面色一变，说道："绿林有什么不好，总比官场干净得多！"卓一航低头不语，玉罗刹又道："你今后打算怎样，替皇帝老儿卖命吗？"卓一航决然说道："我今生决不做官，但也不作强盗！"玉罗刹心中气极，若说这话的不是卓一航，她早已一掌扫去。卓一航缓缓说道："我是武当门徒，我们的门规是一不许作强盗，二不许作镖师，你难道还不知道？"玉罗刹冷笑道："你的祖父、父亲难道不是强盗？"卓一航怒道："他们怎么会是强盗？"玉罗刹道："当官的劫贫济富，我们是劫富济贫，都是强盗！但我们这种强盗，比你们那种强盗好得多！"卓一航道："好，随你说去！但人各有志，亦不必相强！"玉罗刹身躯微颤，伤心已极。

在玉罗刹看来，做官非好人之愿为，而当武当派掌门也没什么好，可对卓一航来说，官可以不做，但不做武当派的掌门于情于理都讲不通，因为这是师命难违。

卓一航的动摇进一步刺激了玉罗刹的爱情和好胜心，她不断试探，甚至以自己特有的方式将卓一航劫持到山寨，结果与武当派发生激烈冲突，卓一航为平息自己所爱的人和自己所敬的人之间的矛盾，就答应回武当山，玉罗刹又气又急，晕了过去，醒来后只说了五个字："卓一航，你好……"

随后她又亲上武当，按她的逻辑：既然卓一航爱自己，那他一定会随自己下山。果然，一见到玉罗刹，卓一航即说："我已打定主意，今后愿随姐姐浪迹天涯。"

可一旦玉罗刹与武当派发生争斗，而且势均力敌，卓一航起着关键作用时，他又犹豫不决：一方是自己的情人，一方是自己的同门，何去何从，使他肝胆俱裂，神志昏迷中他被同门怂恿，向玉罗刹连发三弹弓，这使玉罗刹伤心欲绝，她只知道爱，只感到委屈与不解。她沉沉睡去，醒来到溪边一照，已是满头白发，经此巨变，她顿时大彻大悟，什么爱，什么恨，都如过眼烟云，从此她就成为白发魔女，浪迹天山。

玉罗刹大闹天山之后，卓一航终于意识到在掌门和爱情之间，自己最需要的是爱情，于是他决然对师叔们说"请师叔原谅，另选掌门，弟子去了！"

于是他一剑单身，迎晓风，踏残月，千里迢迢，来到天山脚下，却得知玉罗刹已经白了头。

仰望天山主峰，卓一航信誓旦旦："莫说她白了头发，即算鸡皮鹤发，我也绝不变心。海枯石烂，天荒地老，此情不变。皇天后土，可鉴我言。"

可玉罗刹却拒绝见他，但他不灰心："她不见我，我也要见。即使终于不见，住得和她相近一些，我也心安一些。"

这时他成了爱情的主动者，而玉罗刹却成了被动者。其间的变化，又岂能用"伤心"二字说尽？

最后终于见到了玉罗刹，可玉罗刹却像换了一个人似的：

卓一航道："练姐姐，我找了你两年多了！"白发魔女道："你找我做什么？"卓一航道："我知道错啦，而今我已抛了掌门，但愿和你一起，地久天长，咱们再也不分离了。"白发魔女冷笑道："你要和我在一起！哈哈，我这个老太婆行将就木，还说什么地久天长？"

卓一航又扑上前去，哽咽道："都是我累了你！"白发魔女又是一闪闪开，仍冷笑道："你的练姐姐早已死啦，你尽向我唠叨做甚？"卓一航道："你不认我我也要像影子一样追随你，不管你变得如何，我的心仍然不变！"白发魔女又是一声冷笑，冷森森的"面孔"突然向卓一航迫视，道："真的？你瞧清楚没有？你的练姐姐是这个样儿吗？"卓一航几曾见过这样神情，不觉打了个寒战，但瞬息之间，又再鼓起勇气，伸手去拉白发魔女，朗声说道："练姐姐，你烧变了灰我也认得你。在我眼中，你还是和当年一模一样啦！"

而玉罗刹此时想的却是：

玉罗刹心灰已极，想起十多年来的波折，如今头发也白了，纵许再成鸳侣也没有什么意思。玉罗刹的想法就异乎寻常女子，在她觉得想和卓一航谈论婚嫁之时，便一心排除万难，不顾一切。到如今几度伤心之后，她觉得婚嫁已是没有意思，也就不愿再听卓一航解释，宁愿留一点未了之情，彼此相忆了。

对两人的爱情来说，这恐怕是最好的结局了。温馨的回忆带给人的幸福，有时比日夜厮守更大。真爱只有一次，既然已经付出过，人生也就已经圆满，为什么一定要有个完满的结局呢？

缺憾是美，对文学来说是这样，对爱情来说也是这样。

显然这是一出爱情悲剧，但谁是这出悲剧的罪魁祸首？不是玉罗刹，不是卓一航，也不是命运。

你要寻找答案，那只有到爱情本身去找！

这也正是：

家国飘零，江山轻别，英雄儿女真双绝。玉箫吹到断肠时，眼中有泪都成血。

郎意难艰，侬情难坚，红颜未老头先雪。想君亦是过来人，笔端如灿莲化舌。

萍踪侠影

梁羽生笔下的张丹枫堪与金庸笔下的郭靖相对应，他体现了梁羽生心目中最高的侠义理想，是自觉将个人利益置于历史责任和国家民族大义之下，以天下为己任的英雄，在他身上，集中交织着家与国、爱与恨、官场和江湖的矛盾。

梁羽生小说中的男主人公堪与金庸笔下的郭靖相对应的是张丹枫，他是梁羽生最喜爱的人物，也是一个顶天立地的侠中之侠，在他身上，体现了梁羽生心目中最高的侠义理想，是自觉将个人利益置于历史责任和国家民族大义之下，以天下为己任的英雄，在他身上，集中交织着家与国、爱与恨、官场和江湖的矛盾。

张丹枫先祖曾建立大周王朝，与朱元璋逐鹿中原，后战败，被朱元璋沉尸长江，张丹枫的父亲逃到瓦剌，卧薪尝胆，励精图治，帮助瓦剌整顿军纪，试图借此打回中原，恢复大周江山。张丹枫作为张家第三代，一出生就已肩负着复兴家国的重任。

小说开始，张丹枫从蒙古只身来到中原，目的是刺探军情，为将来复国作准备。他通过考察，得出结论说：

> 我是中国人，我绝不会助瓦剌入侵，可是我也要报仇。
> 我入关之后，细察情形，明朝其实已是腐朽到极，要报仇我看也不很难。我若找到地图宝藏，重金结士，揭竿为旗，大明天下不难夺取。
> 皇帝也是常人做，一家一姓的江山岂能维持百世？不过我抢大明的江山，也不只是为了做皇帝，也不只是就为报仇，若然天下万邦，永不再动干戈，那可多好。

此时这个瓦剌的相国公子雄姿勃发，霸气十足，复仇的意识使人还难以看出这是一个侠，使他转变的关键是他此时刚认识的少女云蕾的一席话：

> 做不做皇帝，那倒没什么稀罕，只是你若想抢大明九万里的江山，不管你愿不愿意，只恐也要弄至杀人盈城，流血遍野。何况现在蒙古入侵，你若与大明天子为仇，岂非反助了瓦剌一臂？

大周与大明的矛盾只是民族内部矛盾，而蒙古与大明的矛盾则是汉族与外族之间的矛盾，相比之下，一个真正为国为民的英雄，就应该牺牲局部利益而服从于大局。

梁羽生在到香港之前所接受的是新文化运动的影响，他对历史的认识，基本来源于五四文学，特别是左翼文学，所以，对历史发展规律的认识，也基本上遵循着左翼文学的模式。实际上，从他的第一部小说《龙虎斗京华》中，就已经明显地表现出这一点。该书主人公之一娄无畏原是匕首会的成员，以暗杀方式对付满清政府，但暗杀不但无法实现推翻清朝政府、为民造福的目的，反而给老百姓带来很多不必要的牺牲，他由苦闷而生出绝望，感到无所适从。后经云中奇指点，他才幡然醒悟。云中奇给他讲了一个"蚂蚁斗白狼"的故事，说："凭几个人的武功本领，就算你有天大的本事，也不能推翻一个根深蒂固的皇朝。""一只蚂蚁只消一只指头，稍微用一点力就可捺死。但一大群蚂蚁可就有这么大的威胁，蚂蚁合群起来，已有这么厉害，何况万物之灵的人？"这段话的寓意很明显：个人只有投身到群众运动的洪流中去，才能真正实现自己救国救民的理想，这实际上也就是我们一直坚持的"个人集体"的思维模式。

此后梁羽生的小说，凡是涉及这个问题，基本是都是沿袭这个模式。而在对待民族关系时，则是以汉族为中心。

张丹枫此时遇到的也是这个"个人集体""汉族外族"的矛盾。他也像梁羽生笔下的许多主人公一样，刚开始也是犹豫不决。直到第十五回，他仍然以复仇复国为基本的价值取向。他给于谦写了一首诗，表达自己的抱负：

> 愁里高歌梁父吟，犹如金玉夏商音。
> 十年勾践亡吴计，七日包胥哭楚心。
> 秋送新鸿哀破国，昼行饥虎啮空林。
> 胸中有誓深如海，肯使神州竟陆沉。

但随后发生的土木堡之变使他相信了云蕾说过的话。1449 年，瓦剌大举进攻中原，明朝皇帝亲自带兵迎战。同年 8 月 18 日，明军在土木堡被瓦剌击溃，连明朝皇帝都做了俘虏。张丹枫到中原的目的就是伺机打败明朝，现在他又刚刚找到祖传的宝藏，正可以利用明朝内忧外患的大好时机，但他却把财宝全部交给了明朝政府，用于抵抗瓦剌，后来还只身一人从瓦剌军中救出自己以前的最大敌人明朝皇帝。

这一切，都是因为他遵从了小局服从大局、个人利益服从集体利益的中华民族的传统美德，服从了民众心目中的英雄应该遵循的理想模式。

然而，如此高明地处理了国仇的张大侠，当遇到家仇和爱情的矛盾时却显得手足无措。云蕾家族和张丹枫家族之间有血海深仇，云蕾胸前藏着一片羊皮血书，字字都是要她时刻不要忘记向张家人报仇。可就是这样本应水火不相容的两人却产生了爱情。

而大风大浪都闯过来了的张丹枫，在爱情受到云蕾父母的百般阻挠后，竟丝毫不见了指斥方遒的英雄豪气，而完全成了一个失魂落魄的凡人。小说第二十七回对他有这样一段描写：

> 张丹枫就这样如痴如狂地独自走上唐古拉山，第一日还有点清醒，记得自己来是找师父，第二日就迷迷糊糊，不知道自己为什么会单独在这荒山之中。见着山花枯树，怪石奇峰，眼前都幻出云蕾的形象；听到流泉山涧的声音，也好像云蕾在呼唤他，然而这"呼唤"之声倏忽又变成了那"砰"的一声关门的声音。张丹枫永远忘不掉这个声音，这声音在追逐着他，他不敢下山，茫无目的地向山上跑，好像这样就可以躲开那个声音，避开那个令人厌烦的山下的世界。

在这之前，张丹枫去找云蕾，但云蕾却被父母强行拉进屋，并把张丹枫关在门外，于是张丹枫就成了这个样子。

然而，我们不但没有觉得这样就削弱了张丹枫的英雄形象，反而有一种亲切之感：真是英雄，就应该是这样。

梁羽生喜欢张丹枫，可能就因为他身上体现了更多可称为"人"的东西。

毒手疯丐

他看不惯所谓的名门正派以正义的名义做不公正之事的虚伪；他也从来不为别人而改变自己，他信奉的格言是"走自己的路，让别人去说吧！"

时间一久，他竟也在江湖上闯出一个"毒手疯丐"的名号来。

　　梁羽生小说中也有一些武功非凡、行为却乖张的人物，使人很难决定他们是好人还是坏人。像《大唐游侠传》《龙凤宝钗缘》《慧剑心魔》中那位眼高于顶、不顾正邪、自以为是、独来独往的空空儿；贯穿《冰川天女传》和《云海玉弓缘》中的金世遗，都属于这类人物，但他们最后都经过事实的教育和身边人的感化，收心敛性，改邪归正了。这也是梁羽生笔下侠的一大特色。

　　金世遗并非一出道就是一位顽主，他只不过是看不管武林规则和社会黑暗才采取乖张的处事方式，所以，邪，只是他对付社会和江湖的一副面具，他的内心却是最清白无邪的。自古英雄出少年，而他这个少年英雄却天生要叛逆，所以，当大家都以为他是个坏男孩时，他不但没有按照周围人的愿望改变自己，反而越发变本加厉地狂、邪起来，时间一久，竟也在江湖上闯出一个"毒手疯丐"的名号来。

　　他看不惯所谓的名门正派以正义的名义做不公正之事的虚伪；他也从来不为别人而改变自己，他信奉的格言是"走自己的路，让别人去说吧"！

　　在岷山脚下，岷山派掌门把谷之华驱逐出门，他打抱不平，并安慰谷之华说："你是你他是他，清者是清，浊者是浊，莲出污泥，仍是花之君子。"

　　"做人但求上无愧于天，下无愧于地，理得旁人说些什么？我被人称为毒手疯丐，把我当成无恶不作的魔头，但我自问并没有杀过好人，也没有做过大奸大恶之事。我便仍然我行我素，根本就不理会别人是看轻我还是看重我。我被人认为魔头也毫不在乎，何况你仅仅是魔头的女儿？你以前曾劝过我，愿我做一个初生的婴儿，好吧，我今天也将这番话劝你，你只当你的父母早已死了，在你出生的时候就已死了。"

　　他自己喜欢仗义疏财，助人为乐，但却从来不愿受人恩惠。唐经天曾经托冰川天女将三颗碧灵丹赠给金世遗，他很感激，却不愿接受这种馈赠，几年来一直千方百计想把三颗灵丹还给唐经天，但却不愿通过冰川天女转交，因为他认为冰川玉女是自己的唯一红粉知己，可她现在已嫁给唐经天。后来江南上山求取雪莲，用于救助陈天宇的妻子，而陈天宇是唐经天的朋友，于是他就把三颗丹交给了江南，并深为得意："我用你的灵丹救了你的好友，哈哈，唐经天呀唐经天，我总算未曾沾过你的恩惠。"

也许正是他既我行我素而又率性纯真，所以，在这个疯丐身边，竟也围绕着几个如花似玉的美女。

先是李沁梅，天真未凿，纯洁无邪，她以为自己对金世遗的感情就是爱情，而实际上只是兄妹之情，只不过她不知道而已。直到最后她和师兄钟展结婚时，婚礼上金世遗送给他一个小匣子作为礼物，她才明白自己对金世遗的真实感情。这只匣子里分成好多格，分别放有贝壳、羽毛、小石子、种子等零星小玩意儿。金世遗对她说："这是翡翠鸟的羽毛，可惜不能捉一只给你玩；这是海鸥的翎，比大雪山的鹤翎还美；这些小石子是在火山口拾的，你摸一摸看，是不是觉得好像还有点烫手呢？这些都是海外奇花的种子，我也不知道名字，你试在温家附近来种，看能不能开花结果。"

李沁梅又是高兴又是伤感。高兴的是金世遗在海外这么多年却一直没有忘记自己，他们两人最初相识的时候李沁梅还是个非常淘气的小姑娘，喜欢一些稀奇古怪的小玩意儿，常常缠着金世遗给她捉鸟，摘花，拣石子，现在自己已经结婚，他却还没忘记自己最喜欢这些；伤感的是，"我在他的眼中，一直是他的小妹妹"。

金世遗与谷之华见面之前对对方都已略有所闻，后来一见面就一见钟情。在这之前，金世遗颇有自暴自弃的味道，但谷之华却根本不理会别人怎么说他，而是以平等的态度对他，这使他感激之余油然而生爱慕之情。见到谷之华之前，他宁愿今生今世遭人唾弃，但见过谷之华之后，他就决定要把自己的名字改一改了。两人分手后他仰天长叹："谷之华，谷之华，幽谷有佳人，遗世而独立。她的名字和我的名字联起来倒很有点意思。"他所希望的，当然不只是把两人的名字联起来，而是将自己的一生也都与她联系起来。

经过长期的精神漂泊，他渴望有一处精神的家园，可以让自己累时能够安心地休憩。谷之华之于他，就好像一望无际的沙漠中的一片葱盈盈的绿洲，久旱后的甘霖，在茫茫夜中迷路者眼中的一线光。他不顾一切地走过去，但就像人在梦中要飞却总是生不出翅膀一样，他努力向前却总觉得被什么东西缠住了脚。

这里面有他的自卑，他视谷之华就如观赏出淤泥而不染的荷花，只可远观而不可近前；谷之华太圣洁，在她的光辉的照耀下，金世遗无法抑制自惭形秽的感觉。

当然，最主要的原因是这时在他们两人之间出现了一个叫厉胜男的女孩子。

李沁梅、谷之华，现在又加上了一个厉胜男，最不愿意伤害人的金世遗却注定要伤害其中的两个姑娘。他知道自己对李沁梅只有兄妹之情，但对谷之华和厉胜男，他却不清楚自己到底是什么感情，不知道自己对谁的感情更多一些了。

于是他陷入了惶惑。

他只感觉若此生能与谷之华在一起就心满意足了，但一面对厉胜男，他就有点怀疑自己的感觉了，因为厉胜男就像他的影子。

于是他先伤害了谷之华。在这个世界上，不对你身边的其他女人吃醋的女人，实际上就是不爱你的女人。谷之华对金世遗的动摇莫名其妙，芳心大乱，金世遗于是急忙前去解释，感情上的事，是解释得清的吗？于是就有下面的一段对话：

谷之华气往上涌，愤然说道："我是你的什么人？你又是我的什么人？我们本来就是不相干的人，我要你解释做什么？你又要我信你做什么？"

金世遗呆了一呆，听了谷之华这番说话，有如利锥钻心，忽地眼泪迸流，伤心说道："谷姐姐，你还不知道我的心吗？咱们相聚的时间虽然无多，但我早已把你当作唯一的知己！我是无父无母，自己也不知道自己来历的孤儿；你有父亲也等于没有父亲一样！咱们的身世同样可怜！咱们的师父又有那样深厚的交情，我最佩服你的师父，你业早知道有我这个人，所以一见了面，咱们就似早已经认识一般。难道咱们还不应该相怜相惜，却反要相互猜疑？我把沁梅当做我的亲妹妹，对你呢，唉，你难道还不知道我的心，还要我明白说吗？我的心早交给你了！至于那位厉姑娘吗？我只是为了要报答她一桩恩德，事情完了，我尽了心愿，那就各走东西，各不相干了。你信不信我？你还是不相信我吗？好，我把心掏给你看！"忽然把铁拐一拉，拉出那把铁剑，倏地向胸口便刺！

事情若真像他说的这样简单就容易多了。在对待金世遗的态度上，厉胜男和谷之华正相反，谷之华是静如处子，相信只要你爱我，就应该一心爱我，我就像那盛开的鲜花，自然会吸引你到我身边来，于是她等待；而厉胜男则动如脱兔，认准是属于自己的东西，就马上不择手段去得到，她的逻辑是：既然你应该属于我，我就有权力用任何方法得到你，为了目的，完全可以不择手段。用她自己的话说："我自小就不信命运，我想要的东西一定要拿到，我想办的事情一定要办到，即算是命中注定，我也一定要尽力挽回！"于是她掠夺。为了得到金世遗，她曾自断经脉，曾百般利诱，甚至欺骗。

事实的确如此。她的一生就是为了得到自己想得到的东西，而且最后都得到了。三百年前，她的祖先邪派高手曾大闹中原，并把平生所修武学写成秘笈埋在一个海岛上；到了她父辈这一代，却被孟神通赶尽杀绝，只有她侥幸逃生。现在她长大成人，一心要找到先祖留下的武功秘笈，报仇雪恨。

因为她要清除的是武林正派人人欲诛的天下第一恶人孟神通，所以赢得了武林名门正派的积极支持。金世遗也慨然答应和她一起寻找武林秘笈。

偏偏孟神通是谷之华的亲生父亲，偏偏她又爱着金世遗。

于是当她终于杀了孟神通后，却把孟神通的人头送给谷之华，人头上还淬上剧毒。谷之华一见父亲的人头，不禁惊呆了，不由自主捧起了人头，结果中了剧毒。

既彻底报了仇，又害了情敌，还要挟了金世遗。一箭三雕，何乐而不为？

随后她又上天山，搅了李沁梅的婚事。

复仇前的厉胜男使人同情，但在这之后她的所作所为则使人将她与孟神通相提并论了。

而偏偏金世遗在感情问题上又是个优柔寡断者，他不愿意让任何一个女孩子为自己吃苦，所以对厉胜男的这种残酷的爱，他也接受了。而厉胜男却比他还早就知道他一定会接受，因为她比他自己还了解他，她知道自己让他做的一切他都会去做，奇怪吗？不，因为她就是从金世遗身上取下的肋骨做成的女人，她对他的一切都太熟悉了，就像熟悉自己一样。

慢慢地，金世遗对她的感情由敌视、厌恶而转为亲近，甚至比对谷之华的感觉还亲近。他爱谷之华，但那是柏拉图式的爱，是将但丁引向天堂的贝亚特丽采，是圣母，他膜拜她，是因为内心对善的渴望，是想通过这种爱得到心灵的救赎。

在厉胜男凌厉的攻势下，金世遗屈服了。谁都认为他应该和谷之华结婚，可就在李沁梅的婚礼上，在众人敌视的目光下，他却与厉胜男拜堂成亲。

随后厉胜男为争天下第一而死，在她的墓旁，金世遗呆呆地立着，阳光将他的影子拉得好长好长，忽然间，这个影子变成了厉胜男。他知道，自己一生是摆脱不了这个影子了。

在金世遗身上，有法国作家罗曼·罗兰的小说《约翰·克利斯朵夫》的同名主人公的影子，都是愤世嫉俗，与世俗世界格格不入的人物，而他的恋爱心理，则是梁羽生接受弗洛伊德精神分析学创作的，所以，这个人物可以说是中国传统名士与西方现代英雄性格的综合。

快乐的牛虻

梁羽生毫不讳言《七剑下天山》模仿了《牛虻》，但他虽然利用了《牛虻》的某些情节，但在人物的创造和故事的发展上，却是和《牛虻》完全两样的。

《七剑下天山》是梁羽生的一个新尝试，也是他最畅销的小说之一。小说刚出版两集，就有一位署名柳青的中学生给他写信，说因没钱买书，自己是在书店里"蹭油"看完他的《七剑下天山》的。他说看完之后很担心，因为他看出这部小说中的一个人物凌未风是英国女作家伏尼契小说中的主人公牛虻，因此就担心凌未风也会像牛虻一样，最后英勇牺牲，他希望梁羽生把凌未风的结局提前告诉他，并提出许多理由，认为凌未风不应该死。

梁羽生承认这位中学生从凌未风身上看出牛虻的影子，的确是很会看自己的小说的。他不否认自己的小说模仿了伏尼契的牛虻。梁羽生早就读过《牛虻》，并深深地为牛虻的侠气所吸引。在写完《草莽龙蛇传》后，他正计划写第三部武侠小说，这时一个念头突然出现：为什么自己不写一部中国的牛虻呢？

于是就有了《七剑下天山》。

至于怎么会想到模仿外国的小说创作武侠小说，梁羽生自有自己的看法。他说作家吸收外国文学的影响，利用或模拟某一名著的情节和结构，在文学创作中是很正常的事。他举例说：号称"俄罗斯诗歌之父"的普希金，许多作品就是模拟拜伦和莎士比亚的。中国作家中也有很多借鉴外国文学的成功例证，如曹禺的《雷雨》深受希腊悲剧的影响。所以，小说模仿是否成功不是看这部小说是否模仿了外国小说，而是要看它是否创造地借鉴并进而形成自己的特色了。在写《七剑下天山》时，他曾认真考虑过如何借鉴外国文学影响的问题，他说："在吸收外国文学的影响上，最应该注意的是：不能单纯地'移植'，中国国情不同，社会生活和人物思想都有很大的差别，因此在利用它们的某些情节时，还是要经过自己的'创造'，否则就要变成'非驴非马'了。"基于此，在创作《七剑下天山》时，他虽然利用了《牛虻》的某些情节，但在人物的创造和故事的发展上，却是和《牛虻》完全两样的。他说自己现在还无法预告凌未风结局是死还是活，但他可以肯定的是，他的结局绝对不会和牛虻的相同。牛虻是上世纪意大利爱国志士、是英雄。在他身上，集中了许多方面的冲突，既有政治信仰的冲突，也有爱情与理想的冲突，因为这些传统在他身上得不到调和，结果就爆发了惊心动魄的悲剧。他说：

> 在《牛虻》这本书中，牛虻是一个神父的私生子，在政治上是和他对立的，这样就一方面包含了信仰的冲突，一方面又包含了伦理的冲突；另外牛虻和他的爱人琼玛之间，更包含着错综复杂的矛盾，其中有政治的误会，有爱情的妒忌，有吉卜赛女郎的插入，有琼玛另一个追求者的失望等等。正因为在牛虻身上集中了这么多"冲突"，因此这个悲剧就特别令人呼吸紧张。
>
> 这样的小说当然是好小说，但若就这样把所有的情节照样移植过来显然是行不通的。例如，在西方国家，宗教的权力和政治的权力不但可以分庭抗

礼，而且往往教权还处在皇权之上，因此《牛虻》中的神父，才有那么大的权力。若放在中国，却是不可能的事，因为在中国宗教的权力是不能超越政治权力的。

《七剑下天山》对《牛虻》扬弃的继承的一个突出表现是梁羽生把牛虻的精神气质和生活道路一分为二，一个是凌未风，一个是易兰珠。在凌未风身上，表现了牛虻和琼玛的矛盾，在易兰珠身上，则体现了牛虻和神父之间的冲突。不过在处理易兰珠和王妃的矛盾时，却又穿插了多铎和王妃之间的悲剧以及易兰珠对死去的父亲的爱，从而使得情节更复杂化了。

但梁羽生也承认，正是因为在《七剑下天山》中把牛虻的形象一分为二，所以悲剧冲突的力量就减弱了。另外，作为《牛虻》中琼玛形象的对应人物刘郁芳也不如琼玛性格突出。琼玛是十九世纪意大利一个革命团体的灵魂，在政治上非常成熟，而在《七剑下天山》中的十七世纪的中国，这样的女子是根本不可能出现的。

敢于如此揭示自己的短处，正是因为梁羽生不愿固守老路，而是立志创新，汲取西方文学的营养，就是他创新的一个途径。当然，要走一条前人未曾走过的道路，难免会出现一些不尽如人意的地方。就像他在文中所说："武侠小说的道路还在摸索中，《七剑下天山》之接受西方文学的影响，也只是一个新的尝试而已，更可能是一个失败的尝试；不过，新东西的成长并不是容易的，正如一个小孩子，要经过'幼稚'的阶段，才能'成熟'。在这个摸索的阶段，特别需要别人的意见，正如小孩子之要人扶持一样。"

梁羽生的《七剑下天山》之所以吸引读者而且既有借鉴又能独出新意，主要归功于他在小说中塑造了优美动人的人物性格。他曾这样说过："文学作品能够感动读者，主要的因素是人物性格塑造的生动和内心情感刻画的深入，我个人写小说并不很注重故事的情节，但有时为了迎合读者的口味，也不得不兼重情节的发展，唯在叙述时尽可能避免情理不通之处，使故事合理化而不流于神怪奇诡。"《七剑下天山》可以说武侠小说的各要素它都具备，但最主要的魅力是它塑造了几个耐人琢磨的人物。梁羽生的巧妙之处，就是通过这样几个主要人物性格的发展和一生的遭遇，使整部小说贯穿一体，同时又通过对历史兴亡的慨叹，隐喻人生感悟。

这部小说与梁羽生的其他小说一样，也是可以称作"历史武侠小说"的，这是梁羽生武侠小说的特色，也是很多读者喜欢他的小说的一个主要原因，可以说梁羽生是以文学的笔法将中国历史写入武侠小说的第一人，许多读者就是通过读他的小说才对历史产生兴趣，并对历史有所了解的，这是中国读者的悲哀，但却是梁羽生武侠小说的幸运。梁羽生认为："虽然小说家笔下所创造的历史未必会有确切的事实根据，然而历史的真实和文学在历史上所创造的真实，是有连带的因果关系的，小说中的'历史人物'和历史家笔下的'历史人物'不同；历史家要叙述'实在的事件'，如果某人没有做过某事，那就不能生安白造；可是小说中的历史人物，却不必每一点都吻合历史事实，小说的作者可以写'可能发生的事实'。举一个例子说，根据正史，康熙皇帝当然没有杀死他的父亲，可是在小说里却可以这样写，因为以帝王阴毒的特性，他杀父亲并不稀奇。而且在历史上，帝王家族骨肉相残的事实，却真是数不胜数……当然在小说中也别扭曲历史，若把秦桧写成忠臣，岳飞写成奸臣，那就应受责骂了。但在写秦桧时，却可以根据想象，把他奸恶的脸谱，更鲜明地画出来，例如写他怎样和敌国勾结，怎样算计岳飞，把历史通过艺术的安排，把历史人物刻画得更具体生动，这就是对涉及历史人物的创作的要求。"

梁羽生的历史观相对来说比较"正统"，也就是说他受当时中国大陆主导的历史观的影响，强调忠、奸的对立，强调从历史兴亡中得出人民是历史的创造者这一结论，进而又强调"官"与"民"的尖锐冲突。《七剑下天山》之前的《龙虎斗京华》《草莽龙蛇传》《塞外奇侠传》都是这样。但梁羽生当然并不局限于这种正史的写法，他笔下的历史，还有很多来自民间故事、野史传说，以及根据自己的想象对可能发生的事件的想象。如他上面谈到的康熙杀父之事，就出现在《七剑下天山》中。康熙因怕父亲顺治皇帝将来东山再起，就暗中安排阎中天和自己一起见此时已在五台山做了和尚的父亲，然后借机杀掉父亲。小说中写道：

阎中天慢慢走过去，两手在老和尚腋下一架，老和尚抬起头，忽见他满眼红丝，满面杀气，大吃一惊，喝道："你干什么？"顺治到底是做过皇帝，虽然做了和尚，余威犹在。阎中天给他一喝，两手猛然一松，全身似患了发冷病一般，抖个不止，老和尚失了倚靠，一跤跌落床下。康熙急颤声厉叱道："你，你，你还不好好服侍父皇？"阎中天定了定神，一弯腰将老和尚挟起，闭住眼睛，用力一挟，只听得老和尚惨叫一声："玄烨，你好！"清代的开国君主，竟然不死在仇人剑下而死在儿子手上。

也许正因为梁羽生在写这些历史事件时巧妙地将"真"与"假"、"实"与"幻"、"历史"与"想象"结合起来，才使他的写史小说虚虚实实，亦真亦幻，充满动人的诱惑力，和出人意料的阅读张力。

再回到《牛虻》与《七剑下天山》的情节和人物。

《牛虻》反映的是意大利正处于奥地利奴役之下的苦难深重的时代，意大利的爱国志士，为了祖国的统一，为了民族的独立，纷纷起来进行推翻侵略者的革命斗争，牛虻就是在这场斗争中涌现出来的一个意大利英雄。

《七剑下天山》的背景是汉民族遭到强清的奴役，为了"反清复明"，为了摆脱外族的压迫，一批汉民族英雄群起呼应，对清朝统治者进行了不屈不挠的斗争。凌未风就是在这样的时代风云中成长起来的一个汉民族英雄。

刚开始革命的牛虻非常天真幼稚，他认识不清意大利教会的反动本质，竟然希望自己的神父会起来革命，会为了意大利的统一而顽强斗争，却不知神父原来是个间谍，并且在想方设法利用牛虻的幼稚。一天，牛虻在向神父忏悔时，把自己的爱情以及与自己有交往的革命党人姓名、地址毫无保留地告诉了神父。结果这些"同志"，连同牛虻自己，都被关进监狱。

凌未风也是个天真的抗清义士，并因此被捕，他因为轻信狱中的一个奸细，认为他也是抗清义士，就把自己人的地址都透露给他，结果这些人差一点被一网打尽。

牛虻在临出狱时才知道竟是自己出卖了同志，后悔不已，一走出监狱，他就向青梅竹马的女朋友琼玛承认了错误。琼玛简直不愿相信自己的耳朵，等她清醒过来，狠狠地打了牛虻一记耳光。

凌未风也是后来知道事情真相后，当面向青梅竹马的女朋友刘郁芳承认自己的错误，刘郁芳也是刚开始不敢相信自己的耳朵，后来明白过来，狠狠打了凌未风一记耳光。

牛虻被打之后就失踪了，直到十三年后才又出现在琼玛面前，他脸上有一条弯曲可怕的刀疤，腿也瘸了，有了口吃的习惯，脸上天真幼稚的神气不见了，而代之以刚毅倔强的神气。更重要的是，他此时已成了一个职业革命家。他没有当面宽恕琼玛，并不是不爱她，而是怕自己连累了心爱的人。

凌未风也是十年后又出现在刘郁芳面前，也是脸上有疤，身上有伤，也是神情与以前大相径庭，也是不肯与刘郁芳坦诚相见，也是内心深爱着她但不说出口，让她为那一巴掌深深后悔。

牛虻再次被捕，并被判处极刑。一个礼拜后，琼玛收到他的绝笔信，但信没有署名，只写着他们小时候一起念过的一首小诗：

> 不论我活着，
> 或是我死掉，
> 我都是一只，
> 快乐的牛虻。

凌未风也是再次被抓，营救无望，才给刘郁芳写了一封信，信中称刘郁芳为"琼"——这是刘郁芳的小名。连名字都如此一致，也难怪一个中学生都看出与《牛虻》的相似之处。

但牛虻死了。凌未风却没死，同时也爱着刘郁芳的韩志邦代他去死，使他与刘郁芳有了重归于好的可能，只不过若两人真的踏着韩志邦的鲜血走上婚床，那就比牛虻形象更加逊色了。

凌未风毕竟是中国的侠士，更重要的是梁羽生要把他塑造成一个理想侠客，所以没有让他纠缠在对刘郁芳的痛苦和韩志邦的牺牲的忏悔上，而是让他把目光放向更广大的国与民，就像他向易兰珠解释的那样："涸辙之鲋，相濡以沫，曷不若相忘于江湖。"其意自然是说人应看到更广阔的天地，而不要像干枯的河塘中的两条鱼，只靠相互吐口水来苟延残喘。

如此分离凌未风与刘郁芳的爱情，才符合中国人的道义感，也才使凌未风的道德缺口没有继续扩展下去。

才华绝代纳兰词

梁羽生非常喜欢纳兰容若，喜欢他的人，他的词，这种喜爱从他十七八岁就开始了。

纳兰容若属于统治汉族的统治者，却情真意切地承认满汉一家："满汉两族，他们原应是兄弟。清室贵族，自有罪孽，可是不见得在贵族中就没有清醒的人。"他清醒，因而他痛苦。

到底谁是《七剑下天山》的主人公？不同的人倒有不同的说法，如新加坡的尤今女士就曾这样概括这部小说："《七剑下天山》是以清代第一词人纳兰容若为主角而写成的历史武侠小说，文字凝练故事美，因而深得读者喜爱。"梁羽生恐怕也是这样想，所以也有意识地加以渲染。从小说本身来看，对凌未风的刻画远远超过对纳兰容若的描写，但也许是因为梁羽生对纳兰容若情有独钟，所以在描写这个人物时不自觉地把自己的感情投射到他身上，所以这个人物在他笔下就显得丰满动人。

梁羽生非常喜欢纳兰容若，喜欢他的人，他的词，这种喜爱从他十七八岁就开始了。也许是因为两人都出身富贵人家，在精神气质方面有内在的一致性；也许是因为都很天真幼稚，所以心心相通。在"三剑楼随笔"中，他一连写了三篇文章，介绍评价纳兰容若其人、其事、其词。

第一篇名为"才华绝代纳兰词"，赞美之情，溢于言表：

纳兰容若的词，可以毫不夸张地说是词苑里一枝夺目的奇葩，与他同时的和后世的词家对他的评价都非常之高，陈其年将他和南唐二主（李中主、李后主）相提并论，聂晋人称他的词是："笔花四照，一字动移不得"；王国维先生更认为他的词不但是清代第一人，而且是宋代以后的第一人。这些评语，对纳兰容若来说，我想当不是过誉之词。

……

纳兰容若自称是"痴情种"，事实也是如此，他在18岁的时候有几句词道："十八年来堕世间，吹花嚼蕊弄冰弦，多情情寄阿谁边？"那时他大约尚未结婚，在梦想一个能了解他的伴侣。后来他结婚了，真的碰到了一个知心的人，夫妻非常恩爱，可惜婚后不久，他的妻子短命死掉，他就更悲苦了。纳兰容若写过好几首悼亡词，情感之真挚，允称千古绝唱！《七剑》里曾引过一首，只从那首词中也可看出，他是如何的"痴情了"！

纳兰容若是否就是贾宝玉的化身我们无法得知，但他身上的确具有与贾宝玉相似的性情倒是实情，他们都是浊世中的清白公子，在"仕途"与真情间都选择了孤独的清白。梁羽生对纳兰容若太熟悉了，熟悉到堪称如数家珍。

看《七剑下天山》中对纳兰容若的介绍：

这位少年是鄂王妃纳兰明慧的堂侄，也是清代第一词人，名叫纳兰容若，他的父亲纳兰明珠，是当朝的宰相（官号太傅）。纳兰容若才华绝代，词名震于全国。康熙皇帝非常宠爱他，不论到什么地方巡游都带他随行。但说也奇怪，纳兰容若虽然出身贵族之家，却是生性不喜拘束，爱好交游，他最讨厌宫中的刻板生活，却又不能摆脱，因此郁郁不欢，在贵族的血管里流着叛逆的血液。后世研究"红学"的人，有人说《红楼梦》里的贾宝玉便是纳兰容若的影子，其言虽未免附会，但也不无道理。

显然，纳兰容若的身份、地位与他的性情是格格不入的，他注定要在旷世的孤独中走完自己的一生，重新奏响在中国的历史上已经不知奏响过多少遍的人生哀歌。梁羽生在小说中充分渲染了他的这种悲剧性格，写尽了一个特立独行的贵族英雄特有的那种忧世伤怀的愁情别绪。

小说很多地方直接引用了纳兰容若的原词。如少年时他就写过"蝶恋花"四首，其中一首是：

　　辛苦最怜天上月，一昔如环，昔昔都成玦！若似月轮终皎洁，不辞冰雪为卿热！

　　无那尘缘容易绝，燕子依然，软踏帘钩说。唱罢秋坟愁未歇，春丛认取双栖蝶。

还有一首《沁园春》：

　　瞬息浮生，薄命如斯，低徊怎忘？记绣榻闲时，并吹红雨；雕阑曲处，同倚斜阳。梦好难留，诗残莫续，赢得更深哭一场。遗容在，只灵飙一转，未许端详。

　　重寻碧落茫茫。料短发朝来定有霜。便人间天上，尘缘未断；春花秋叶，触绪还伤！欲结绸缪，翻惊摇落，减尽荀衣昨日香。真无奈，倩声声檐笛，谱出回肠。

最让人回肠荡气的还是这样一首《采桑子·塞上咏雪花》，它活脱脱地把纳兰容若对自身环境的清醒认识表达了出来，实际上也是交代了他悲剧的原因：他是自己家族所代表的社会力量的叛逆者：

　　非关癖爱轻模样，冷处偏佳，别有根芽，不是人间富贵花。
　　谢娘别后谁能惜？漂泊天涯，寒月悲笳，万里西风瀚海沙。

他现在属于统治汉族的统治者，却情真意切地承认满汉一家："满汉两族，他们原应是兄弟。清室贵族，自有罪孽，可是不见得在贵族中就没有清醒的人。"他当然就是这样的一个清醒者，但他的痛苦和不幸却恰恰来自他的这种清醒。

在纳兰容若的词中，出现得最多的字就是"愁"，几乎十首中有七八首，如

"是一般心事，两样愁情""几为愁多翻笑""倚栏无绪不能愁""唱罢秋坟愁未歇""一种烟波各自愁""天将愁味酿多情""将愁不去，秋色行难住"。这些"愁"字，或写远方的怀念，或写幽冥的哀悼，或以景入情，或因愁寄意，虽然各有不同，但那满腔化不开的离愁别绪，却是一样的使人黯然神伤。也许因为纳兰容若太过善于言愁了，所以一般人都把他看作一个消极颓废的词人，却不知他的"愁"乃是在封建社会的压力之下，精神极度苦闷的结果。而实际上在他身上还体现了另一面，这也是梁羽生最欣赏的方面，那就是纳兰容若是于滚滚浊世中保持高尚品格的佳公子，是将富贵功名看得很淡的侠义之士。换句话说，纳兰容若除了"工愁善恨"之外，还有激昂悲愤的一面，用百剑堂主的话说，就是还有"悲慨气，酷近燕幽"的一面。

梁羽生在另一篇随笔《翩翩浊世佳公子，富贵功名总等闲》中这样评价纳兰容若性格的这一面：

> 纳兰容若喜爱交游，他的朋友都是当时的名士，可是他从不曾仗过自己的势力，替朋友谋官，他的朋友在官场中的也多不得意。例如，他有一位朋友叫姜宸英的，才学很好，可是在官场中半世浮沉，始终浮不上去，最后还把官丢掉了。他有一首词安慰他道："失意每多如意少，终古几人称屈！须知道福因才折，独卧藜床看北斗，背高城玉笛吹成血！"在这几句词中，他为有才能的人抱屈，也对"自古以来"压制人才的那种情况表示了不满。在这首词里，他还有几句道："丈夫未肯因人热，且乘闲，五湖料理，扁舟一叶！"那又是何等的高傲，他在表现朋友"不肯因人热"的"丈夫气概"中也表现了自己！

> 在君主政治的统治下，官僚们都是结党营私互相排斥的，纳兰容若最看不惯这种事情，因此在另一首送给顾梁汾的词里道："共君此夜须沉醉，且由他蛾眉遥诼，古今同忌。身世悠悠何足问，冷笑置之而已"！"蛾眉谣诼"这句典故出于屈原的《离骚》。屈原的《离骚》里有两句是"众女嫉余之蛾眉兮，谣诼谓余以善淫。"众女就是指那些专门爱说人坏话的小人，纳兰容若认为对那些谣诼，可以冷笑置之！不必与小人争一日之长短。这几句词表

现了他的旷达，也表现了他的清傲。

这段话里提到的顾梁汾也是当时的一大词人，他最为后人津津乐道的，是他为了救一个叫吴兆骞而写的两首"赎命词"，而因这两首词使吴兆骞死里逃生的就是纳兰容若。这是一段令人感叹不已的生死之情。

吴兆骞是江苏吴江人，从小就很聪明，因此也很狂傲。据说在私塾读书时，他见桌上有同学脱下的帽子，常拿来小便，同学们自然去报告老师，老师自然要责备他，他则振振有词地辩解道："与其放在俗人头上，还不如拿来盛小便。"老师叹息道："这孩子将来必因名气大而惹祸。"不幸这话后来竟成了事实。只不过不是因为他名气大，而是因为一桩冤案。

顺治丁酉年（1657 年），吴兆骞去应考举人，也考中了，后来皇帝发现这一场考试大有弊端，于是下令已考中的举人再回考场重考一次。吴兆骞学问和人品都很好，再考一次也应该不成问题，但复试时气氛太紧张了，考场四周环列武士，每个考生旁边，也有两个全副武装的卫兵监押着，以至于吴兆骞吓得浑身发抖，手抖得连笔都握不住，结果竟连文章都没写完，因此被当作作弊者，充军宁古塔。这一事件史称"丁酉科场案"，是清代一大冤狱，株连之广，死人之多，为后世所难以想象。正副主考官被杀，妻子家产，皆籍没入官；另有三十四名有关人员也被杀；而吴兆骞等八名被疑作弊者则各被打四十大板，家产籍没入官，父母、兄弟、妻子，都被流放到宁古塔。时值清人刚入关不久，统治不稳，实际上正是借题发挥，大杀江南名士扬威立万。

吴兆骞完全冤枉，当时的名士们都很同情他，写了很多词为他送行。顾梁汾也是他的好友，在吴兆骞充军临走前他曾答应一定想方设法救他回来，但转眼间二十多年过去了，顺治换了康熙，虽然他尽了种种努力，但一切努力都付诸东流，顾梁汾自己也是郁郁不得意，没混出什么大名堂，只在太傅纳兰明珠（纳兰容若的父亲）家里当幕僚，想起好友至今还在寒冷闭塞之处受苦，悲伤之情难以自抑，就写了两阕词寄给他，这就是著名的《金缕曲》：

其一：季子平安否？便归来平生万事，那堪回首！行路悠悠谁慰藉？

母老家贫子幼。记不起从前杯酒，魑魅搏人应见惯，总输他覆雨翻云手。冰与雪，周旋久。泪痕莫滴牛衣透。数天涯依然骨肉，几家能彀？比似红颜多薄命，更不如今还有。只绝塞苦寒难受。廿载包胥承一诺，盼乌头马角终相救。置此札，君怀袖。

其二：我亦飘零久，十年来深恩负尽，死生师友。宿昔齐名非忝窃，试看杜陵消瘦，曾不减夜郎僝愁。薄命长辞知己别，问人生到此凄凉否？千万恨，为兄剖。兄生辛未吾丁丑。共些时冰霜摧折，早衰蒲柳。词赋从今须少作，留取心魂相守。但愿得河清人寿。归日急翻行戍稿，把空名料理传身后。言不尽，观顿首。

纳兰容若见了这两首词后，感动得热泪盈眶。他认为古来怀念朋友的文学作品中，李陵与苏武的《河梁生别诗》及向秀怀念嵇康的《思旧赋》，与顾梁汾的这两首词堪称鼎足而三。他决心尽自己最大的努力救出吴兆骞，但他当然知道这事不容易办，就准备用十年时间做成此事。当时他也写了一阕《金缕曲》给顾梁汾，结尾句为："绝塞生还吴季子，算眼前此外皆闲事。知我者，梁汾耳！"表示自己目前最大的目标就是救吴兆骞。不久，他就在适当的时机请求父亲设法。有一次太傅请客，他知道顾梁汾素不喝酒，就斟了满满一大碗酒对他说："你饮干了，我就救兆骞。"顾梁汾毫不犹豫一饮而干。太傅笑道："我和你开玩笑的，即使你不喝酒，难道我就不救兆骞了吗？"最后，太傅出力，大家凑钱，终于把吴兆骞赎回来。

纳兰容若为朋友得救而感到欢喜，但他也为朋友的不幸遭遇而伤心悲愤。营救成功之后，他给顾梁汾寄了一首词，表达自己的愤怒心情，其中有："就更著浮名相累。仕宦何妨如断梗，只那将声影供群吠。天休问，且休矣！"这里把迫害吴兆骞的那些达官贵人直接骂为狂吠的狗，其内心的愤怒可想而知。

然而，愤怒归愤怒，除了愤怒，他纳兰容若还能做什么呢？他正因为太清醒，所以才最痛苦，虽常常有"拔剑四顾心茫然"的惶惑，但有时他还只得强颜欢笑，因为康熙皇帝喜欢他，而喜欢他就意味着他不得不经常陪伴皇帝打猎、打仗，而且还不得不逢迎附和，当皇帝自诩说："朕御驾亲征，扫穴黎庭，直捣穷边，拓土开疆，国威远播，你熟读经史，你说在历代明君之中，朕是否可算一个？"这时他还能说什么？他只得违心进言："陛下武功之盛，比之秦皇汉武唐宗宋祖。不遑多让。若能佐以仁政，善待黎庶。必更青史流芳。"

政治上如此，在爱情上何尝不也是这样呢？就像余光中在一首诗中所说："做了鱼，注定不快乐。"身为纳兰容若，在爱情上也注定不会快乐。好不容易遇到了冒浣莲，深感心心相印，但此时冒浣莲身边已有一个乡野少年桂仲明，而纳兰容若也刚丧妻不久，仍然沉浸在悲痛之中。

他们第一次见面就充满了不和谐的预兆。此时冒浣莲女扮男装，是为救自己的一个同伴才假扮园丁在相府等待机会，纳兰容若与她一见倾心，对她关于词的一番高论更是折服，但落花有意，流水无情。他们第二次见面时冒浣莲倒是恢复了女妆，身份却是一个牧羊女，但纳兰容若不管这些，只知道拉着她的手欢喜不已。当晚，他们一起待在草原的帐篷里，谈诗论词，非常投机。帐外是凌厉的寒风，帐内是融融的温情，此情此景，最易生情，至少纳兰容若生情了，只不过梁羽生心肠太硬，他硬是以一种正统的爱情观和道德观把词人的满腔柔情泼向一个过于理智的女孩子的心肠，徒增我们几多伤悲。他替冒浣莲写了这么一首词婉拒词人：

最伤心烽火烧边城，家国恨难平。听征人夜泣，胡笳悲奏，应厌言兵。一剑天山来去，风雨惯曾经。愿待沧桑换了，并辔数寒星。此恨谁能解，绝塞寄离情。

莫继京华旧梦，请看黄沙白草。碧血尚阴凝。惊鸿掠水过，波荡了无声。更休问绛珠移后，泪难浇，何处托孤茎，应珍重琼楼来去，稳泛空溟。

词中的意思任谁都明白，冒浣莲是在对纳兰容若说：我很感激你的感情，但我心中已有别人，我不可能再爱你了，我对你只有友谊。再说我们两个民族现在是敌人，除非清兵退出中原，我们才有可能继续我们的友谊。而现在清兵正在统治汉民族，我们的友谊都很危险，更谈不上什么爱情了。他还希望纳兰容若珍重。

纳兰容若不会不明白词中的意思，但痴情中人，即使明白又能怎样呢。当最后冒浣莲和桂钟明结婚时，他正在万里之外的京城相府的白玉楼里对月怀念冒浣莲呢！因为白天他听说清军已从回疆撤退，他在为冒浣莲暗暗地高兴："化干戈为玉帛，虽然言之尚早，但最少她在回疆是可以有一段平安日子好过，我也可以放下一块石头了。唉，但又不知要待到何时，方始能够，沧桑换了，并辔数寒星？"

此情何堪，此景何堪？当他听说冒浣莲已为他人妇时，其情更何以堪？他只能疯了一样疾书一首《山花子》：

> 风絮飘残已化萍，泥莲刚倩藕丝萦。珍重别拈香一瓣，记前生！
> 人到情多情转薄，而今真个悔多情。又到断肠回首处，泪偷零！
> 曲径深宫帝子家，剧怜玉骨委尘沙。愁向风前无处说，数归鸦！
> 半世浮萍随逝水，一宵冷雨葬名花。魂是柳绵吹欲碎，绕天涯！

在小说中，冒浣莲是冒辟疆的女儿，是一个虚构的人物，而历史上冒辟疆确实有其人，他是明末鼎鼎有名的"四大公子"之一，他与秦淮名妓董小宛倾心相爱，传诵一时，但好景不长，顺治皇帝垂涎董小宛的美色、才艺，强把她抢进宫，但皇帝能得到她的人，却得不到她的心，最后董小宛郁郁而终，顺治皇帝也到五台山当和尚去了。

冒辟疆曾作有《巢园诗草》，董小宛死后，冒浣莲潜入皇宫，在母亲的书房里发现了父亲的这本诗词遗稿，并且获知其母在被太后拉去打死前一刻，正在读该书中的一首词，这首词实际上是梁羽生自创的那首《金人捧露盘》，这本来是他写给中学同学的毕业赠言，但现在却很像冒辟疆对董小宛的思恋之作。有趣的是，冒辟疆的《巢园诗草》虽流传下来，但实际上散佚了很多，而梁羽生自创的这首，却被很多研究者认为是冒辟疆之作，只不过这种像只是风格上的，而从内容上看，倒更像是一首送别词。写小说得到了这样的结果，倒也不失为一件趣事。

《七剑下天山》中的纳兰容若是个文人，而历史上的他并不是这样。梁羽生的小说以历史描写见长，所以小说开始连载以后，不少读者给梁羽生写信，认为小说只描写纳兰容若的词章，而不写他的武艺，是"美中不足"，而且还有读者收集了很多材料，证明纳兰容若不仅是"一介书生"，而且怀有过人的武艺。为此，梁羽生特地写了一篇文章，谈自己为什么不写纳兰容若的武艺：

不错，纳兰容若的确是懂得武艺的。满族在关外本来就是个游猎民族，入关之初，清室贵族家庭，还很注意骑射，拿这两样列为子弟必修的教育，纳兰容若天分很高，昆山徐乾学给他写的墓志铭说他"有文有武""数岁即善骑射"。照这样看来，他在文武两方面，都是个神童呢！

纳兰容若在十七岁时，康熙就要他进宫做三等侍卫，后来直升至一等侍卫，康熙到什么地方巡视，都带他同行，足迹踏遍江南漠北。当然康熙对他的宠爱，主要是因为他在文学上的绝代才华，然而假如他不懂武艺的话，康熙也不会叫他做一等侍卫的。

但他这个侍卫却和一般侍卫不同，他在宫中的"任务"，主要是陪皇帝读书，而不是保卫皇帝。据我猜想，康熙皇帝可能是因为太宠爱他了，想要他时常在自己的身边，所以才授他以侍卫的官衔。正因为他的职位和一般侍卫不同，所以我在《七剑》中，只写他"贵公子"的身份，而不点出他"侍卫"的身份。

纳兰容若通晓武艺那是没有问题的。可是把他写入小说之中，我却以为不必强调。因为在文学创作上，对人物的描写，要求的是写出他的特点，写出他最主要的一面。如果把次要的都写进去，有时反而会破坏人物形象的完整的。写小说有如画图画，假如你到沙田去玩，想画一幅风景画。你只可能把自己认为最美的风景，写入画图。这里面就需要剪裁，有所取舍。

纳兰容若的词，那是"北宋以来，一人而已"（王国维语）而他的武艺，却还不是顶尖儿的角色。就是说，他虽然懂得武艺，可是若把他武功上的成就与文学上的成就相比，那就只如小溪之比大海了！若在小说中把他写成文武双全的才子，恐怕会陷进一般小说的俗套。

其实在《七剑》中也可看出纳兰绝不是弱不禁风的书生的，他曾受桂仲明和冒浣莲推一掌，要知道桂仲明的武功在《七剑》中是一流的，他的气力很大（学过大力鹰爪功），可是纳兰被他一推，只是后退几步，并没有跌倒！我想在这些微小的地方，表现他身上也有"功夫"，也就够了。

在这段话里，梁羽生实际上表明了自己创作小说，特别是有历史背景小说的基本态度，那就是在忠实于历史真实的前提下应允许作者进一步进行合乎历史发展规律和人物性格的再创造，只有这样才叫小说，也只有这样小说中的人物性格才更鲜活生动。新派武侠小说起源于一场并不精彩的比武，在这之前谁也没尝试过新武侠小说到底该怎么写。作为新派武侠小说的开山鼻祖，梁羽生所做的一切都有典范的意义，所以他的这种历史态度，也自然或多或少影响了很多后来者，包括金庸的武侠小说，而也正因此，新派武侠小说才绽放出迥异于以前的武侠小说的灿烂花朵，形成中国文学史上的一块根深叶茂的园地。

第十章

平淡归隐

老来从子

1987 年，梁羽生携夫人移居澳大利亚，他的理由是"老来从子"。

在澳大利亚，他计划写一部历史小说，但主要以调养身体为主。

1987 年，梁羽生携夫人离开中国香港，移居澳大利亚，顿时在世界华人界产生了很大影响，人们纷纷猜测他为什么人到老年还移居澳大利亚，他自己的回答是"老来从子"。

梁羽生有三个儿子，都学有所成，特别是长子，在悉尼做会计师。梁羽生的生活一直是低调的，遵循的一直就是平平淡淡总是真的生活原则，所以，老来从子，也是他合乎常理和梁羽生性格的选择。同年 12 月 31 日，当地的《新报》记者何鲁维，就大家关心的这个问题独家采访了梁羽生，下面就是采访的片段：

> 记者：梁先生，我不是你的读者，但想采访你，可以吗？
>
> 梁：可以，可以。
>
> 短小身材的梁羽生，中气可十足，笑容满面，真使人有一见如故之感。
>
> 记者：请问梁先生来了多久？
>
> 梁：才两个多月。
>
> 记者：习惯这儿的环境吗？
>
> 梁：习惯，习惯。说着，梁羽生特地打开了露台的门，指着外边一株绿叶蔽天的古木说，每天早上他都听到蝉鸣，这在中国香港是奢侈得很的声音。
>
> 记者：你能不能告诉我们你为什么到澳大利亚？
>
> 梁：可以，可以。我是老来从子。我有一个儿子在这里做会计师。我有三个儿子，现在是各奔东西，老大（陈心宇）先赴英国留学，后到澳大利亚攻读经济系会计专业硕士学位，毕业后留在一家会计事务所工作，现定居澳大利亚；老二（陈心宁）在英国读完大学后，又到美国读建筑设计专业硕

士课程，现定居美国，老三（陈心颖）先在英国读完学士学位，后又入澳大利亚大学学建筑，也刚念完书，现正周游列国。说来奇怪，他们少时，我便舍得让他们到外国读书，一去七八年。他们习惯了独立，也习惯了外国的生活，反而不愿呆在香港。他们不回香港，只好我来找他们了。

记者：梁先生到澳大利亚来，是决定长居还是短留？

梁：来看看。好嘛，我们会考虑长住。我写武侠小说写了三十多年，很想休息一下。找个清净地方，看看书，修订一下旧稿。

记者：梁先生，你还写不写武侠小说？

梁：我计划利用澳大利亚这清净环境，来完成我所有武侠小说的修订，交给香港天地图书公司出版，叫《梁羽生系列》，现在只修订了五部。从前每日替多家报纸写连载，作品里免不了有急就而生的不满意，现在正是修订的时候了。此外，我这段时间还搜集了不少中外名联，写了不少联话，也准备趁此机会修订出版。

这时梁羽生的太太在旁边接话说："他忙了这么多年也应该休息一下，他身体给写作累得有了糖尿病。我们到澳大利亚，一来从子，二来想趁澳大利亚不兴应酬的环境，让他真正的'戒口'，把糖尿病调养好。"

记者：你写的联语是不是武侠小说的副产品？因为我看你的小说在刀光剑影中有很多诗词的描写。

梁：大概不是，我一向对对联有兴趣。

记者：梁先生，你的旧文学修养那么好，是不是有点家学渊源？

梁：大概也可这么说，我的外祖父是薄有名气的词人。我的堂兄弟是早期的留法学生，我自小便在家严督促之下，无法偷懒。

记者：如此说来，今天的学生在中文学习方面，课程并不着重古典文学，会不会影响到你这一路武侠小说后继无人？

梁：这方面，我不大清楚，但事在人为，如果真有兴趣，可摊开他人作品研究取材，就像我初写时，何尝知道什么是老树盘根、力扫千军、泰山压顶。

记者：除了写武侠小说，我知道你还写了不少文史随笔，至今已出版

《中国历史新话》《古今漫话》《文艺新谈》，你觉得自己的武侠小说和这些作品相比，哪一种令你满意？

　　梁：我在写文史随笔时所花的时间比写武侠小说时还多，而且我也更看重这种作品。没想到我用心写出的文史小品，出版后销路却不太好，而我当作游戏之作的武侠小说，却都是畅销书，这个我不明白。

　　梁羽生实际上不可能不明白，他只是谦虚。另外，他还告诉记者，自己准备利用澳大利亚特有的安静环境，写一部长篇历史小说，不过，现在和过去不一样了，过去好像是被人催着走，现在则是可以自己安排自己的时间了，加上身体有病，所以以后主要是调养身体。

　　梁羽生挂笔封刀不写武侠小说的时间是 1983 年，1986 年，他又从《大公报》专职撰述员的职位上退休，这时，他已六十二岁。不料刚退休，长子就给他出了一个难题：那就是移居澳大利亚之事。梁羽生顿感踌躇起来。一方面，他舍不得香港，如果说刚来香港时自我感觉还只是一个外来人的话，经过几十年的风风雨雨，他已和这里的一切结下了深厚的感情，况且，他就是在这里走上创作武侠小说之路的，这里有他相交深厚的老朋友，有他的小说的热心读者，有他寄托过各种感情的一草一木，更重要的是，这里有他灵魂所系的中国传统文化，"父母在，不远游"的古训也深植于他的内心。另外一个因素是，他舍不得离开自己现在住的这座房子。原来他家住的地方比较窄狭，后来换过一次房子，时间是在六十年代，房型为三室一厅，稍微好一点，再后来，三个儿子都已长大成人，而且离开了香港，三室一厅的房子就显得比较冷清，梁羽生就决定把旧房卖掉，另外在一家新建的花园别墅区买了一套两房一厅的公寓。这里依山傍海，风景秀丽，一到春天，更是花团锦簇，鸟语花香，虽是身处热闹的城市，却有一种世外桃花源的感觉。每当梁羽生写作累了，或心情不适，就或走到阳台，极目远眺茫茫大海，或夫妻携手，在花园内缓缓散步，一生都在勤奋写作的梁羽生，从中切切实实地感受到以前难得的适意和放松，所以，当儿子提出移居澳大利亚的要求时，他真是左右为难。而换个角度讲，他又觉得移民澳大利亚是个不错的主意，而且可能也是必须做出的选择。他是个传统观念很重的人，老来从子也决不是他自我调侃，或应付外界的借口，而是他实实在在的想法，现在三个儿子都在海外，平时难得回香港一趟，而且自己已经退休，孩子们却正处于创业阶段，香港只是他们的故乡，而不再是他们渴求创业的地方，所以，要他们回来，也显然是不可能的，而且自己也决不会把自己的意志强加给孩子们，所以，要想和孩子们在一起，最好的方法看来只有自己离开香港了。再说，自己喜欢风景优美的地方，而澳大利亚地处南半球，历来以世界花园著称，老了老了，若能到这样的地方去安度晚年，从内心深处来看，也不失为一个明智的选择。

实际上，促使梁羽生做出最后决定的是他身上那种挥之不去的名士气。梁羽生和金庸不同，金庸是热爱世俗的热闹生活的，他永远不甘于寂寞，即使退休，也不象梁羽生那样，真正做到安神养性，与世无争，颐养天年。梁羽生是真正将中国传统文化中的那种名士气化为自身性格的一部分的人，他羡慕古今那些淡泊名利，随遇而安的名士，也希望有朝一日自己能够像他们那样，在大自然的怀抱中归于永恒。在他所崇拜的学人中，最羡慕的是陈寅恪的人生态度，他至今还清楚地记得章士钊赠陈寅恪的诗句："闲同才女量身世，懒与时贤论短长。"这种归隐心态，最终使他抛却了其他忧虑，决定移居澳大利亚。

消息传出，关心他的朋友和读者莫不惊讶，待得到确切消息后又莫不感到深深的遗憾。自他做出这个决定起，不知有多少朋友和读者直接或间接地劝阻他，因为在他们内心深处，他们希望梁羽生还能创作出更多的让他们魂牵梦绕的武侠小说，而到了澳大利亚，恐怕梁羽生失去了武侠小说的土壤，就真的辍笔不耕，或改行做其他工作，那真是世界华人的一大遗憾。尽管说客盈门，可梁羽生历来是一旦决定，就决不回头。

第二年九月，梁羽生偕妻子乘上了飞往悉尼的飞机。从飞机上俯瞰渐渐远去的香港，一种留恋不舍的情绪越来越浓。他不无伤感地对妻子说："这就离开香港了，毕竟是生活了几十年的地方啊！从此我们就是游子了！"妻子频频点头。此时莫若她最了解丈夫的心情，她安慰丈夫说："若想回来，也不难。我们就当这是一次时间较长的旅游吧！"

离港前夕，朋友纷纷为他饯行，一种略带伤感的惋惜之情，笼罩着每一次的聚会。香港大学教授罗慷烈赠他一首《鹧鸪天》词，表达自己对梁羽生去港赴澳大利亚的惜别之情。词曰："剑气腾空犯斗牛，冰川雪海任遨游。赏音在处皆青眼，囊笔逃名已白头。红线怯，隐娘愁，武林新传有春秋。如何剑却雕龙手，远觅南瞻走部洲。"

词先赞扬梁羽生武侠小说带给人的愉悦之情，随后写梁羽生要离开香港，使得"红线怯，隐娘愁"，因为担心他这一去，武林世界就失去一位领袖人物。最后两句则以作者的疑惑之情，表达对他"远觅南瞻"的遗憾。实际上也是许多人的疑惑和遗憾。

梁羽生很欣赏这首词，承认这是知己之作，因为他离开香港，的确有"囊笔逃名"的想法，他只想找一处安静的所在，安享天年。

甚至一直到1991年，梁羽生移居澳大利亚后第一次回港时，他的文友卓琳清还在对他"谆谆教诲"，题一集句联相赠："长为异乡客；莫学武陵人。"意思还是希望梁羽生即使到了澳大利亚之后，也不要忘了故国，忘了武侠小说，而一心去做《桃花源记》中的武陵人。殷殷之心，溢于言表。

梁羽生也以一副对联应和，对联出自悉尼卡市牌坊，联云：

　　四海皆兄弟焉，何须论异族同族；
　　五洲一乾坤耳，底事分他乡故乡。

看来，这几年的澳大利亚生活，已坚定了他做一个世界人的决心。

是啊，青山处处埋忠骨，不辞长作归隐人，只要一心归隐，淡泊名利，自可"心远地自偏"。更何况，对梁羽生来说，悉尼本身就象一个桃花源，已令他流连忘返了。

梁羽生在悉尼的住宅是精心挑选的，梁羽生的首要标准就是房子一定要远离闹市，无世俗之喧嚣。从他们所住的房子出来，就是一条静谧的林荫道，沿着这条林荫道往前走不远，就是一大片运动场地，说是运动场地，实际上也可以当作一处花园来游，梁羽生夫妇常常在茶余饭后，相扶相携，来到这里，或运动运动筋骨，或随便走一走，十分惬意。

梁羽生很快适应了悉尼的生活。悉尼风光旖旎，气候温暖，每年来这里旅游的世界各地的游客络绎不绝。由于澳大利亚实行的是多元文化政策，允许世界各地的移民居住此地，所以在这里没有什么种族歧视和偏见，各民族人民在这里共同享受同一片蓝天，共同建设着这里幸福的家园。梁羽生来之前还怕自己到了之后不适应那里的文化，现在一看，每个人尽可以维系着自己的文化生活，所以这种不适应感一下子就消失了。

很快梁羽生又发现，悉尼也有自己的唐人街，而且唐人街上的富有中国民族特色的文化景观也足以满足他思念家乡的心情。这里的牌楼、石狮、古色古香的建筑，都使人忘了自己是在澳大利亚，而犹如回到了自己的家乡。特别是每逢春节、中秋节这些中国最传统的民族节日，当地的华人就会根据中华民族的传统方式，举行各种具有中国特色的庆祝活动，届时鞭炮齐鸣，锣鼓喧天，丝毫不亚于在国内过节。

这里还有众多各式各样的中国酒楼和大排档，不出唐人街，就可以品尝到各种色香的中国菜，而华人酒楼上的对联，对梁羽生尤其有吸引力。随便走进一家酒楼或茶楼，边吃着中国菜或喝着中国茶，边欣赏窗外具有中国特色的街道、商店，自有一番闲适。

皈依基督教

1994 年 9 月，梁羽生走进附近一家教堂，在肃穆的颂歌声中，牧师用手蘸水，轻轻点在梁羽生的额头。

梁羽生终于走完了自己的信仰之路，成了一名正式的基督徒。

梁羽生的夫人是位坚定的基督教徒，梁羽生虽然尊重太太的信仰，但以前从来没想过要成为一个基督徒，使他完成这个转变的是他的身体状况。

梁羽生退休时已经得了很严重的糖尿病，刚开始他并不在意，但后来病情严重，每天吃药已经不行，必须坚持每天打针才觉得好一些。说来好笑，梁羽生别看体重可人，但偏偏怕那小小的针头，现在却天天和针头打交道，真是怕啥来啥。但这并不是促使梁羽生信奉基督教的根本原因。

1994年，梁羽生开始尿频，去看医生，医生以为是老人的常见病，梁羽生也没太在意，所以把检查的片子随便一放，就不去管了，直到过了一个多月，他才想到当时医生告诉他去看专业医生，一化验，使他惊出一身冷汗：原来是膀胱癌。这件事使梁羽生的人生观发生了一个根本性的改变。

此后就像出现了什么奇迹似的，他时时感觉到上帝的力量，听到上帝的呼唤。他想起《圣经》上的一句话："你们祈求，就给你们，寻找，就寻见。"他试着向上帝祈祷，没曾想竟真的恢复了内心的平静；此后每次到医院检查前，他都要拿出《圣经》读一读，令他感觉神奇的是，读完之后，恐惧感就减少了很多，他真相信是神听到了自己的祈祷，现在与自己同在了。

还有一件事促使他信仰基督教。原来负责给他看病的医生平时总是紧绷着脸，病人相传，谁如果得到他的笑脸，那一定是神的造化。六月的一天。梁羽生去找这位医生看病，由儿子送他去，太太则留在家里，为他祈祷，祈祷的内容却是与众不同：希望医生能给梁羽生一个笑脸。没曾想梁羽生一见到那位医生，医生就笑容满面地对他说："恭喜，恭喜，你的癌症已经得到控制，基本上没有什么问题了。"回到家给太太一说，医生说这话的时间竟然和太太祈祷的时间基本吻合。

随后，梁羽生的病情又发生了反复，他的心情也随之发生了很多波动，对基督教的信仰也动摇了不少，他开始对人生感到困惑，对自己的信仰也发生了怀疑。正在他精神最迷惑的时候，他的一个在美国读化学的基督徒朋友介绍他读一些基督教方面的书，包括《暗室之后》《死亡别狂傲》等，使他对人生苦难的看法又朝基督教方面转变。他渐渐相信，信仰的真实与否，关键是看人是否诚心向善。神不是为了拯救人肉体的苦难，而是为了救赎人的精神和灵魂。有了这样的认识，梁羽生从以前的对病的恐惧逐渐变得对病情的发展心安理得，他不再像过去那样过于关注自己寿命的长短了。

梁羽生态度的这种转变，在我们唯物主义者看来可能会觉得可笑，但对梁羽生来说却是实实在在的，因为在面临生命威胁时，一个人的反应基本上是最本能的。对梁羽生来说，使他支撑下来，并神奇般地战胜病魔的重要原因，就是从基督教中获得的信心和安然。

以前的梁羽生只忙于看书、写书，在书山文海中自得其乐。而对日常琐事却漠不关心，即使有时想表现一下，主动承担一些家务，但经他处理的家务事，最后总是还要太太亲自安排才好。久而久之，太太也就不相信他了，宁愿让他去读书写文。另外，作为基督徒的丈夫，他在日常生活中切切实实地感受到太太身上的那种神圣的光芒，那种只知奉献的圣洁。比如梁羽生得了糖尿病以后，医生警告他不要吃太多的甜食和油腻的东西，但梁羽生最喜欢吃的就是甜食和油腻的东西，在家时妻子可以控制他，但外出吃饭或朋友请客时，她就不太好直接干涉，而梁羽生也总是乘此良机，大快朵颐。后来太太想出一个办法，就是特意叮嘱主人不要把甜食放到梁羽生面前，但梁羽生总是不自觉地将筷子伸到餐桌的另一边，这时太太实在忍无可忍，直接用筷子敲他的筷子，梁羽生这时才大梦初醒了一般。梁羽生经常说："若没有这样一位任劳任怨、悉心照顾他的太太，他真不知道该怎样生活。"在这样日复一日的家庭生活中，梁羽生对太太信仰的基督教始终是抱有好感的，但从来没有认真考虑过基督教对自己的作用，现在自己躺在病床上，有时间，也有必要考虑一下自己的信仰问题。

从梁羽生的人生道路来看，他基本上坚持的是唯物主义的人生观和历史观，这从他的小说和文史小品中都可以看得清清楚楚，至于他晚年为什么转向基督教，则应是他认真思考的结果，也是他对自己的晚年做出的郑重承诺。他说过："说起来，世界上许多事好奇特，我在病中想了好多事。如一只手表，要有人设计。假使宇宙没有总设计师的话，如何运作？晚年我都在沉思，总结自己的一生，我经历过反思、迷惘阶段，人的一生很难讲。"病后他除了思考过基督教，还思考过佛教，在正式入教前，他实际上始终处于精神的迷茫状态，正如他所说的："我现在正所谓非信、非不信。即不说信，也不是说不信。佛教里说的道理许多是对的，如因缘和合之说我信，但有些我不信。"

即使对于基督教，他的态度也是："不能简单地说信或者不信。若不是有聪明的道理，根本不可能成为宗教。能几千年传下去，全世界许多人信奉，所以有些值得信，有些不值得信。你能接受哪一种教义，都可能看到你的际遇。就算共同的孽，但内因外缘的环境不同，也会有不同的际遇。"

1994 年 9 月，梁羽生走进附近一家教堂，这所教堂专门为非英语国家的入教者举行仪式，时间一般在星期天上午。在梁羽生决定加入基督教之前，教堂专门为他这样的人组织了两周的读经班，之后梁羽生填写了一份教会发给的表格，表达了自己愿意加入基督教的志愿，而教堂里的华人牧师则专门到梁羽生家里去，向他讲授一些基督教问题。在这一切准备工作做完之后，梁羽生才在这一天正式走进教堂。

在肃穆的颂歌声中，牧师来到梁羽生面前，问了他几个与教义有关的问题，就用手蘸水，轻轻点在梁羽生的额头。

梁羽生终于走完了自己的信仰之路，成了一名正式的基督徒。

有朋自远方来

1989 年夏天，一个肩背行囊的女作家千里迢迢来到澳大利亚，一到就直接找到梁羽生家。她叫尤今，新加坡《南洋商报》的记者和副刊编辑，梁羽生的忘年交。

梁羽生送给尤今一件礼物，那是一叠整齐的剪报，有二十多张，是梁羽生评尤今作品的。

梁羽生解释说："本来想寄给你，正好收到你的信，说要来澳大利亚旅游，我就留下了，想等你来了亲手交给你。"

移居澳大利亚之后，梁羽生身心感觉更自由了，而且因为他在澳大利亚，前来拜访的老友新知比较多，所以也常常给他带来重逢的快乐。

1989 年夏天，一个肩背行囊的女作家千里迢迢来到澳大利亚，一到就直接找到梁羽生家。她叫尤今，是新加坡《南洋商报》的记者和副刊编辑，也是一位很有名气的女作家，常常被人与三毛相提并论。早在 1977 年，梁羽生应新加坡文艺协会的邀请去开会，尤今闻声而至，对梁羽生进行了专访，以女性的细腻，写出梁羽生不为人注意的一方面。后来文章以《寓诗词歌赋于刀光剑影之中》为名，发表在 1977 年 6 月 8 日的《南洋商报》上。为了了解梁羽生不太为人所知的另一面，也为了了解梁羽生和尤今之间的友谊，以及梁羽生待人厚道的一面，我们不妨再回味一下这篇专访中的一些精彩片段：

那天早上，在他下榻的旅店里，我第一次见到了他。完全不是想象中那高大魁梧、作风豪迈的样子。中年过后微微发胖的身材，裹在白色底子淡色条纹的短袖衬衣里。过时的黑裤，朴实的白鞋，还有那方框古式的眼镜，都强烈的标志着他的深厚、他的老实。唯一足以流露他潜在的豪迈个性的，是那声震屋宇的洪亮嗓子。

用泛黄的指头夹着袅袅的尼古丁，他以一脸热诚的笑，迎入了陌生的我。

许多人曾经拜读过他情节紧凑、笔调潇洒的武侠小说，但对于他走上这条创作道路的经过却一无所知。露出被香烟熏黑了的牙齿，他娓娓的道出一段带着几分传奇色彩的陈年故事……

漫漫廿三年，他写了长长廿八部作品，每部平均五十万字。其中有根据历史史实而写的，也有凭借想象而虚构的。有人曾经指出他的武侠小说"兼有历史小说之长"。究竟他所根据的，是正史，还是野史呢？

"两者都有。"他说："虽然小说家笔下所创造的历史未必会有确切的事实根据，然而历史的真实和文学在历史上所创造的真实，是有连带的因果关系的。比如说：郭沫若所著的历史剧《南冠草》，写明末清初青年诗人夏完淳的事迹，尽管书内有很多细节是虚构的，但主人翁的性格与身份，却与他在历史上的活动与背景相符合的。"

……

武侠小说，顾名思义，当以武打侠义为主，作者是否必须具备武功的底子才能随心所欲地描绘武技呢？

"啊，不！我本人就是不懂武术的。"梁羽生坦然承认道："实际上，如果我们将真实的武技搬入小说里，反而会显得很沉闷。"好像早年的武侠小说家郑证因，就是精通武功者，他的小说《鹰爪王》对于武术的描写就很详尽很细腻，然而，许多人读了之后都觉得很枯燥很无味。鉴于此，一些武侠小说家在描写武技时，都是凭借想象来加以渲染的。

……

梁羽生过去毕业于岭南大学为经济学士。毕业后原本有意投身于文史研究工作，但却因为那个偶然的机缘而与武侠小说攀上了关系。曾有人指出他的笔名、他的文风，都受到了三四十年前红极一时的武侠小说家白羽的影响。就此求询于他，他豪迈地笑道：

"我取名梁羽生，绝对不是为他人所影响的，'羽'字相同，仅是偶合。作风方面，我早期的小说确曾受白羽写实风格的影响，但到了后期，我已走上了浪漫的道路，发展成为另一派风格了。"

……

"文学作品能够感动读者，主要的因素是人物性格塑造的生动和内心情感刻画的深入。"烟不离手的梁羽生在烟气缭绕中道出了他的观点："我个人写小说并不很注重故事的情节，但有时为了迎合读者的口味，也不得不兼重情节的发展，唯在叙述时尽可能避免情理不通之处，使故事合理化而不流于神怪奇诡！"

有人认为，武侠小说具有"某种毒素"，足以戕害那些心性未定的读者的思想。身为武侠小说家的梁羽生，对此问题，有何看法？

"这主要是看作者的写法而定。"梁羽生飞快地答："有些作者专门喜欢强调暴力及刻画性变态心理，企图以'拳头加枕头'来吸引读者，这样的作品，对于读者，当然难以产生良好的影响。我的武侠小说，有许多是根据历史史实而写成的，当不至于戕害读者吧！"

……

"我并没有硬性规定写作的时间和字数。心血来潮时，一天可以写上万余字，没有灵感时，可能几天也挤不出一个字！"

小说家，如牛如羊，吃的是草，挤的是奶。梁羽生是否打算以写武侠小说来终其一生呢？

"啊！"他笑了起来。洪亮的声音伴着烟雾一起自喉底喷出来："我打算再过几年便封笔，以搜集资料从事正统历史小说的撰写。"

"拟定了要写的范围没有？"我顺口问道。

"第一部也许是关于太平天国的。"

他坦率的答。倘若再过几年，他真的自那刀光剑影的世界中退隐遁迹，固然是武侠小说迷的一大损失，但另一方面，凭他的才气，凭他的文笔，凭他的学识，凭他的经验，相信他会在文学领域取得更大的成就。

这次访问给尤今留下了深刻的印象，他没想到梁羽生这位名满华人世界的武侠小说家对自己这样一位初访者竟是这样的随和、亲切；这次访问也在梁羽生心目中留下一个言语犀利却又淳朴可爱的女记者形象，因为在访问之前，梁羽生认为访问自己的人太多了，谈来谈去无非是老生常谈。没想到尤今写好稿子拿来让他过目时，他发现自己竟然说了很多以前没说过的事。他觉得眼前这位女记者真是不简单。

后来他又知道这位女记者还是位小有名气的女作家，找来她的作品一看，自己还真的很喜欢。

随后，两人就成了好朋友忘年交。

1979 年，尤今随"新加坡作家协会"出访中国，途经香港时，她给梁羽生打了电话，

而梁羽生一接到电话，就和妻子一起来见尤今，并请她到一家很有品位的餐厅就餐。

三年前，两人是记者和被采访者的关系，而现在，大家则成了朋友；当时采取的是一问一答的方式，而现在则是无拘无束的交谈。

1984 年，尤今到南美洲旅游，途经香港，又给梁羽生打了电话，梁羽生一听，又要亲自去接她，尤今因为知道梁羽生的身体最近不大好，就坚决地拒绝了，无奈，梁羽生把来家的路径告诉她，让她自己摸来了。

1987 年底，尤今收到梁羽生的一张圣诞卡，卡上说他已正式移民澳大利亚，并请尤今以后到澳大利亚旅游时来找他。

这一年，尤今如约而来，在她眼里，梁羽生精神饱满，步履矫健，这是对自

己的生活心满意足的人才会有的样子。中午，梁羽生夫妇请尤今去一家中国酒楼吃点心。用完点心，站在酒楼外温暖的阳光下，梁羽生笑眯眯地对尤今说："明晚你有空吗？你再来，我们住得近，再谈谈。"

尤今特意选了一处离梁羽生家比较近的地方住，就是想能和梁羽生方便地交谈。她爽快地答应了。

第二天晚上，尤今如约而来。刚在桌旁坐定，梁羽生从抽屉里取出一个信封，微笑着对尤今说："送你一个小小的礼物，希望你能喜欢。"

尤今一脸疑惑，打开一看，是一叠整齐的剪报，大致数了数，有二十多张。原来这些都是梁羽生发表在《香港商报》上的文章，都是评尤今作品的。

梁羽生对尤今解释说："你的作品，我一本一本仔细读了，然后才动笔写了这些文章，总共有一万多字，连载了二十多天，我都剪下来了，想寄给你，正好收到你的信，说要来澳大利亚旅游，我就留下了，想等你来了亲手交给你。"

尤今一脸感激，不知说什么好。

梁羽生是真的喜欢尤今的文章，决不是为了吹捧而写作。后来在编辑出版自己的散文集《笔花六照》里，他把这些文字以"尤今就是尤今"为名收了进去。在文章末尾，他特意写了这样一段话："如今她不但去了沙特阿拉伯，也去了世界其他许多地方，所写的游记，论质论量，比起三毛，都是不遑多让了。或许因此，文艺界的朋友还是往往喜欢把她们相提并论。但尤今却是不喜欢这样相比的，她常说：'三毛就是三毛，尤今就是尤今。'不错，她们都是各有自己风格的作家；而且尤今除了写游记之外，还兼写小说。我们不能说'尤今是新加坡的三毛'，也不能说'三毛是台湾的尤今'。不过，有一点相同的是，她们都是同样具有爱心。爱家人、爱朋友、爱她们笔下的那些质朴善良的土人。"

对尤今，这的确是知人之论。两人的友谊之所以能一直维持到现在，与这种相互的宽容和理解是分不开的。

茶·棋·联·文

晚年的梁羽生袒露一派真名士风度：在茶·棋·联·文中流连忘返，自得其乐。

晚年的梁羽生完全在按照自己的方式适宜地生活着，但真名士自风流，他的生活节奏，仍然不可能脱离他一贯的方式。

先说茶。在距悉尼达令港不远的"中国城"里，有一家古色古香的中国酒楼。每到星期四中午，酒楼的一角就会聚集起一群皓首白发的老者，一边喝茶吃点心，一边旁若无人地高谈阔论，讲诗论词，有时甚至会争得面红耳赤，但却从来不伤和气，到了分别的时候，每人就在桌子上留十元钱，以作茶资，久而久之，这样的一种活动就有了正式名称：十元会。梁羽生也是其中之一。就是靠这样的聚会，这些移居异乡的老人互相回味着故乡的风土人情，同时共慰稍显寂寞的晚年。

在这个"十元会"上，梁羽生结识了一个悉尼的文坛耆宿赵大钝，人称"钝翁"，他也喜欢诗歌辞赋，自与梁羽生相交以后，两人就常诗词相酬，后来黄苗子等又陆续来澳，气氛就更热闹了。赵大钝高龄，结交的又都是名士骚客。1997年11月，他突发奇想：若把朋友们平时互相唱和的诗书字画等作展览，也不失为一件佳事。他把这个主意对梁羽生等好友一说，大家纷纷赞成，并出了不少主意。于是，经过紧锣密鼓的准备，"听雨楼诗札书画拜嘉藏品展览"（赵大钝将自己的书房名为听雨楼）正式开幕。梁羽生特地写了一首诗，以示祝贺，诗曰：

> 一楼灯火溯洄深，头白江湖喜素心。
>
> 莫讶骚翁不高卧，潇潇风雨作龙吟。

这次展出的作品共二百多件，其中有很多是名家手笔，梁羽生特作《展艺华堂信有缘》一文，对如此风流雅兴大加赞扬，他在文中说："文人书信，可以是优美的文学作品，还可以是一种雅致的综合艺术。书法是最突出的一面，好的书法，赏心悦目，未读内文，已是一种享受。而且朋友的书法，篆、隶、真、草、行、楷，各有不同。其笔致或则恣肆流动，或则沉稳凝重；其体势或则磊落波砾，或则剑拔弩张，字体不同，各如其面，看到朋友的笔迹倍增亲切之感，这更是非'手写'的信所能给予的。"

在文章的结尾他这样总结道："文化是生活方式的整体表现，生活方式有变化，与之相应的文化也就有变化，书信文化即一显例。"

事实上，这些装裱精美的诗、札、书、画不仅展出了传统文人笔下的风采，而且代表了一种实实在在的人间真情。

在朋友们眼中，梁羽生这个创造出无数个英雄豪杰的"侠士"，在日常生活中根本不是大家想象中的那样一派豪气，就像他"十元会"中的一个朋友在文章中介绍的那样："其人并不是想象的那么似大侠，或者说简直不是大侠。他真人看上去是文质彬彬，一派书生味道。挂着一副相框眼镜，面庞胖胖，步履稳重而缓慢。他看上去常像陷入沉思、深思的境地，一派木讷寡言，但当他发表谈话，就判若两人。他说话强壮而有力，抑扬顿挫，音量发自丹田，眼炯炯有神，像机关枪一样快而爽利，侃侃而谈。他口若悬河，只有他讲而没有人话。并不是他霸道，而是他讲得起劲，讲得精彩，无人愿打断他说话。他博学多才，上至天文，下至地理，无所不知，无所不谈。正如他的小说一样，天马行空。他虽是大名鼎鼎，但却全无架子，不论男女老少都常挂微笑而招呼，点头握手，谦恭有礼。他随和、友善、心胸广，开放而不保守，他将他所见所识所闻所想，无所不讲，无所不教。"

"梁羽生先生是位真性情中人，他像老顽童一样，永无避忌，谈笑风生。有时口出狂言，有时失言，有时放肆，但十元会一班文友只会更加尊敬这位无心机的小说家。如果你肯竖起耳朵洗耳恭听梁大侠的话，你一定获益不浅，收获良多。梁羽生不愧是一位不折不扣的作家。"

这就是已是老人的梁羽生，依然一副名士风度！

再说棋。除了经常参加十元会外，梁羽生去得最多的另一个地方是"文华社"，这是一个大型的华人俱乐部，每月第一个周日下午，这里都要举行棋会，届时汇聚悉尼的各路好手，切磋棋艺，以棋会友。梁羽生是澳大利亚象棋总会的名誉顾问，也常来这里过过瘾。

1998年12月23日，中国象棋协会由副主席容坚行领队，带领包括胡荣华、许银川和金海英三位象棋大师的中国棋手代表队到达悉尼，进行象棋交流活动，比赛地点就在"文华社"。

在这次擂台赛的新闻发布会上，梁羽生致辞表示欢迎。他如数家珍般将中国代表队队员的情况娓娓道来。如介绍胡荣华时，他说胡荣华有个外号"胡司令"，但他这个司令不是草头王，自己通电全国自封的，而是靠真刀真枪打出来的。迄今为止，胡荣华是中国最年轻，也是最年长的全国冠军。因为他第一次拿全国冠军时才十五岁，比历届任何一个全国冠军都年轻；1997年，胡荣华荣获第十三次全国冠军，这年他五十二岁，而其他的全国冠军尚无一人夺冠三年超过四十岁。梁羽生最后指出：中国象棋目前仍代表着世界最高水平，但男队不如女队的优势明显，他希望中国象棋在已有成绩的基础上，更上一层楼；同时他也希望象棋这项运动能在悉尼越来越普及。

梁羽生的博闻强记，幽默风趣，赢得大家一次次热烈的掌声。

再看文。1999年春节，梁羽生和夫人一起回到了香港，这是自移民澳大利亚之后他们在香港住的时间最长的一次，共两个多月，使他有时间见到了很多朋友，并亲眼看到了由香港天地图书出版公司出版的散文精选集《笔花六照》。该书收集了梁羽生近年来写作的散文，是他文学成就的另一种收获。文笔的优美，思路的独特，都使这部书流光溢彩，其影响就如一篇观后感所写的："一只手写武侠小说，一只手写散文，这在他们这一代作家中，本是艺高人胆大的事。但在后辈读者看来，能如此成功驾驭中国文学中的众多体裁，运用不同的文学表现手法，巧妙地融汇艺术通感，实在是匪夷所思的大本事。"

梁羽生回港不久，金庸知道了，就邀请梁羽生夫妇在一家著名的西餐厅就餐，饭后本来还想按照以前的老习惯对弈一局，无奈金庸感冒了，只得作罢。

梁羽生是铁杆的老"联迷"，而且越老越"执迷不悟"，这也许和老人的记忆力有关，对联短小精悍，新鲜易记，比较适合老人的特点。梁羽生这次回港，与众多旧友新知重相逢，当然也少不了妙联对对了。如他一见罗孚就说"金庸可以对石慧"，真是三句话不离本行，"至于你呢，可对杨继业"。罗孚原名罗承勋，以罗承勋对杨继业，倒也真是一副好对。

把手话沧桑

　　黄苗子夫妇一再谈道：和梁羽生的友谊是他们夫妇来到澳大利亚后的最大收获之一，梁羽生每有佳作，总要传真过来，让他们阅后一乐。在经历了人世沧桑后，他们从梁羽生的友谊中恢复了不少欢乐。

　　1995年秋，当中国武侠小说研究会宣布将金剑奖授给梁羽生和金庸时，梁羽生没有出席，而是由人代领了奖品。因为他正在为一对老朋友的到来而忙碌着。

　　他们是中国著名艺术家黄苗子和郁风夫妇。他们此次来澳大利亚举行首届二人书画联展。梁羽生与他们的交往始于《大公报》时期，后来郁风夫妇的一个儿子任教于澳大利亚布里斯班大学，1989年他们夫妇退休后也移居到澳大利亚，梁羽生与他们的交往逐渐密切起来。因大家都是性情中人，谈话比较投机，并常有诗词唱和，其乐融融。

　　黄苗子和郁风书画联展从九月三十日开始，地址在悉尼的汇意轩画廊。此事被视为当地华人界的一件盛事。

　　开幕前夕，华人界为黄苗子夫妇举行庆祝宴会，并邀梁羽生致辞。梁羽生主要介绍了黄苗子夫妇的一些基本情况。他称赞黄苗子不但精于书法，而且对金石学和甲骨文也很有研究；而郁风则擅长中西画，同时又能写一手漂亮的散文。他赞扬这对夫妇是令人羡慕的恩爱夫妻，而且大有老骥伏枥、志在千里的豪情。

　　接着郁风致答谢辞。她说今天晚宴她最感高兴的事是看到梁羽生健康好于病前，发言时声音洪亮，中气十足。她说1989年移居澳大利亚时还有过犹豫，怕在异国他乡难觅知音，现在这种疑虑彻底消失了，在家靠父母，出外靠朋友，现在能有这么多的朋友帮助他们夫妇二人，他们很感激。

　　晚宴在欢乐的气氛中开始。席间有几位颇能诗擅词的文人雅士，遂由梁羽生提议，选用同一词牌，相同的韵脚，创作一组《蝶恋花》词，大家齐声说好。

第一首词是黄苗子由悉尼返回住所后拟成的，词前有句说明："1995 年 9 月末悉尼归来寄羽生暨诸友好。"词曰：

少年子弟江湖老，卖艺人家，转眼成翁媪。泼墨涂鸦堪绝倒，何妨画饼饥能饱。大侠健强兼善祷，佳话劜词，载遍悉尼报。客里相欢朋辈好，人生最是情谊宝。

读到黄苗子的词后，梁羽生灵感勃发，禁不住挥毫写道"余与黄苗子兄相知数十年，风雨虽未同经，遭际堪称共业，乙亥仲春，悉尼有文酒之会，为苗子郁风伉俪艺展而设也。余叨陪末座，话旧之余，更得苗子兄以新词赐示，因依韵奉和"，遂赋词一首：

踏遍青山人未老，休笑相逢，朋辈皆翁媪。风雨几番曾起倒，关情忧乐忘饥饱。浪迹天涯惟默祷，梦绕神州，只盼佳音报。更起楼台前景好，省伊宫女谈天宝。

另一悉尼文人赵大钝也词性大发，也依韵创作一首《蝶恋花》，词前也有一句说明："苗子道兄寄示此调依韵奉酬并希正拍。"其词为：

劫蟳翻身成大老，七载牛棚，苦煞闺中媪。魑魅挤排翁不倒，沉酣南史忘饥饱。庶境终尝心默祷，挽臂云游，轰动梨城报。艺苑文坛齐叫好，逍遥"双璧"今瑰宝。

词末还有一段附记，颇为有趣："梁大侠羽生告我曰：'黄苗子坐牛棚七年，因得熟读南史。'南朝是我国人性最堕落时代，一百六十九年中易朝四（宋、齐、梁、陈），易君二十一，其中十三君死于篡弑，成为君不君、臣不臣、人不人之斗争乱局。苗子坐牛棚安心研读此书，可谓异数，只苦了郁风大姐矣！大侠又云：'苗郁书画联展，有如双剑，天下无敌。'确是侠者本色矣，我手无寸铁，肯定不济，惟以'双璧'美之，希望人见人爱，和平共存！如何？一笑！"

就这样，一首首唱和的《蝶恋花》从一个个热情的灵魂里飞出来，把一个画展的气氛一直诗意浓浓地延续下去，其中有的人还不止写了一首，比如梁羽生，看到大家如此词性高涨，不禁情不自抑地又赋词一首：

> 天若有情天亦老，天意云何，欲问西王娼。谁挽狂流天柱倒，共工横死夸翁饱。雾隔瑶台遥作祷，露洒杨枝，业果无虚报。雨顺风调花益好，仁心更胜昆冈宝。

梁羽生和黄苗子夫妇的友谊，在当地华人界传为美谈，而在接受当地报纸的采访时，黄苗子夫妇一再谈到：和梁羽生的友谊是他们夫妇来到澳大利亚后的最大收获之一，梁羽生每有佳作，总要传真过来，让他们阅后一乐。在经历了人世大沧桑后，他们从梁羽生的友谊中恢复了不少欢乐。

幽默一点的话，我们也可以说梁羽生与黄苗子夫妇的友谊是在"战火中经受过考验的"，梁羽生也曾请黄苗子帮忙打赢了一场笔墨官司。1994年，澳大利亚电台请梁羽生讲词，梁羽生谈道"青玉案"时说：一般人多认为这"案"就是桌子，实际上是错了。若是对的，那梁鸿、孟光的举案齐眉，就是举起桌子相敬如宾了，弱质女子岂不成了大力士？案，其实是古代的食器，而不是大件的家具。没想到他的这番话竟引起了争论，有人写文章坚持认为案就是桌子，并批评梁羽生是误人子弟。梁羽生一是不便直接出来为自己辩护，再是实在不愿意与这样的无知之人辩论，但又不能不表示态度，于是就请黄苗子出面，执笔相助，澄清真相，这才平息那人的怒气。黄苗子后来谈起这事，总是说当时梁羽生自己出面就可以解决问题，只不过他可能是为了让自己多在报纸上亮亮相。良苦用心，使人感动。

北去南来自在飞

20世纪80年代初，有人为梁羽生算过一笔账，按保守的估计，大陆盗版的梁羽生小说使他至少损失了四千五百万元人民币。

可当朋友历尽艰辛为他抓到盗版者时，梁羽生竟说："他们也真不容易，既然认错了，我看稿费的事就可以宽松一点，甚至可以让他们自己决定付费标准，只要能表示对作者的尊重就行了。"

1993 年 4 月，第三届世界象棋比赛在北京举行，梁羽生和夫人被邀请参加观赛活动。梁羽生自 1984 年初参加第四届全国作家代表大会之后，一直没有再来过北京，这次有机会来，一是准备好好观棋，再就是要会会老朋友。

对于棋赛，梁羽生一直是非常关注的，也因此写了不少棋话，是属于武侠小说、联语之后的第三大产品。这次棋赛以亚洲棋手为多，但来自欧美的也不少，其中尤以德国和意大利最多。棋赛 4 月 11 日结束，团体赛和个人冠军皆为中国队获得。梁羽生在比赛期间一直看得津津有味，而且在茶余饭后还邀请二三棋友，鏖战一番，自有一番滋味在心头。

梁羽生在北京最早见到的朋友则是《文艺报》副主编丹晨，令人稍觉意外的是，在这之前两人竟然从未谋过面，全是文字之交，淡淡如水。在来京之前，梁羽生特地写信告诉了丹晨，所以，梁羽生夫妇一到北京，丹晨就来拜访。在丹晨的想象中，梁羽生已应是垂垂老矣，而且知道梁羽生的糖尿病的厉害，没想到一见面，梁羽生竟给人气宇轩昂之感，实在大出丹晨的意外。

两人谈起文坛趣事，都如数家珍，这又使丹晨大吃一惊。梁羽生此时已年届七十，但记忆力却出奇地好，特别是谈到历史典故、对联、诗词时，很多句子竟是脱口而出；他还不无惋惜地谈到自己的老师金应熙。他认为，金应熙是陈寅恪的弟子中最有学问和前途的，但因为没有把握好自己的发展方向，结果一生成为政治拨弄的工具，成为无辜的牺牲品。反"右派"时他被打成"右派分子"，"文化大革命"中他又受到迫害，后来杨荣国搞儒法斗争，又拉他作"打手"，因为他比杨荣国有学问，斗起来更有杀伤力，而他因此在"文化大革命"结束后又成为审查对象，不受重用，只被安排去做一些资料整理工作，大材小用，直到去世，都没有机会真正发挥自己的真才实学，实在是学术界的一大损失。梁羽生谈到这些，神情黯淡，虽然他没有亲身经历"文化大革命"的残酷性，但对金应熙这样的知识分子在一次次政治运动中的命运起伏，是有深切的感受的。他始终认为，知识分子就应该"躲进小楼成一统"，坚持清心寡欲的读书人生活，这才是知识分子的本分。

由金应熙的命运，梁羽生还谈到中国知识分子的精神状态。他承认自己和其他中国知识分子一样，过去都是政治和道德的理想主义者，对任何事都是凭着一股热情去做，至于做的结果会是什么，自己却没有认真地考虑过，最后很可能就会像金应熙那样，不知不觉地成为别人的工具，这是悲哀的。他说自己晚年思想发生了很大的变化，那就是对任何事情都可以用自己的标准去衡量了，虽然晚了点，但总比始终不悟的好。丹晨连连点头，深有同感。

两人接着还谈到大陆盗版梁羽生小说的情况。对他们来说，这已经不是什么新鲜话题了。早在1984年底梁羽生来北京参加中国作家协会第四次代表大会时，他就对这个问题发表过看法。梁羽生第一部武侠小说写于1954年，但大陆第一次出版他的作品则是在1980年，即由广东人民出版社出版的《萍踪侠影录》，但这之后，由于客观形势的变化，梁羽生的小说逐渐风靡大陆，其中既有合法出版的，但更多的是非法盗版，短短的几年间，已经无法估计大陆到底出了多少部梁羽生的小说，其中又有多少是合法出版的，一时真李逵少，假李鬼多，到处都能看见他的小说，只有梁羽生本人好像还蒙在鼓里，他只知道大陆哪几家出版社和他签过合同，至于那些非法的盗印者，他就束手无策了。

20世纪80年代初，有人为梁羽生算过一笔账，按保守的估计，他的每本小说在大陆能卖五百万册，按他的三十部小说来计算，一共能卖出一亿五千万本。当时大陆的小说每本约定价三元人民币，按照国际惯例规定的版税，梁羽生应得三分之一，这样梁羽生应该从在大陆发行的作品中获利四千五百万元人民币。这可是一笔相当可观的收入，即使放在通货膨胀的今天，也依然惊人。可惜的是，梁羽生根本就没得到这笔钱。这次来大陆参加作协会议，他没想到盗版书竟猖獗到如此地步，更让他难以忍受的是，这些盗版书印刷粗劣，严重损害了自己的形象。对这些盗版者来说，梁羽生的小说是他们的生财之道，而对梁羽生来说，它们则是他的心血，是文艺园地里百花中的一花，是应该在文学园地里占有一席之位的认真反映历史和现实的作品。他感到感情受到了伤害，为了维护武侠小说和他本人的荣誉，梁羽生除了在会议上和接受采访时多次表达不满外，还特地在《文艺报》上发布了一则声明：

> 我写的武侠小说，在国内报刊上发表的，截至去年十二月卅一日止，除了《羊城晚报》《特区文学》《作品》《花地》（月刊）《体育之春》《南风》以及《传奇文学选刊》这几家是得到我同意之外，其他报刊上的所谓"梁羽生武侠小说"，概与本人无关。
>
> 一九八五年元旦于北京

《文艺报》是中国作协的机关报，现在竟登载一个作家的声明，对该报来说是破天荒的特例，这一方面是因为梁羽生与众不同，其中也有丹晨的鼎力相助。也就是在这次会议上，丹晨自告奋勇，愿意代梁羽生去找各路出版界的"李鬼"讨个说法。事隔十年，其中甘苦，丹晨真是不知从何说起。他对梁羽生说："自己当时真好像是初生牛犊，根本低估了这些盗版者的实力。"每次出师，往往败阵而归。当丹晨以梁羽生委托人的身份和自己的记者身份向一些出版社催要稿费时，对方，有时甚至是一些堂而皇之的大出版单位，竟大多是装聋作哑，或推诿支吾。后来丹晨才知道，即使自己真的抓住了盗版者，以梁羽生的仁慈和宽容，他也会宽大处理的。他有现成的例子。一次他抓住一家边远地区的出版社竟盗印了七十多万册的《白发魔女传》，于是他就动用各种关系，软硬兼施，出版社见实在无路可逃，就写信来表示了最真诚的检讨，说自己庙小人多，入不敷出，实在是为了生计才这样做的。丹晨将这封信交给梁羽生看，并请示该怎么办，令丹晨大跌眼镜的是，梁羽生看完信竟说什么："看来这家出版社是真的有困难，他们也真不容易，既然认错了，我看稿费的事就可以宽松一点，甚至可以让他们自己决定付费标准，只要能表示对作者的尊重就行了。"梁羽生从来不会为了钱去要求别人什么，哪怕是自己合法的权利，他也会一切为对方着想。也许，这就是梁羽生的本色，一个本色的书生，一个生活在现实社会中却又脱俗的名士型的文人。

在悉尼文艺界，有一个盛大的节日，那就是一年一度的悉尼作家节，届时不但整个澳大利亚的著名作家会济济一堂，而且也会邀请世界各地的著名作家前来赴会，作讲座，煞是热闹。

1994 年的悉尼作家节又如约前来，时间是在元月。不知是因为作家协会知道悉尼有个世界顶尖级的武侠小说家呢，还是出于偶然，总之，这一年的作家节特意安排了一个特别节目：中国武侠小说专题研讨会，并且邀请了金庸以及来自英国、新西兰和菲律宾的三位海外著名作家。

梁羽生既是主也算客，而金庸则纯粹是客。两个新派武侠小说的泰斗会聚悉尼，一时使悉尼充满"刀光剑影"，而武侠文坛却因此平添了一则佳话。

金梁再相见，时光已十年。在这十年间。两人的生活都发生了很大变化。梁羽生是深居简出，修身养性，而金庸则介入政治，参加了中国香港特别行政区基本法的起草工作，还将自己创办的《明报》挂牌上市，还赴牛津大学做访问学者……

按照会议安排，梁羽生和金庸担当了武侠小说专题研讨会的主讲嘉宾。梁羽生在会上做了题为《中国的武与侠》的演讲。在演讲中梁羽生简单回顾了新派武侠小说的成长过程，并盛赞金庸对中国武侠小说的杰出贡献，称他为中国的"大仲马"。他认为，中国武侠小说作为中国土生土长的小说形式，在中国具有无穷的生命力，现在只可以说是这派武侠小说发展的初级阶段，而自己和金庸都已退出江湖，所以，发展和振兴中国武侠小说的希望在年轻的一代。"江山代有人才出，各领风骚数十年"，他充满激情地呼吁，在金庸之后，希望会出现越来越多的新进武侠小说家，长江后浪推前浪，把中国武侠小说推向一个又一个高峰。这是他和金庸这样的先行者最大的愿望。

梁羽生这些话都是有所指的。原来，自他和金庸宣布封刀之后，虽然还有武侠小说不断面世，但真正能够达到他们两人小说水平的作品却没有，这就使不少人惊呼：新派武侠小说的时代已经过去，以后再也不会出现金梁这样的武侠大家了。这样的忧患不无道理，因为从各种因素来看，这样的推论好像都是合理的。除了金梁所特具的"天时、地利、人和"的优势外，他们的知识修养也是其他人难以望其项背的。梁羽生的作品几乎全部以中国历史上的重大事件为背景，对历史人物的把握和分析甚至连历史学家都佩服，至于他小说中表现出的诗词修养，没有深厚的国学底子是不敢涉足其中的；而金庸小说的博大精深也一直为研究者所叹服。就像一位学者所说的"梁羽生热爱中国诗词，金庸既能驾驭文字又擅铺陈曲折离奇的情节，所谓'中国名士'（梁）加'洋才子'（金）双星拱照，其实还决定于个人的文字修养及其他学殖。陈世骧先生就指陈金庸的小说中'细至博弈医术，上而恻隐佛理、破孽化痴，俱纳入人性格描写的故事结构'。金梁都是棋迷，金庸的围棋水平使他获得日业余五段的证书；梁羽生精于象棋博弈，仪善围棋，多次与海外高手对弈而名扬棋坛，同时又是著名棋评家。金庸还精研《易经》，其在小说中描述《河图洛书》之论，为易经专家所推许。而佛理之学也有独有识见，常有妙法之论。另外，兵学的布阵、医学的病理分析，这些特殊而全面的人文学识，恐怕是其他同时代甚至后代的武侠小说家难以具备的"，因此，他不免悲观地说："金、梁之后，再无可以比肩的大师级人物了。四十岁以下的中国的武侠小说家们，已不具备金、梁所具有的人文识见和学殖，电子时代又夺去了许多年轻读者的市场。新武侠小说的'恐龙传说'并非危言耸听。"

不过对此看法也有不同的意见，香港的一位大学教授就认为："且从文学史上取事例作比拟。盛唐出现了李白、杜甫，以后再也没有诗仙诗圣了；可是诗歌未到末路，仍旧发展下去，发展过程中仍旧出现大大小小的名家。诗国园地广大，李、杜尽管占取了主要部分，仍有其他土壤供别人开垦的。谈到以后会不会出现像金庸、梁羽生那样的作家，由于种种客观主观条件配合不易，也许相当困难。不过即使出现，写出像他们那样水平风貌的作品，不去模拟依傍之嫌，那也没多大意思。实则金、梁'绝响'不等于武侠小说到了末路。我相信武侠小说园地之中仍有可以开垦的角落，有一天倘使让哪一位有才气的作者找到了，配合他的高明艺术技巧，仍然能够另闯境界的。"

以上两种观点实际上也是国内外文化界所广泛关注的关于"武侠小说向何处去"的争论中的两种基本观点。就在这次悉尼作家节上，就有不少记者和作家向金庸和梁羽生询问对这一问题的看法，虽然他们都各自进行了解释，但还是人见人问，大家实在是不忍心让新派武侠小说因金梁的退出而黯淡无光。因此，梁羽生在自己的演讲中，专门谈到了这个问题。他说"最后谈一谈我对武侠小说的展望"，会场为之一震，大家莫不聚精会神，想听听这位新派武侠小说的开山鼻祖自己是怎么看武侠小说的前途的。梁羽生稍稍停顿了一下，接着说：

> 有些人对接班人的问题感到忧虑，我倒是比较乐观的。
>
> 中国有超过十一亿人口，有那么多武侠小说的读者和作者，他们碰上的又是一个丰富多彩的、千年难遇的、新旧交替的时代。这些因素加起来，虽然也不一定就能产生伟大的武侠小说作家，但根据数学上或然率来推算，它的可能性是很大的。
>
> 我想起一首中国的诗："李杜诗篇万口传，至今已觉不新鲜。江山代有才人出，各领风骚数十年。"原来的诗句是"各领风骚数百年"的，因为现代人的生活节奏比古人快得多，因此我改了一个字，改"百"为"十"。这也是我对年轻一代中国武侠小说作者的期望。

梁羽生的这番话引起大家一阵热烈的掌声，大家好像被这位大侠的乐观开朗情绪感染了，是啊，江山代有才人出，只要有适合的土壤，将来一定还会出现金、梁这样的武侠小说大师。

金庸在演讲中首先对梁羽生的盛赞表示"不敢当，不敢当"。他称梁羽生是新派武侠小说的先行者，自己是后辈，从梁羽生的小说中获益甚多，两人相交数十年，常常在一起切磋交流，当然，因为两人根本不懂武功，所以切磋的不是武功，而更多的是棋。他也表示赞成梁羽生的观点，认为金、梁退出江湖之后，以后一定还会出现新的优秀的武侠小说家。最后，梁羽生和金庸一起回答了大家的一些疑问，其中问得最多的是他们两人以后还会不会"东山再起""重出江湖"，令大家失望的是，两人竟异口同声地表示决不再出江湖。问到今后的打算，梁羽生说自己现在比较喜欢诗歌辞赋、文史小品，若有时间，准备写一部历史小说；金庸也表示以后计划尝试一下其他类型的小说形式，比如历史小说，但武侠小说是决不会再写了。

研讨会下午一点左右结束，这时梁羽生的小儿子开车来接他们，这是梁羽生的安排，他要请金庸到自己寓所，避开尘嚣，叙叙旧，顺便也对弈一番。

一到寓所，话没说几句，两人就在书房一角摆棋布阵，鏖战起来，恍然回到了当初在《大公报》对弈的情景，不过毕竟现在身体不如以前了，刚下了两个多小时，两人就均感觉有点累，遂作罢。

晚上，悉尼作家节主办者出面设宴为金庸送行，梁羽生作陪。

1995年，中国武侠小说研究会在人民大会堂举行首次武侠小说评奖大会，大会设金剑奖一名，银剑奖三名，铜剑奖五名。梁羽生和金庸同时获得最高奖：金剑奖。奖品是一把金光闪闪的剑。这把剑现在就悬挂在梁羽生悉尼的寓所内。

这是中国人对两位武侠小说家的承认和接受，也是对他们"武林"地位的肯定。实际上，在新派武侠小说的创作表现上，金、梁一直呈双峰并峙之势，又如双水分流，各呈异彩，其情景恰如当初传统武侠小说初兴时平江不肖生与还珠楼主两大名家交相辉映一样。更使人觉得巧合的是，两人都同在香港同一家报纸做副刊编辑，又都只把武侠小说当作副业，而准备在正统的文学创作和文学评论上一展身手，却偏偏又都是以副业而一举成名；当金庸创作《书剑恩仇录》时，梁羽生已以自己的《七剑下天山》声名鹊起；当金庸以《射雕英雄传》奠定自己的武林地位时，梁羽生的《萍踪侠影录》也已在武侠小说的园地里绽放光芒。两者的不同，在于当金庸停笔不写武侠，转而去办《明报》时，梁羽生仍在执着地耕耘在武林世界，并且不断有新作推出，作品数量竟是金庸的三倍，技巧也不断在发展变化，他对武侠小说的一往情深，使他已乐在其中而不可自拔。可以说，梁羽生就是武侠小说，武侠小说就是梁羽生的一部分。这种血肉相连的关系，在梁羽生的一首新体诗中得到真实的体现。诗云：

> 上帝死了
>
> 侠士死了
>
> 西方与东方
>
> 好像都有同样依恋
>
> 因此有人说武侠小说只是
>
> 分类的荒谬剧
>
> 正派侠士只是理想的梦幻
>
> 但我相信那会是真实的存在

因为我在现代年轻人的身上

看到侠士的襟怀

因为他们善用自己的幻想

不是依靠别人的脑袋

如侠士之敢于傲视世界

在一个上帝已死的世界，梁羽生幻想还会出现正派侠士，为人带来希望，而且将正派侠士与上帝并列。可见武侠小说在他心目中占有的地位是多么重了。

百年一羽生

百年一羽生，也许，不仅仅是一百年，只要人们还需要文学，还需要正义，梁羽生的小说就永远不会消失！

梁羽生的名字，已同他所创的新派武侠小说一起载入史册。

自1954年的偶一试笔到现在的万人争阅，梁羽生已成为世界华人世界的一座丰碑。

他的小说，最先的流行，当然是在它的出生地：中国香港。可惜只能在香港！因为他的武侠小说，最初全都是在香港的报纸上连载，而且因他是《大公报》的职员和专职撰述员，所以刚开始他的作品也只能在《大公报》和《新晚报》上连载，当然，这都是在武侠小说流行之前的事，待到后来武侠小说一纸风行，读者面扩大，多家报纸同时向梁羽生约稿，他的小说才在其他的几家"左派"报纸连载。

从初生的萌芽到最后成为枝叶繁茂的参天大树，梁羽生的武侠小说也经历了一个曲折的传播和接受过程。

在香港，最早将梁羽生的连载小说结集出版的是香港伟青出版社，出版的第一部小说就是《龙虎斗京华》，时为五十年代。后来梁羽生的新作一完成，就很快由这家出版社结集出版。到了八十年代，香港天地图书出版公司与梁羽生签订合约，并获得梁羽生的授权。随后，该公司组织大量人力、财力，分几年将梁羽生修订好的三十五部小说精心包装出版，版本装帧精美，各册书名和作者姓名都由著名书法家黄苗子题写；每部书的扉页之后附有几幅与内容相关的历史文物和古画图片。古色古香，单捧在手里，就是一种舒心的享受。

梁羽生小说的广为流传，除了得力于文字形式的传播外，还要归功于影视界的介入。早在六十年代，就有一家香港电影公司准备将梁羽生的《萍踪侠影录》改编成电影，但使他们为难的是小说发表在左派报纸上，而且梁羽生也倾向于左派，当时香港拍的电影的市场主要是香港和台湾，所以公司很担心电影发行时会遇到来自台湾的阻力，所以他们准备不署作者的真名，也不直接采用小说的原名，但又怕梁羽生不同意，犹豫一段时间之后，公司托人与梁羽生商量，没想到梁羽生听了公司的苦衷后，很爽快地答应了，令电影公司的人为梁羽生的大度而深深感动。最后，该公司以《萍踪侠影录》为蓝本，易名为《原野奇侠传》，拍成电影，很快就轰动港、澳、台，观众以前从来没有看过这么好看的武侠电影，而且人物、情节、武打都给人耳目一新之感。

70 年代中期，香港佳艺电视台成立，并将拍武侠电视剧作为自创节目的龙头，他们也首先看中了《萍踪侠影录》，不久，他们就将这部小说推上了电视频道，而且用的是梁羽生和小说的原名。

至今，梁羽生的小说大多被改编成电影、电视剧、戏剧，其中最受青睐的是：《侠骨丹心》《江湖三女侠》《白发魔女传》《萍踪侠影录》《云海玉弓缘》《还剑奇情录》《塞外奇侠传》，其中被改编得最多的是《白发魔女传》。这部小说首先由香港的峨眉电影公司于 1957 年改编成粤语电影，共拍了三集；不久由香港佳视电视台拍成电视连续剧，到了八十年代，长城电影公司又将其拍成国语电影；1993 年，香港东方电影公司起用大牌明星林青霞、张国荣主演玉罗刹、卓一航，使这部小说再起轰动。更妙的是，1994 年新春，香港举行"国际华裔小姐竞选"，这一比赛的最奇之处，是参加比赛的二十多位小姐被要求全部以"白发魔女"的造型出现，而且比赛主办者还专门为此设立一项"冷艳造型奖"，一时传为美谈。

尽管梁羽生的小说在香港很快就流行开来，但作为最大的市场的中国大陆，却由于种种原因，武侠小说一直遭禁，不但新的武侠小说传播不过来，就连旧武侠小说作者也不得不改弦更张，而读武侠小说，则被视作是不务正业。直到"文化大革命"结束，中国文坛逐渐解禁，先是旧武侠小说得以再版，接着是香港的武打片盛行，最后，时机成熟，梁羽生等新派武侠小说家的小说才得以"登陆"中国大陆市场，而数年的阅读饥渴，则使这些武侠小说以风卷残云之势，很快赢得大量的读者。一时无论年老年少，无论阶层地位身份，梁羽生的小说成为众多痴情者的案头之书。

中国大陆最早出版的梁羽生小说是1980年广东人民出版社出版的《萍踪侠影录》；第二年，广州的《南风》杂志才开始连载《白发魔女传》。此后又经过了一段沉寂期，直到1984年才又有广州的《羊城晚报》连载修订过的《七剑下天山》。再往后，则如决堤的洪水，一发而不可收拾。迄今为止，已经不知道有多少出版社出版了多少册梁羽生的小说了，特别是盗版的猖獗，虽然客观上促进了梁羽生小说的流行，但粗糙的印刷质量，不负责任的出版态度，不仅严重干扰了梁羽生小说的正常发行，而且给读者和作者本人都带来了精神上的伤害。

在将梁羽生的小说改编成电影、电视剧方面，中国大陆的起步比较晚，一是因为已有香港的拷贝，可以坐享其成，另是因为在资金和设备方面准备不足，所以直到很晚很晚，才有珠江电影制片厂拍了一部根据梁羽生小说改编的电影《还剑奇情》；比较新奇的，是北京风雷京剧团在1984年11月将《萍踪侠影录》改编成一部历史传奇剧。电视方面则有上海电视台和新加坡1995年合拍成功的电视连续剧《塞外奇侠》。由于起步较晚，而且已有多部同类电视剧，该剧就别出心裁，片名虽叫《塞外奇侠》，内容实际上是根据梁羽生的《白发魔女传》《塞外奇侠传》《七剑下天山》三部小说改编的，只不过以《塞外奇侠传》为主而已。该剧1995年9月"杀青"，1996年2月正式推出。在这之前梁羽生已看过其中的一个小片段，觉得视野很辽阔，风景很美，和小说背景非常吻合，不像香港一些武侠片，外景总给人一种熟口熟脸的感觉。在接受新加坡媒体的采访时，他还说："早年我的文章常在新加坡报章刊载，和新加坡文化界渊源很深，加上我看过新视制作的电视剧，主题健康，拍摄手法也很利落，因此我有信心他们会把我的小说拍得很好。"

也许，这是梁羽生多年与新加坡文学、影视界合作的心得，这对喜欢他的小说的新加坡读者和观众来说，应是极大的鼓舞。

梁羽生的小说在台湾的流传比中国大陆还晚，主要是因为政治上的原因。1949年国民党逃到台湾后，为了精诚团结，控制民心，将中国大陆解放后的出版物以及左派的出版物和作品，包括很容易发生不良影响的"黄色""黑色"的小说，统统实行"戒严"，不许传播、不许阅读，违者必究。武侠小说，也在被禁之列。但禁归禁，武侠小说却并未绝迹，而是以地下方式流入台湾。1959年，台湾当局以行政手段下令取缔各种版本的武侠小说。到了六十年代中期。台湾当局看"反攻大陆"的迷梦已成泡影，也就逐渐放松了对出版界的限制，一些政治色彩淡薄的娱乐消闲式的杂志、书籍开始慢慢流通。在这种有利形势下，香港的武侠小说以金庸为开路先锋，率先打入台湾市场，而梁羽生的小说，则迟至八十年代才出现在台湾的书店，原因很简单，梁羽生是《大公报》的人，他的小说又多在左派报纸上发表，因而有"亲共"嫌疑，他的小说也被和中国大陆的当代文学作品一视同仁，除了可供一些研究机构和情报部门阅读外，一直被列入台湾的禁书目录上。

这种情况一直延续到两岸关系逐步缓和时期。1988年元旦，台湾当局正式宣布对中国大陆出版物实行"开禁"，此令一出，早就因金庸而知道了梁羽生的台湾出版界将憋了好久的对梁羽生的热情一下子释放出来。而且打头阵的竟是国民党政府的机关报《中央日报》，该报副刊在元月二日就开始连载梁羽生的《还剑奇情录》，并且特请已八十高龄的台静农题字，以示重视。

其他报刊也不甘落后，《联合报》随后刊载了梁羽生的《塞外奇侠传》，《中国时报》连载了《武林天骄》，《民生报》则连载了《飞凤潜龙》，并同时发表研究文章《梁羽生的武侠小说》，而《自由日报》则全文刊登了梁羽生那篇以佟硕之笔名发表的《金庸梁羽生合论》，并加"编者按"大加鼓吹"新的年度开始，'梁羽生'三个字将成为爱好武侠小说的朋友生活中的一部分"，随即，该报又开始连载《白发魔女传》。

出版界的反应也很热烈。早在台湾当局的"解禁令"发布前夕，台北风云时代出版社得风气之先，已于1987年底与梁羽生签订合同，成为台湾梁羽生作品的独家出版机构。该出版社速度惊人，一年内就将梁羽生的三十五部武侠小说全部出版发行。1988年1月，由台湾风云时代公司和远景出版事业公司联合召集台湾著名学者，开了一个"'解禁之后的文学与戏剧'研讨会——以梁羽生作品集出版为例"的座谈会。参加者纷纷从各自不同的研究领域，肯定了梁羽生及新派武侠小说的价值和意义。诗人痖弦认为应该以梁羽生作品集的出版为契机，将武侠小说的研究学术化，使武侠小说从"地下"变成"地上"，从"在野"变成"在朝"，从草莽进入学府、庙堂，因为武侠小说已经成为最具有中华民族特色的文学类型，在世界文学发展史上是非常特殊的一种文类，人们不应该将武侠小说只看作是茶余饭后的谈资，应进行系统的、学术化的研究。作家司马中原认为武侠小说是文学正宗，为人们提供了无限的精神空间。他以"稳厚绵密"四字概括梁羽生的小说，认为梁羽生的小说"非常的工稳、厚实，生活的根基很深，重视历史考据，侠中见儒气"。与会者最后一致祝愿梁羽生的小说不论在文字媒体还是在电视媒体，都能大放光芒。

同年7月，台湾《中央日报》副刊主办以"武侠小说算不算文学"为题的座谈会，特邀梁羽生参加。会上进行了热烈的讨论，或者说是争论，最后大家达成共识：武侠小说不但是文学，而且是中国文学的一个重要分支。会议期间，梁羽生与台静农、高阳等相谈甚欢。

台湾影视界的反应似乎没有出版界及时而热烈，但也开始将梁羽生的小说改编成影视剧作品，只不过不如香港多而且好而已。

除了中国香港、中国台湾、中国大陆，梁羽生的小说还广泛流传于东南亚各国，新加坡、印度尼西亚、泰国、缅甸等国都已翻译出版了比较齐全的梁羽生小说集，有的小说还有不止一个版本。更令人欣喜的是，梁羽生的小说还已冲出亚洲，走向世界。

百年一羽生，也许，不仅仅是一百年，只要人们还需要文学，还需要正义，梁羽生的小说就永远不会消失！

附录

梁羽生大事年表

1924年3月22日，出生于广西蒙山县文圩乡屯治村，起名陈文统。

1929年，开始认字，背唐诗。

1930年，6岁，入文圩小学，期间开始读《古文观止》。

1932年，8岁，跟外祖父开始学作诗词、对联。

1936年，12岁，跳级入蒙山县初中，同年因英语、数学考试不及格被留级。

1938年，因病休学半年，在家背了不少宋词，并补习数学；1939年春季回校，开始阅读《救亡日报》等进步报刊。

1940年夏，初中毕业，随后考入平乐高中，开始对新诗产生兴趣。

1941年，从平乐中学辍学，夏季转到桂林高中，广泛接触新文学，并开始向《力报》投稿，喜欢聂绀弩的杂文。

1943年，从桂林中学毕业，租房复习，准备考大学。

1944年，因战事吃紧，未到招生期就回到家乡避难。简又文因避难住在他家，遂正式拜简又文为师。

1945年9月，随简又文去广州，考入岭南大学，先念化学系，后转入经济系；结识金应熙。

1946年，加入中文系的"艺文社"，并作过演讲；对文史的兴趣越来越浓厚。

1949年1月，大学毕业，经校长陈序经推荐，考入香港《大公报》，先做英文翻译，后任副刊编辑。

1953—1956年，调《新晚报》任编辑，编《下午茶座》《茶座文谈》《李夫人信箱》等。

1954年1月17日，香港太极派掌门人和白鹤派掌门人在澳门打擂；1月20日，梁羽生的第一部武侠小说《龙虎斗京华》开始在《新晚报》连载。

1955年9月，任《大公报》副刊《大公园》主笔，期间开设象棋专栏，并写了不少棋话。

1956年10月，与《大公报》其他两位青年编辑金庸、陈凡在《大公报》副刊开设专栏"三剑楼随笔"，三个月后结束。

1957—1958年，《江湖三女侠》《七剑下天山》被改编成粤语电影。

1960 年初—1962 年 8 月，《萍踪侠影录》《云海玉弓缘》被改编成国语电影；改任《大公报》专职撰述员。

1964 年 1 月—1966 年 5 月，主编《大公报》文史周刊《古与今》。

1966 年 6 月—1976 年 9 月，完全解除了报社的职务，文史小品的写作基本停止，主要写武侠小说。

1976 年 11 月，以香港象棋顾问身份，参加在马尼拉举行的第六届亚洲象棋赛。

1977 年 6 月 8 日，应新加坡写作人协会邀请，在新加坡国家图书馆作《从文艺观点看武侠小说》的专题演讲。

1978 年 11 月，参加在马来西亚古晋举行的第七届亚洲象棋赛，并应邀作亚洲象棋会会歌。

1979 年 8 月，欧游期间偶遇数学大师华罗庚，华罗庚称武侠小说是"成人的童话"。

1980 年 10 月，广东人民出版社出版《萍踪侠影》，即《萍踪侠影录》。

1981 年 2 月，广州《南风》周刊开始连载《白发魔女传》。

1983 年 3 月，为香港《大公报》副刊开设"联趣"专栏，一直到 1986 年 7 月才结束；专栏开设不久就宣布封刀挂笔，不再写武侠小说。

1984 年 9 月，香港天地图书公司以《梁羽生系列》赴新加坡参加国际图书展，梁羽生应邀随行，在中华总商会礼堂为读者签名，随后应当地文化界邀请，在南洋客属总会礼堂主持专题演讲"从武侠小说到历史小说"，听者济济，接着又应新社和南洋学会等社团邀请，作"武侠小说与现代社会"的专题演讲，赋予武侠小说以"成人的童话"的定义；两次演讲内容分别于同年的 10 月 8 日晚和 15 日晚由新加坡广播电台播出。

同年 10 月，广州《羊城晚报》开始连载《七剑下天山》；11 月，北京的风雷京剧团将《萍踪侠影》改编成京剧演出。

同年 12 月，应邀赴京参加全国第四届作协代表大会，会上有人抨击武侠小说，引起争论。

1985 年元旦，因大陆盗版猖獗，在《文艺报》发表声明，指出大陆得到自己授权的只有《羊城晚报》等七家杂志，其他皆为盗版。

1986年6月，退休。

1987年春，重返已离别数十年的故乡；9月，"老来从子"，移民澳大利亚。

1988年1月，台湾当局宣布对大陆出版物"解禁"，2日，台湾《中央日报》副刊开始连载《还剑奇情录》；18日，台北文学界、戏剧界联合召开"解禁之后的文学与戏剧——以梁羽生作品集为例"的座谈会；七月下旬，赴台参加台湾《中央日报》主办的"武侠小说算不算文学"的座谈会。

1991年2月，回港探视，与金应熙会面。

1993年4月2日，应中国象棋协会邀请赴京作"第三届世界象棋锦标赛"的特邀嘉宾；7月，上海古籍出版社出版《名联谈趣》。

1994年1月，在悉尼作家节上与金庸一起主持"中国武侠小说专题研讨会"，并就新派武侠小说的前途问题发表乐观看法。

1994年6月，发现患有膀胱癌，开始接受基督教。

1994年9月，受洗成为基督徒。

1995年秋，中国武侠小说研究会授予梁羽生最高奖"金剑奖"，金庸也获此奖。

1996年11月8日，悉尼中华文化中心成立，梁羽生题写大堂楹联，黄苗子手书。

1997年7月，撰写长文《金应熙的博学与迷惘》；12月中山大学召开"金应熙教授学术思想研讨会"。

1998年底，散文集《笔花六照》由香港天地图书出版公司出版。

1999年春节，回港探视，与金庸会晤；期间回广州与金应熙夫人见面。

2000年1月，《亚洲周刊》评选"二十世纪中文小说一百强"，《白发魔女传》入选。

2001年11月，参加香港浸会大学举办的"讲武论侠会"，并演讲《早期的新派武侠小说》。

2002年1月，广西蒙山决定将鳌山风景区命名为"梁羽生公园"。同年3月，《香港文学》出版"梁羽生专辑"。

2004年11月，接受香港岭南大学颁授的"名誉文学博士"学位。

2005年9月，接受广西师范大学名誉博士称号，并发表演讲《武侠小说与通识教育》。

2006 年 7 月，中国现代文学馆设"梁羽生文库"；12 月，在香港中风入院。

2007 年初，返回澳大利亚。

2008 年 11 月，获颁澳大利亚华人文化团体联合会的"澳华文化界终身成就奖"。

2009 年 1 月 22 日，在悉尼去世。

后 记

　　为梁羽生写传一直是我的梦想，不知有多少次，当徜徉于他书中人物的情山恨海、命运的奇诡波折时，我真不知道自己生活在什么世界了。凭我的阅读理解，梁羽生的小说虽然没有金庸小说那样的渲染和发泄，也没有那么多的技巧，但其中却自有一份朴实，朴实得就像一个辛勤耕作的老农，在把汗水换成同样朴拙的收获。我想弄明白，是一种什么东西竟使梁羽生即使名闻天下也仍然淡淡如水、清心寡欲。书稿快收尾的时候，我似乎理解了这样做是一种智慧，是若拙的大智，能将小说中的世界和现实中的自己的世界融为一体的人，是幸福的人，这本身就体现了一种做人的境界，作诗的境界。所以，我崇拜梁羽生，与其说是崇拜他的小说，不如说是因读他的小说而更加崇拜他的人格和生活态度。在这个名利喧嚣的世界，还能有他这样一位实为名人却甘于普通人生活的真豪杰，的确令我思考了很多。

　　但为梁羽生写传却并不轻松。首先他不像金庸那样有很多"可歌可泣"、大起大落、丰富多彩的生活经历，那是传记作者最高兴的事。他走的只不过是从学生到编辑到自由撰述人到退休这样一条普通的人生之路，没有大悲大喜，没有倜傥风流，没有政治抱负，没有官司纠纷，他有的只是几十部小说、70万字的联语、一些文史小品以及对朋友、亲人的深厚感情，而且国内外关于他的生平介绍，相对来说也都少得可怜：一个尽量躲避新闻媒体的人，当然不如天天在媒体露面的人更使人关心他的个人生活。梁羽生只谈他的小说，只讲他的对联，只下他的棋，所以，梁羽生传实在难写。但我之所以敢吃这个难吃的螃蟹，是出于自己的一种追求和向往：我从梁羽生身上体会到一种现在已越来越少了的诗意的人生方式，这种生活，远离世俗，切近内心，虽无"华威先生"的忙碌，却有真真实实的生活。我想，我写梁羽生，目的也不过是通过追寻他诗意人生态度的形成过程，为自己，也为许多像自己一样的人，找到一种情感的寄托，一种归依的自由。但这只是我的良好愿望，我知道，凭我的学识，凭我自身所处的社会地位和社会环境，我的这种想法在别人看来很可能近似于一种痴人说梦似的呓语，但在"做"比"说"还多的社会，我却不知天高地厚地说了这么多，即使从"天道酬勤"这一最基本的生存规则来讲，也许会博得某些志同道合者的同情吧。

本书所依据的主要自己辛苦搜集的海内外的梁羽生资料，并托悉尼的朋友为我牵线，直接得到一些第一手的材料。我尝试着将梁羽生的生平与他创作历程结合起来，以他的人品印证他的作品，以他的作品考察他的内心，尽量做到"人""文"互应、互动，尽量以假名士的才力和笨拙，写出真名士的真性情。我现在的感觉：将其作为自娱性的东西，尚可得到一种"夜郎自大"似的愉悦，若真的将其正式与读者见面，则羞愧满面，而且绝不是那种可爱的"娇羞"。但既然现在已无退路，也就冒一冒被批评的危险吧！

本书写作参考了很多先行者的大作，恕不一一列出名姓，在此一并表示感谢，并很愿意和大家一起切磋。

希望得到读者的真诚批评。

2019 年 10 月，改于江西